Die Legende von Azfareo

Im Dienste des blauen Drachen

2

uki Chitose

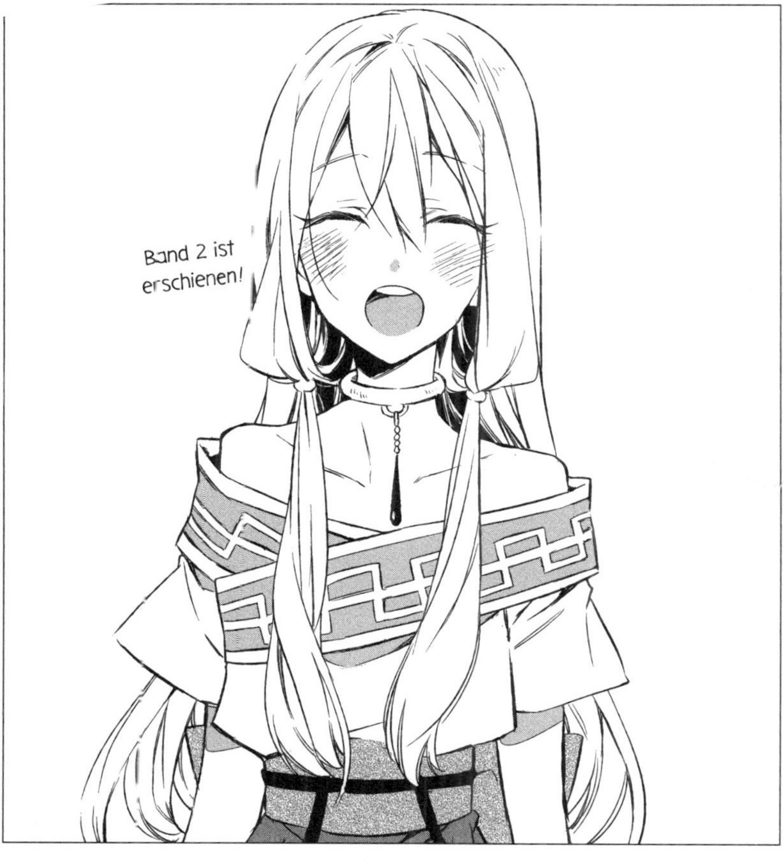

Die Legende von Azfareo

Im Dienste des blauen Drachen

2

Inhalt

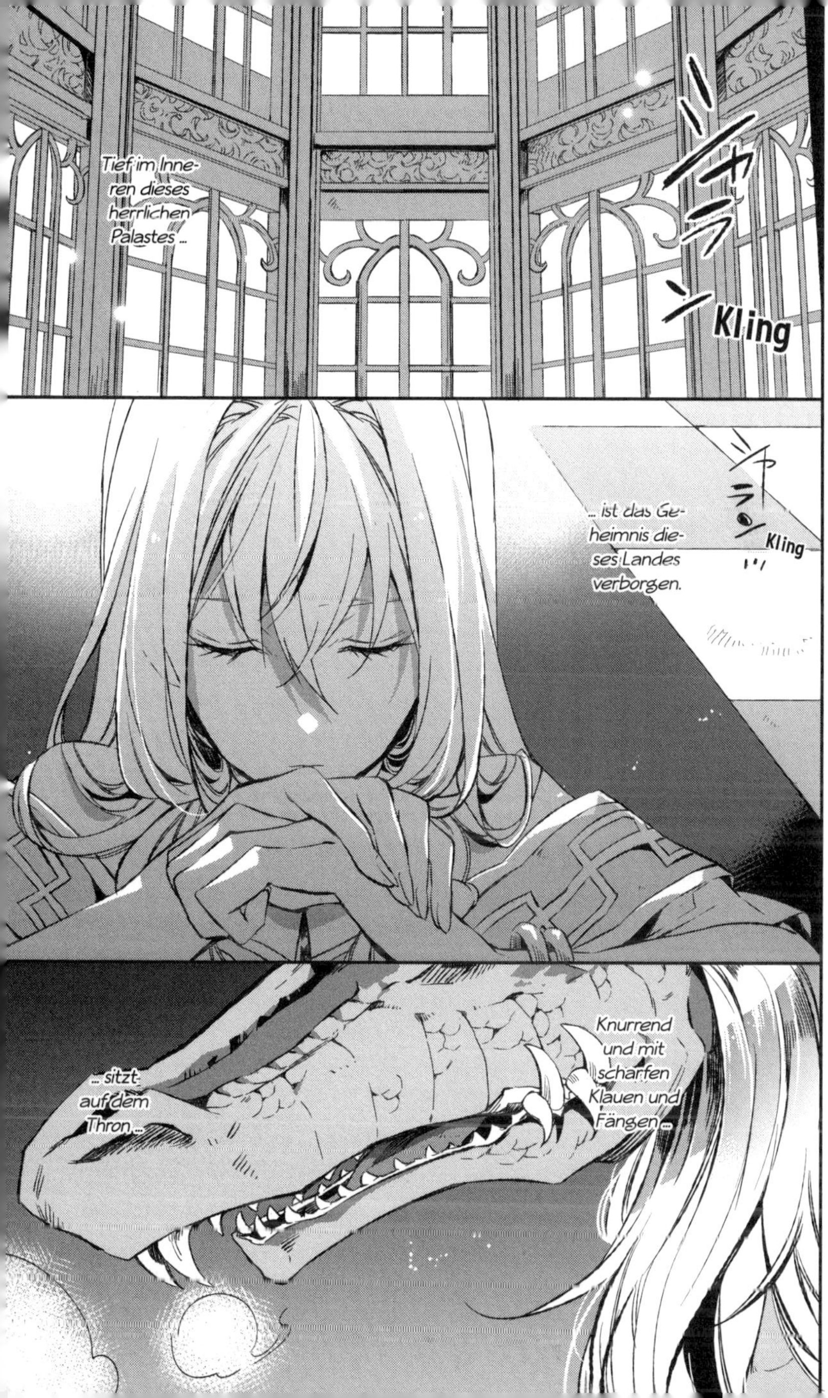
Tief im Inneren dieses herrlichen Palastes ...
シャラン
Kling
... ist das Geheimnis dieses Landes verborgen.
Kling
Knurrend und mit scharfen Klauen und Fängen ...
... sitzt auf dem Thron ...

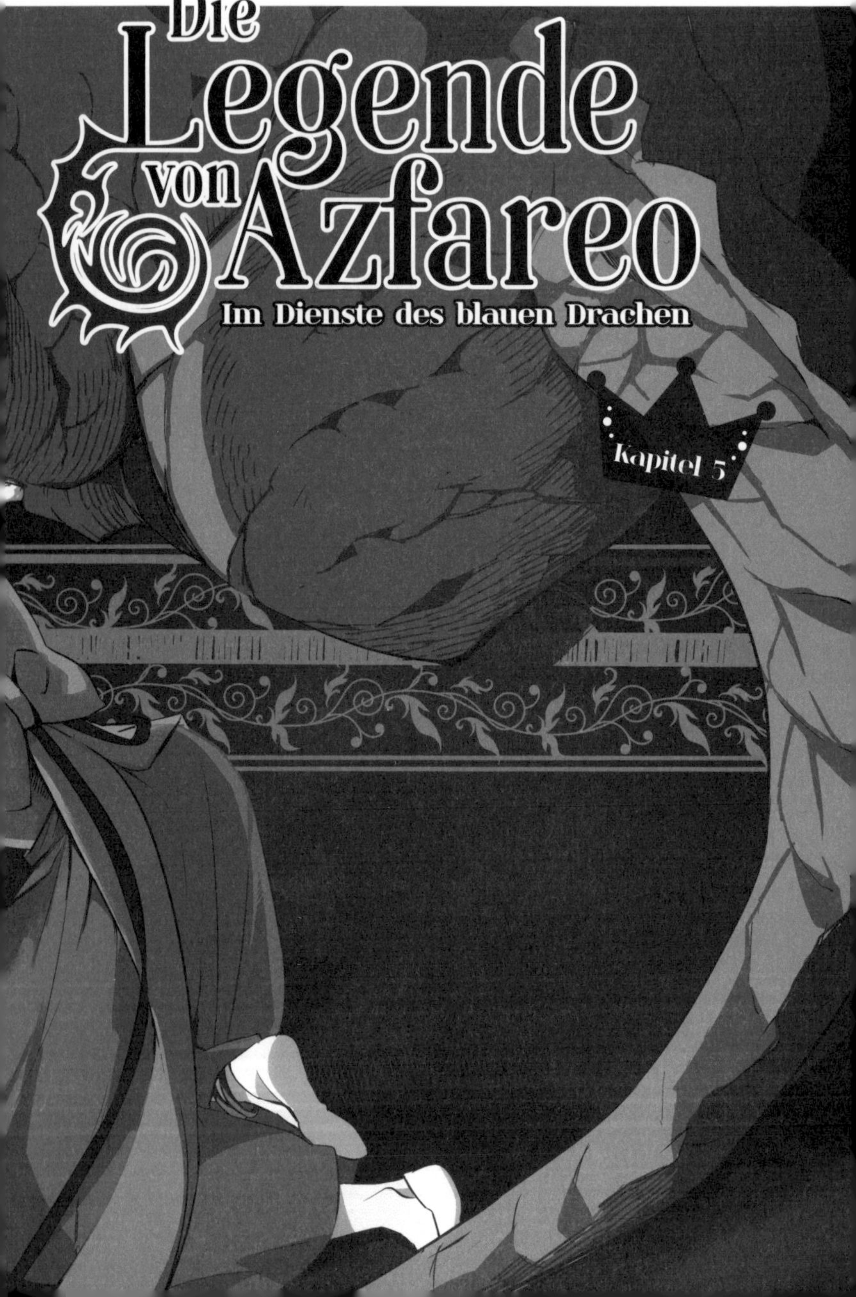
Die
Legende
von
Azfareo
Im Dienste des blauen Drachen
Kapitel 5

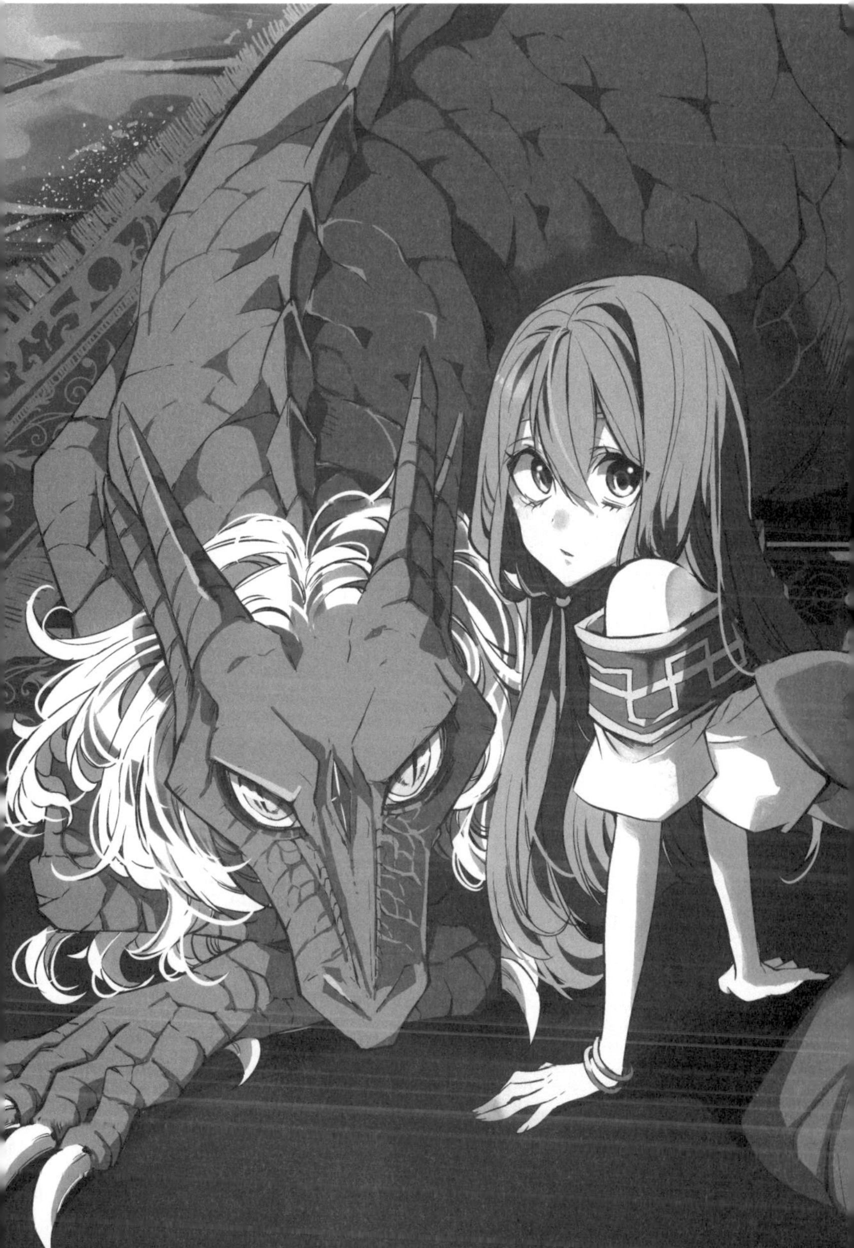

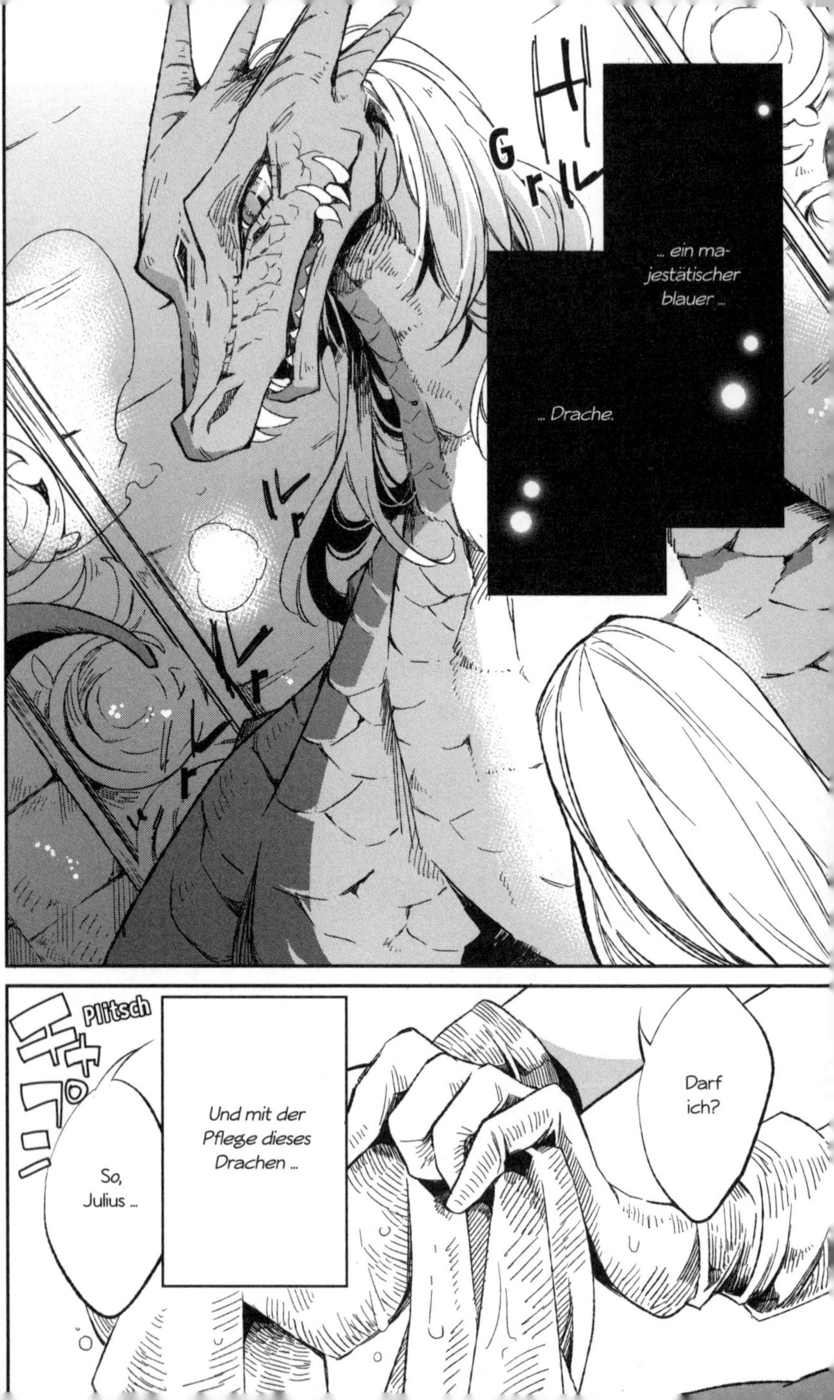
... ein majestätischer blauer ...
... Drache.
Darf ich?
Und mit der Pflege dieses Drachen ...
So, Julius ...
Plitsch

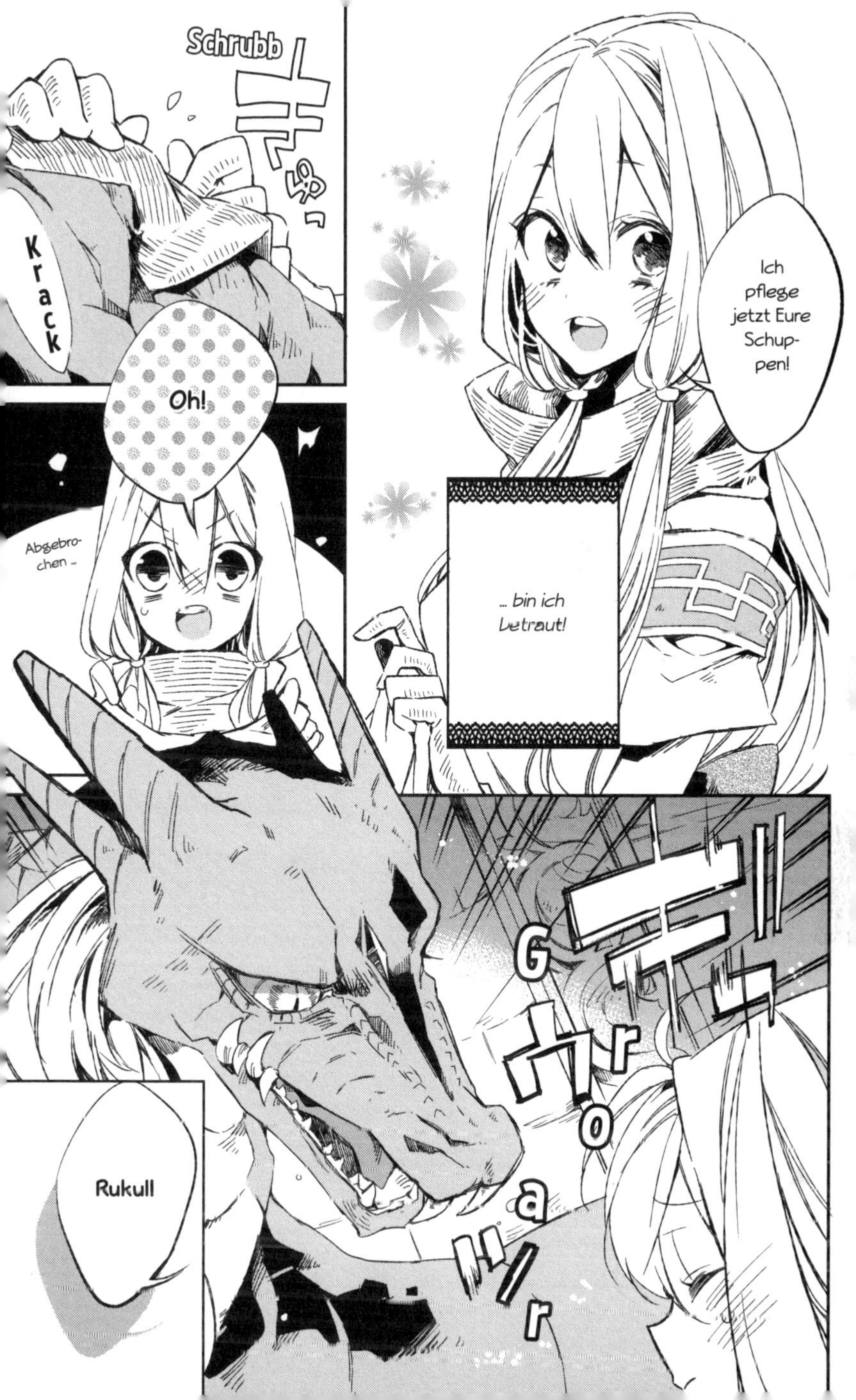
Ich pflege jetzt Eure Schuppen!
… bin ich betraut!
Schrubb
Krack
Oh!
Abgebrochen …
Groar
Rukull

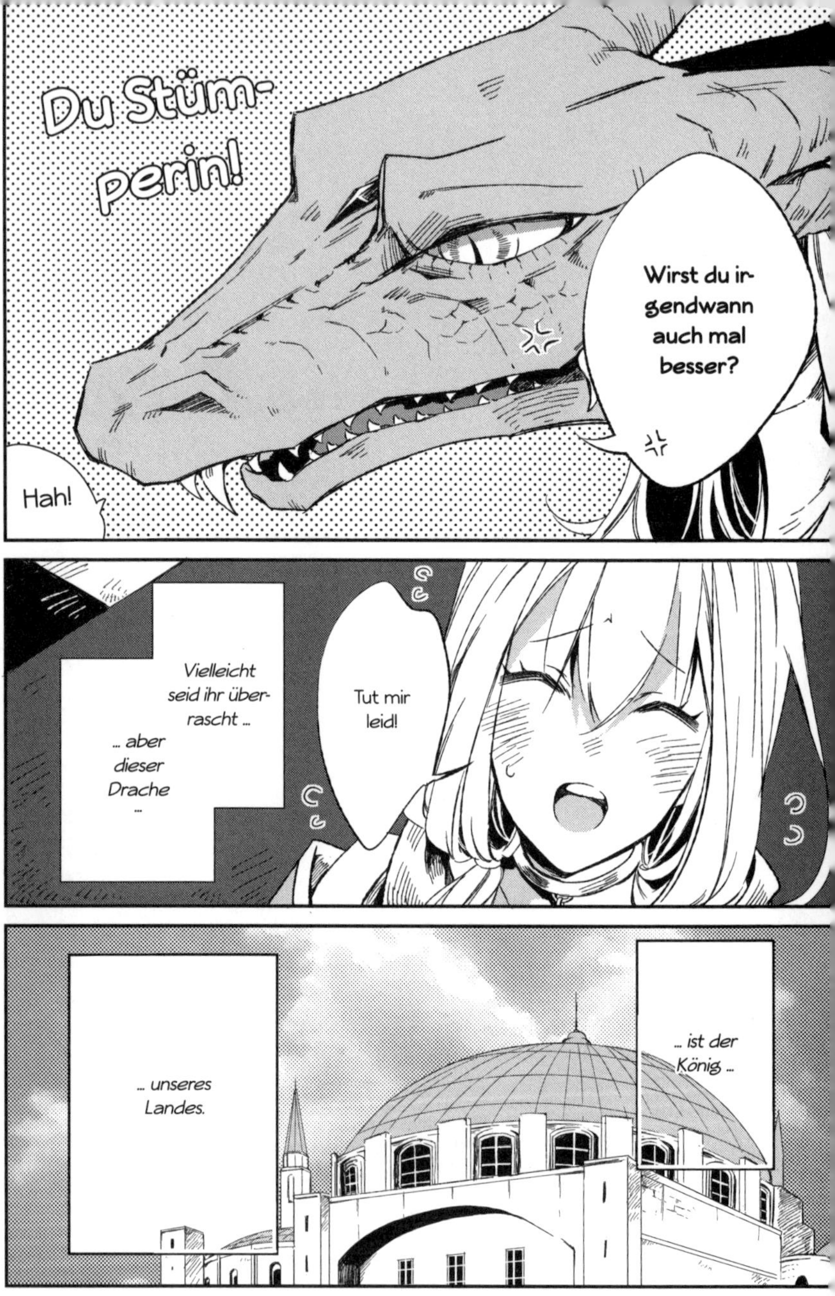
Wirst du irgendwann auch mal besser?
Du Stümperin!
Hah!
Tut mir leid!
Vielleicht seid ihr überrascht ...
... aber dieser Drache ...
... ist der König ...
... unseres Landes.

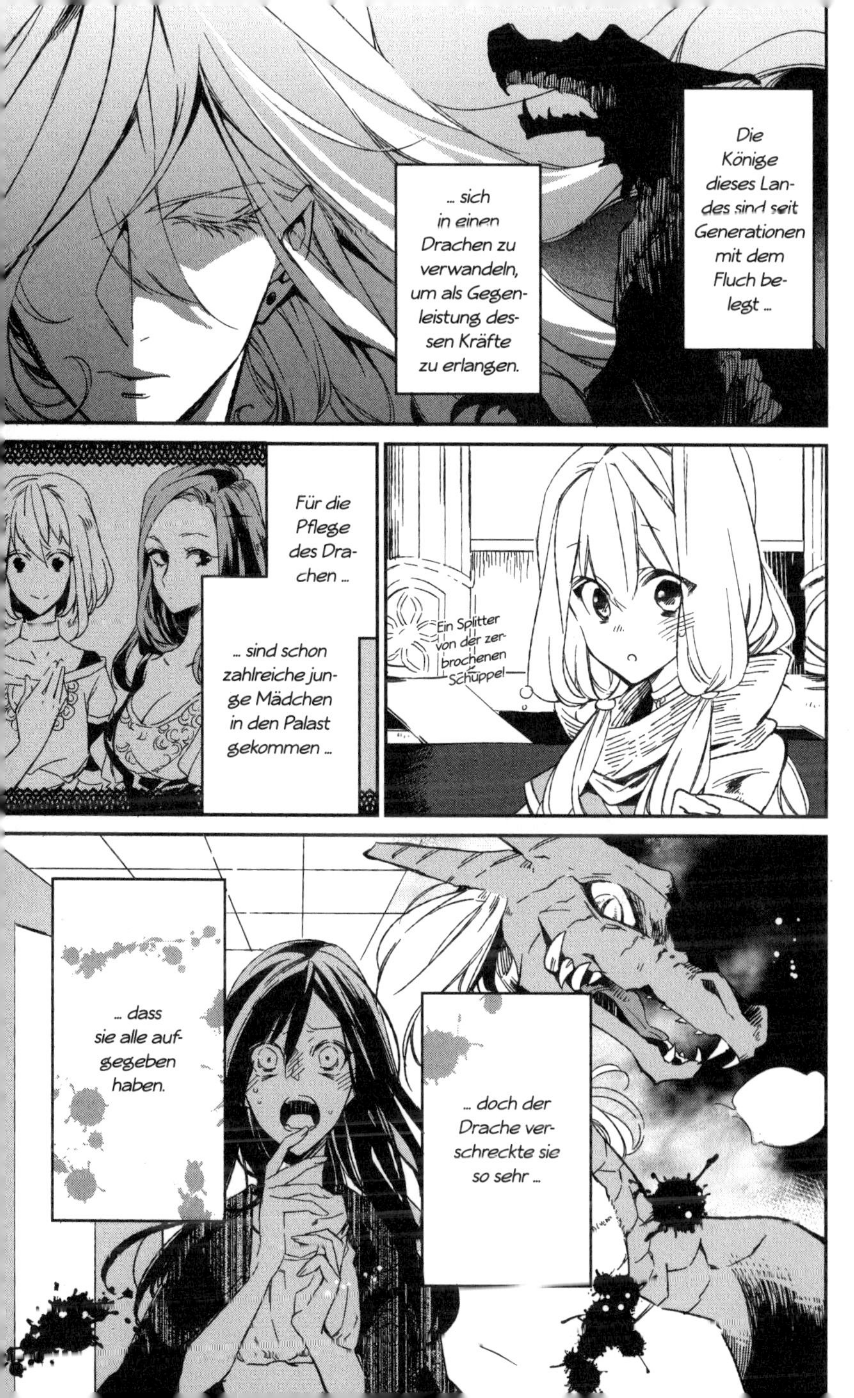
Die Könige dieses Landes sind seit Generationen mit dem Fluch belegt ...
... sich in einen Drachen zu verwandeln, um als Gegenleistung dessen Kräfte zu erlangen.
Ein Splitter von der zerbrochenen Schuppe!
Für die Pflege des Drachen ...
... sind schon zahlreiche junge Mädchen in den Palast gekommen ...
... doch der Drache verschreckte sie so sehr ...
... dass sie alle aufgegeben haben.

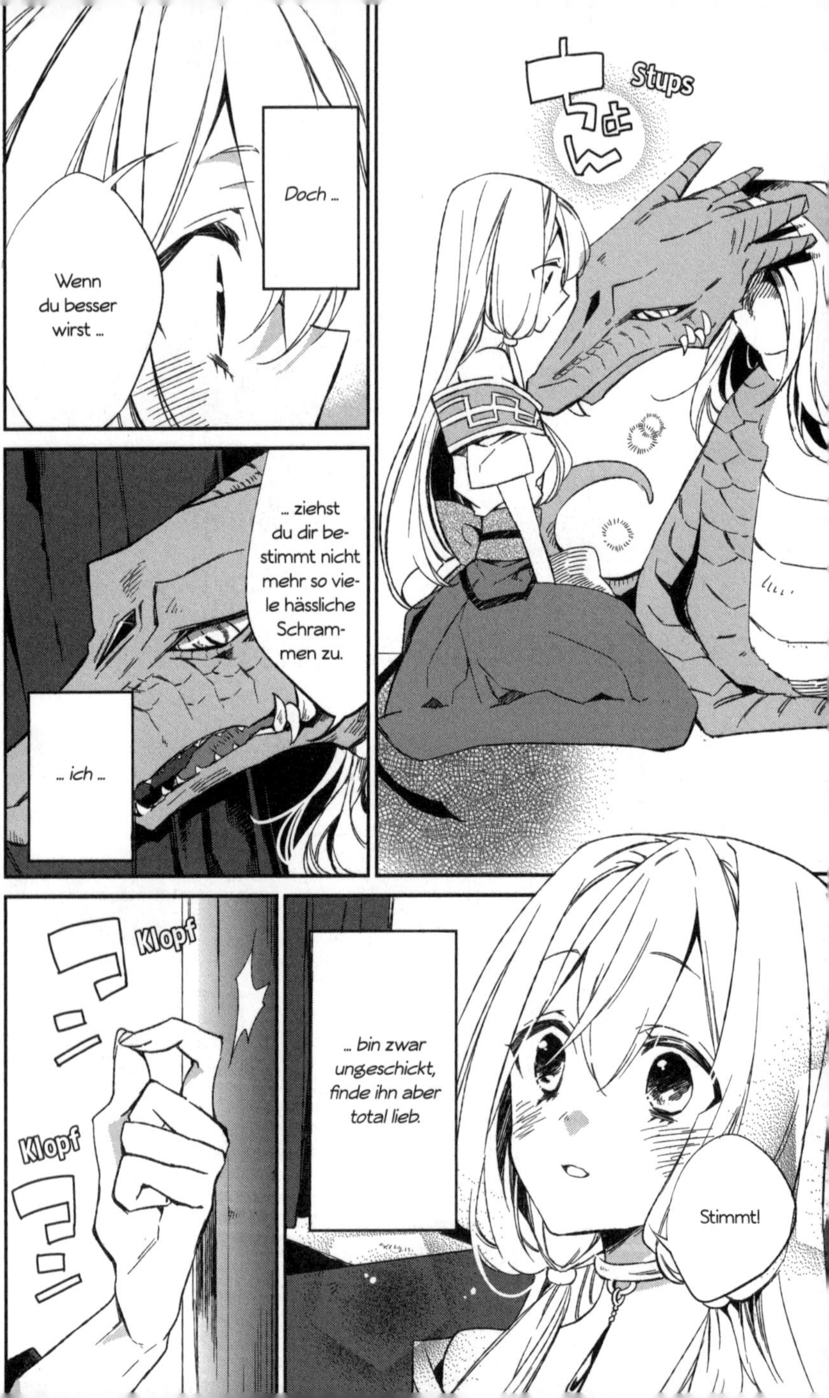
Stups
Doch ...
Wenn du besser wirst ...
... ziehst du dir bestimmt nicht mehr so viele hässliche Schrammen zu.
... ich ...
... bin zwar ungeschickt, finde ihn aber total lieb.
Stimmt!
Klopf
Klopf

1.

Hallo! Lange nicht gesehen!

Vielen Dank, dass ihr *Die Legende von Azfareo* in Händen haltet!

Ich möchte denen, die den Manga nach Band 1 nicht vergessen konnten, und denen, die jetzt erst zufällig im Buchladen auf ihn gestoßen sind, den zweiten Band mit einem großen Dankeschön überreichen!

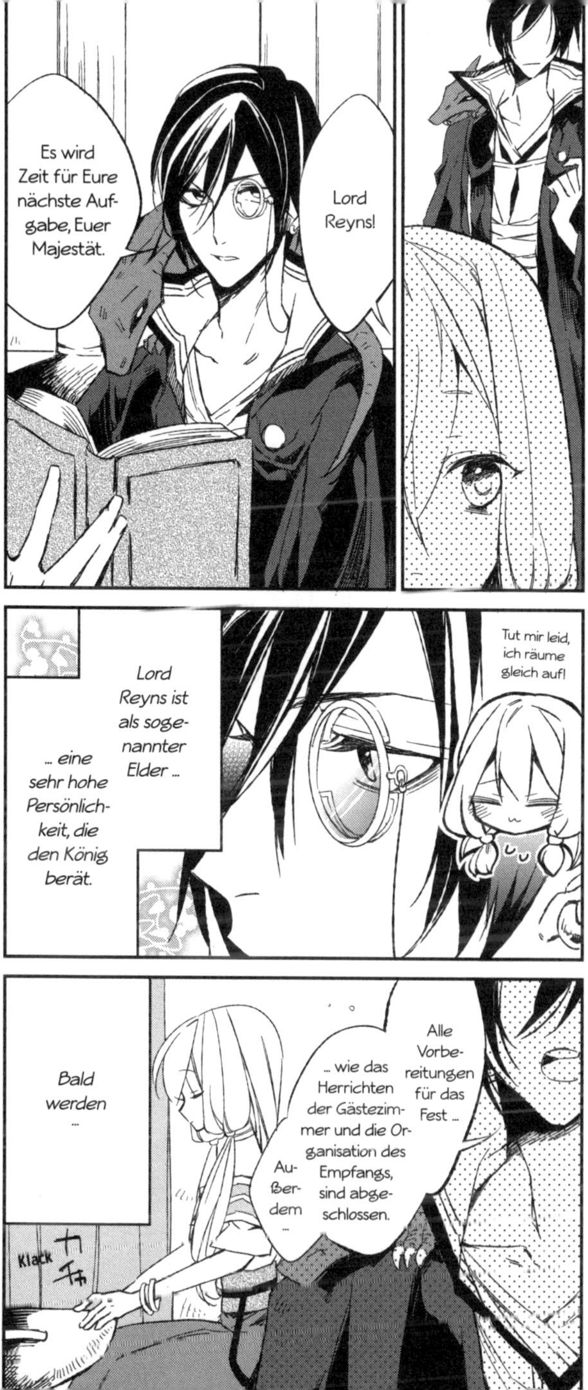

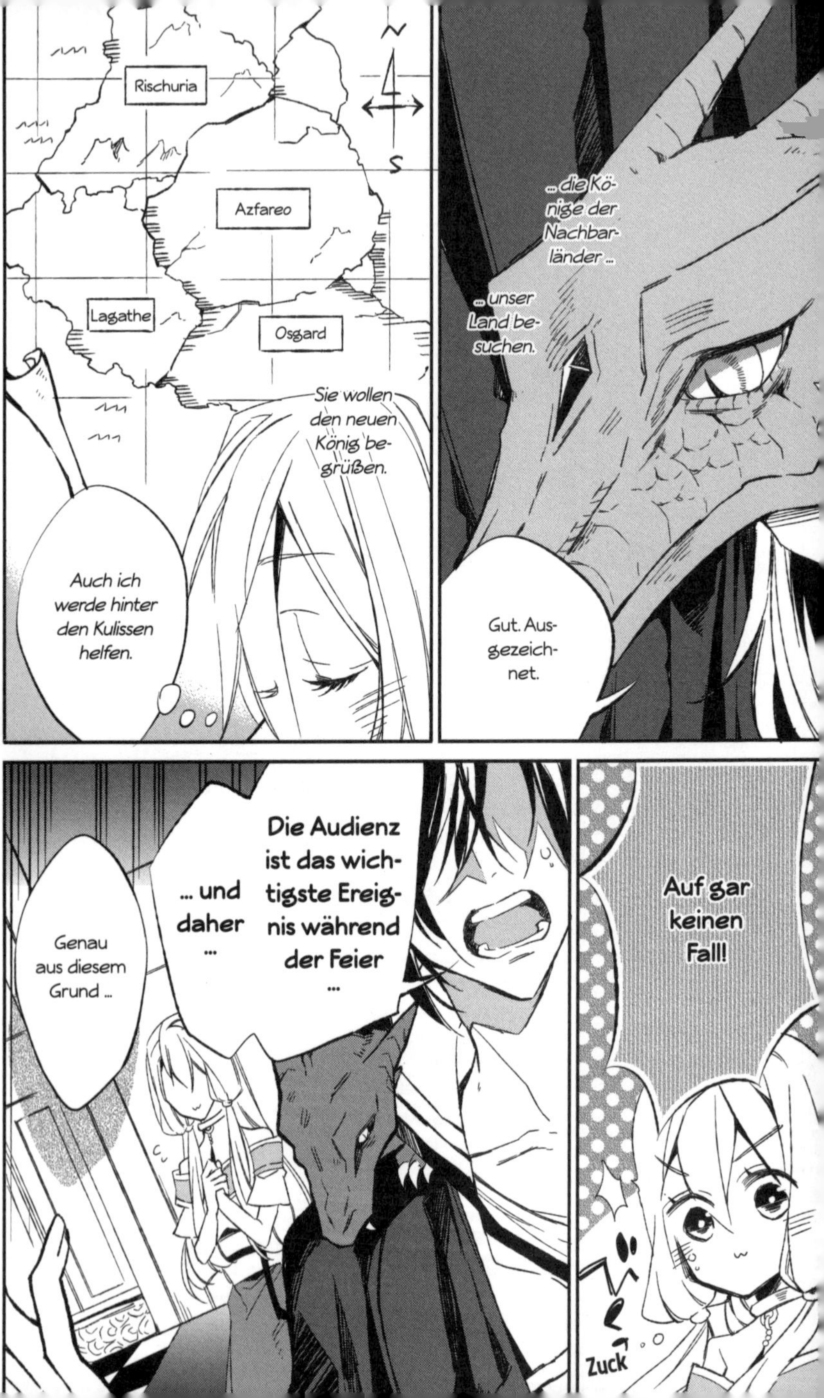
... die Könige der Nachbarländer ...
... unser Land besuchen.
Gut. Ausgezeichnet.
Rischuria
Azfareo
Lagathe
Osgard
N
S
Sie wollen den neuen König begrüßen.
Auch ich werde hinter den Kulissen helfen.
Auf gar keinen Fall!
Zuck
Die Audienz ist das wichtigste Ereignis während der Feier ...
... und daher ...
Genau aus diesem Grund ...

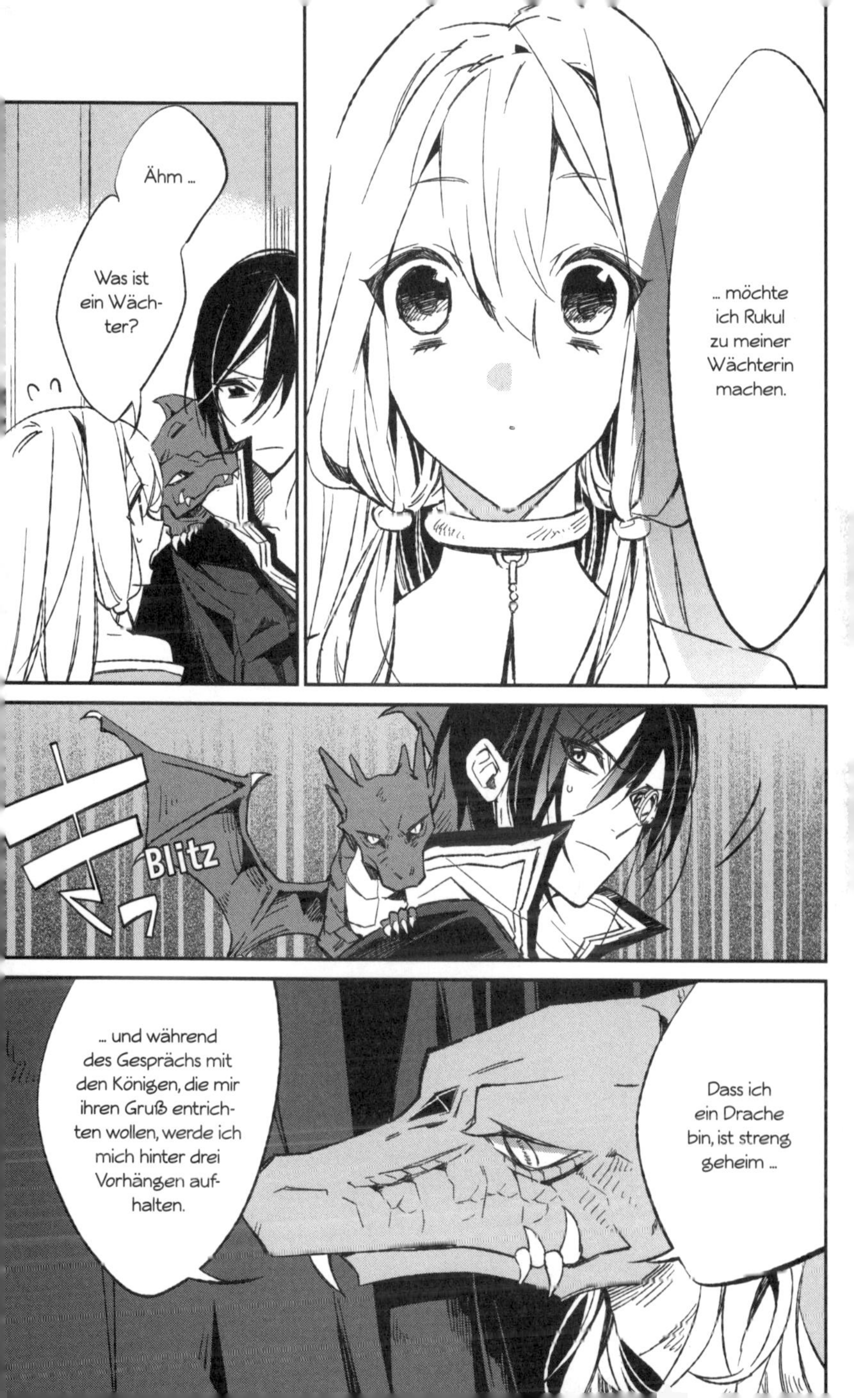

... möchte ich Rukul zu meiner Wächterin machen.
Ähm ...
Was ist ein Wächter?
Blitz
Dass ich ein Drache bin, ist streng geheim ...
... und während des Gesprächs mit den Königen, die mir ihren Gruß entrichten wollen, werde ich mich hinter drei Vorhängen aufhalten.

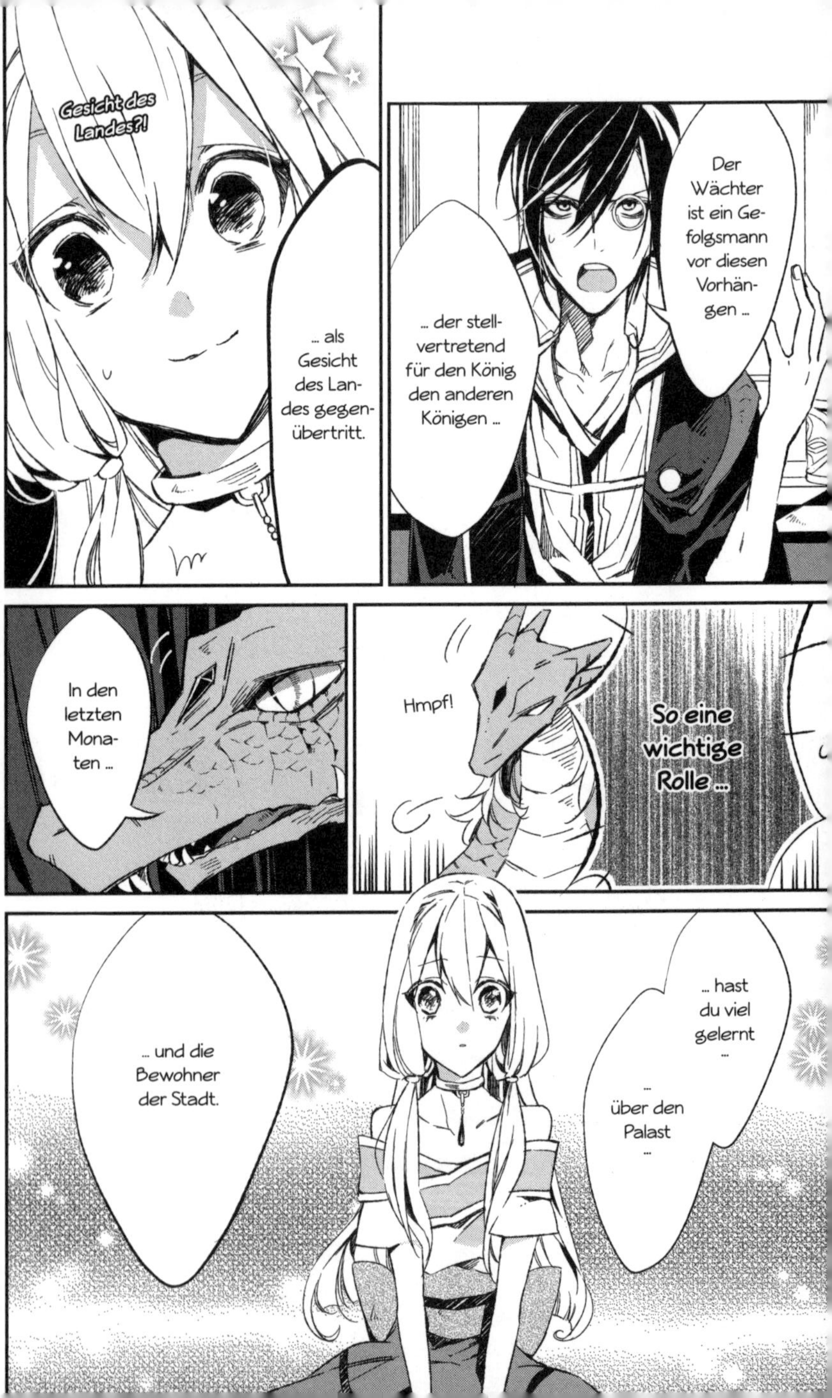
Der Wächter ist ein Gefolgsmann vor diesen Vorhängen ...
... der stellvertretend für den König den anderen Königen ...
... als Gesicht des Landes gegenübertritt.
Gesicht des Landes?!
So eine wichtige Rolle ...
Hmpf!
In den letzten Monaten ...
... hast du viel gelernt ...
... über den Palast ...
... und die Bewohner der Stadt.

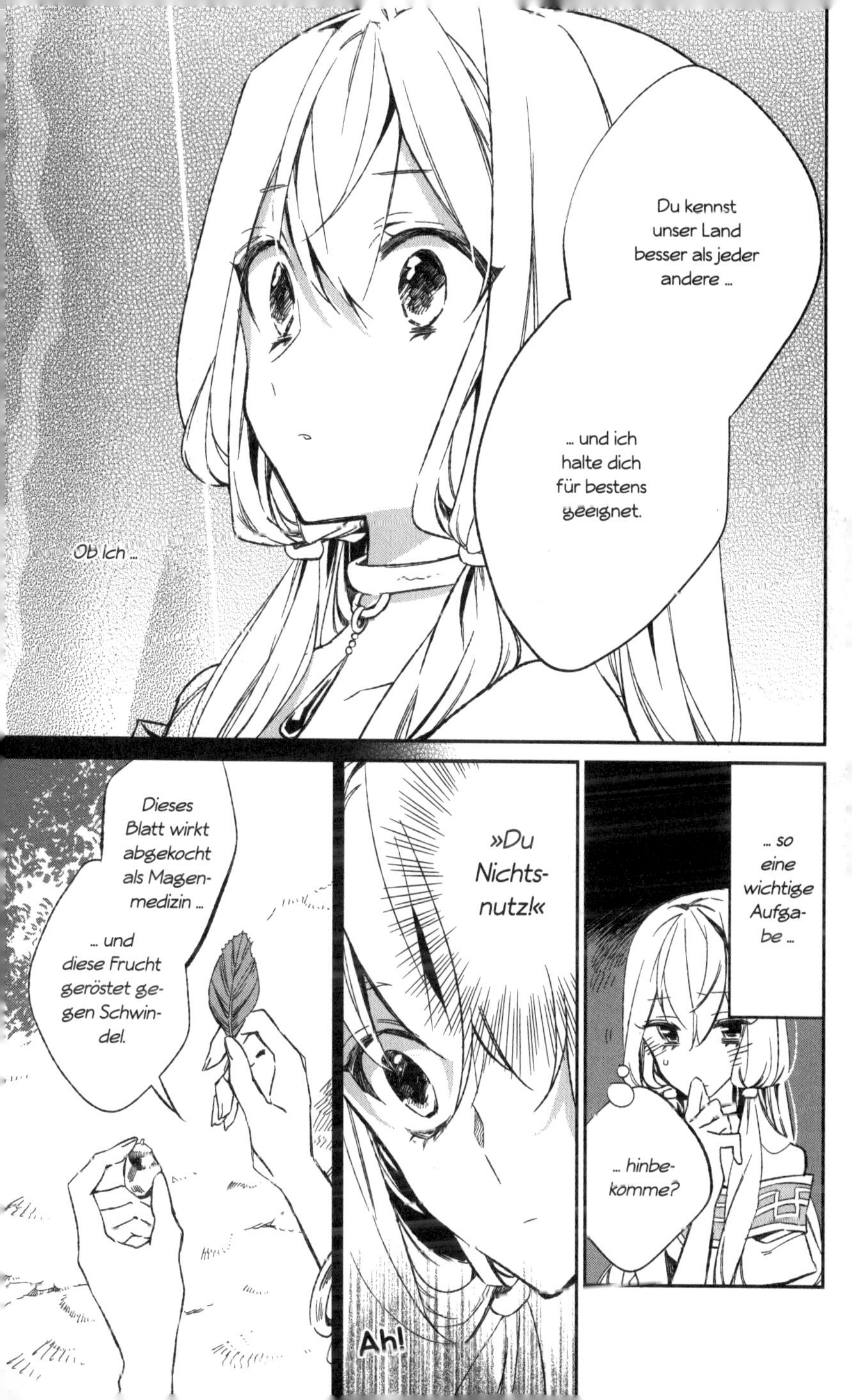
Du kennst unser Land besser als jeder andere ...
... und ich halte dich für bestens geeignet.
Ob ich ...
... so eine wichtige Aufgabe ...
... hinbekomme?
»Du Nichtsnutz!«
Ah!
Dieses Blatt wirkt abgekocht als Magenmedizin ...
... und diese Frucht geröstet gegen Schwindel.

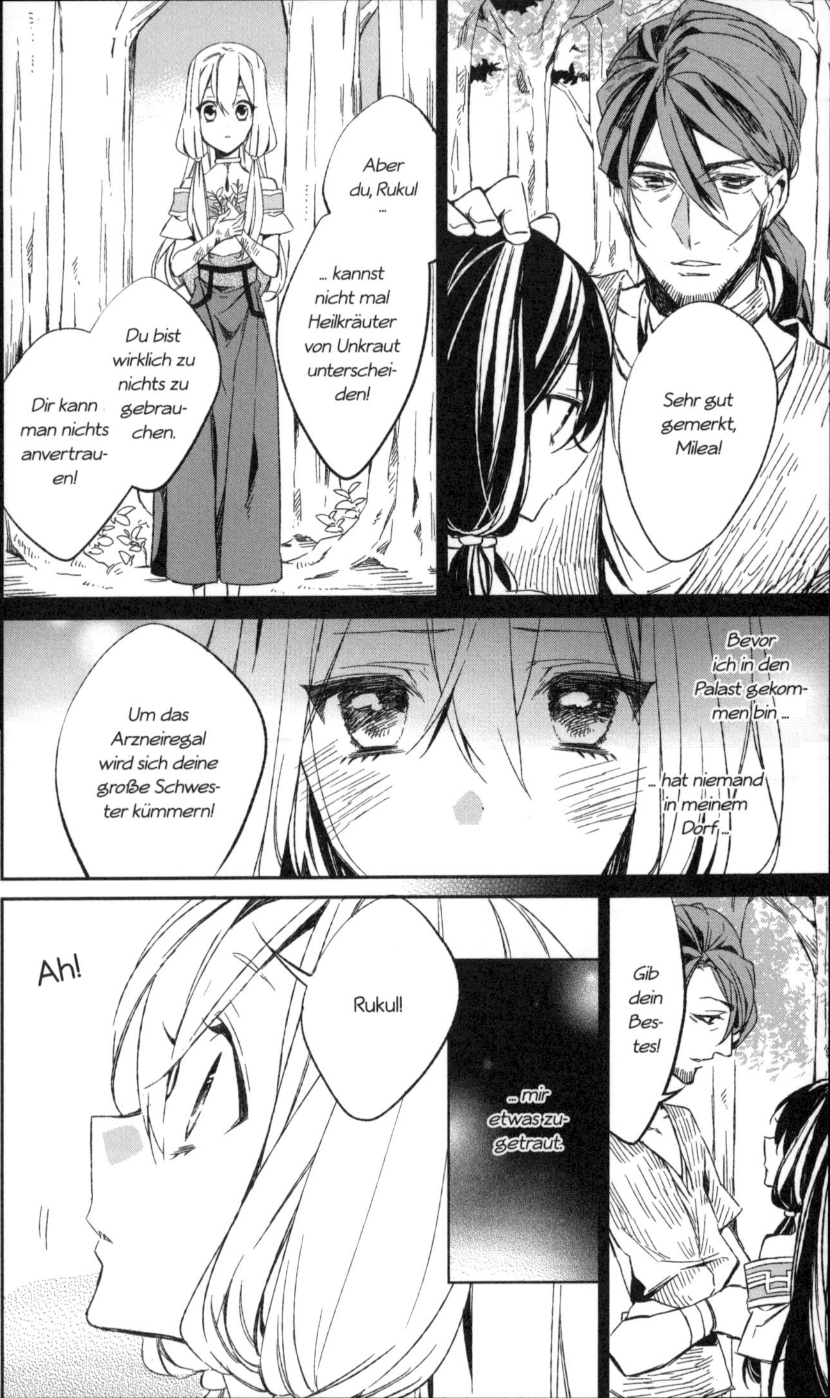

Sehr gut gemerkt, Milea!
Aber du, Rukul ...
... kannst nicht mal Heilkräuter von Unkraut unterscheiden!
Du bist wirklich zu nichts zu gebrauchen.
Dir kann man nichts anvertrauen!
Bevor ich in den Palast gekommen bin ...
... hat niemand in meinem Dorf ...
Um das Arzneiregal wird sich deine große Schwester kümmern!
Gib dein Bestes!
Rukul!
... mir etwas zugetraut.
Ah!

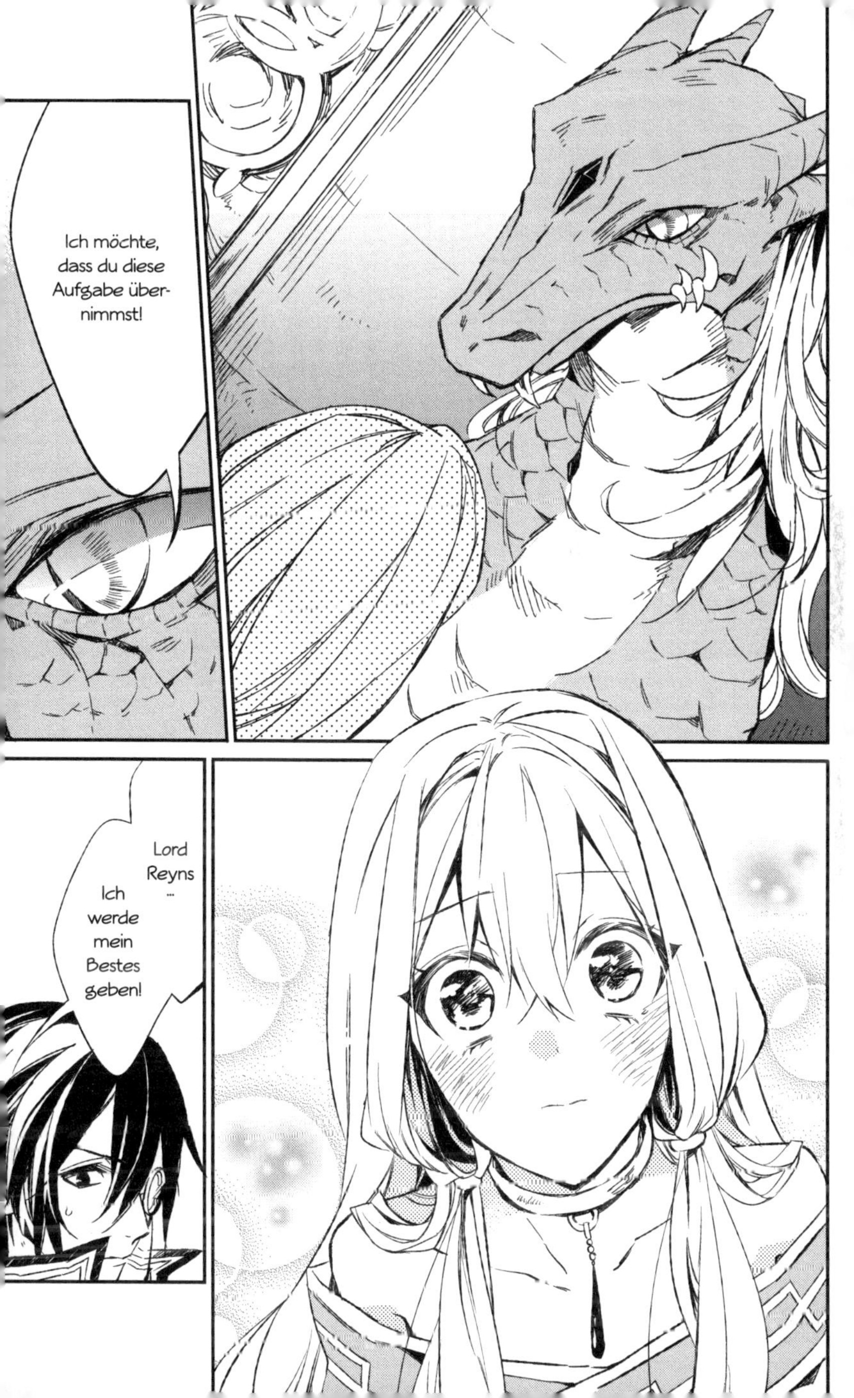
Ich möchte, dass du diese Aufgabe über-nimmst!
Lord Reyns ...
Ich werde mein Bestes geben!

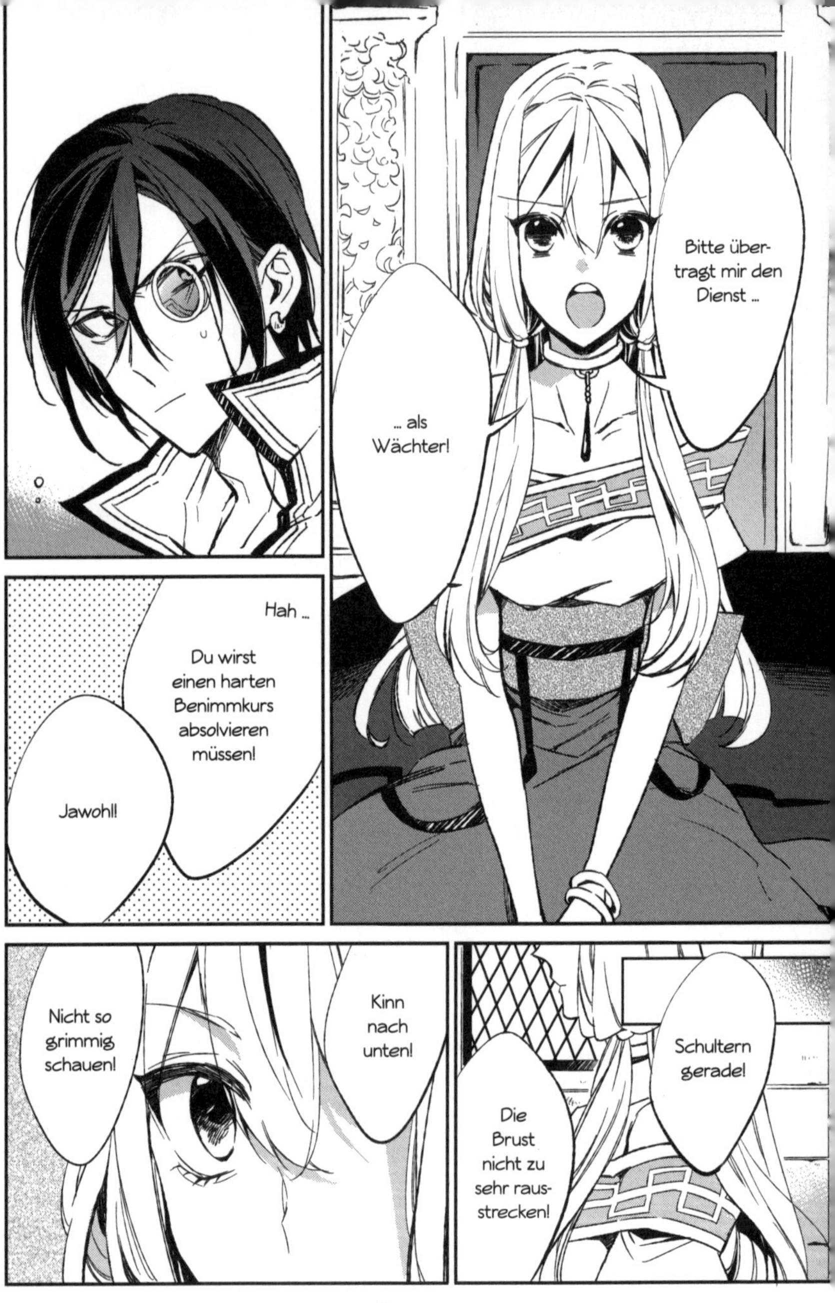
Bitte übertragt mir den Dienst ...
... als Wächter!
Hah ...
Du wirst einen harten Benimmkurs absolvieren müssen!
Jawohl!
Schultern gerade!
Die Brust nicht zu sehr rausstrecken!
Kinn nach unten!
Nicht so grimmig schauen!

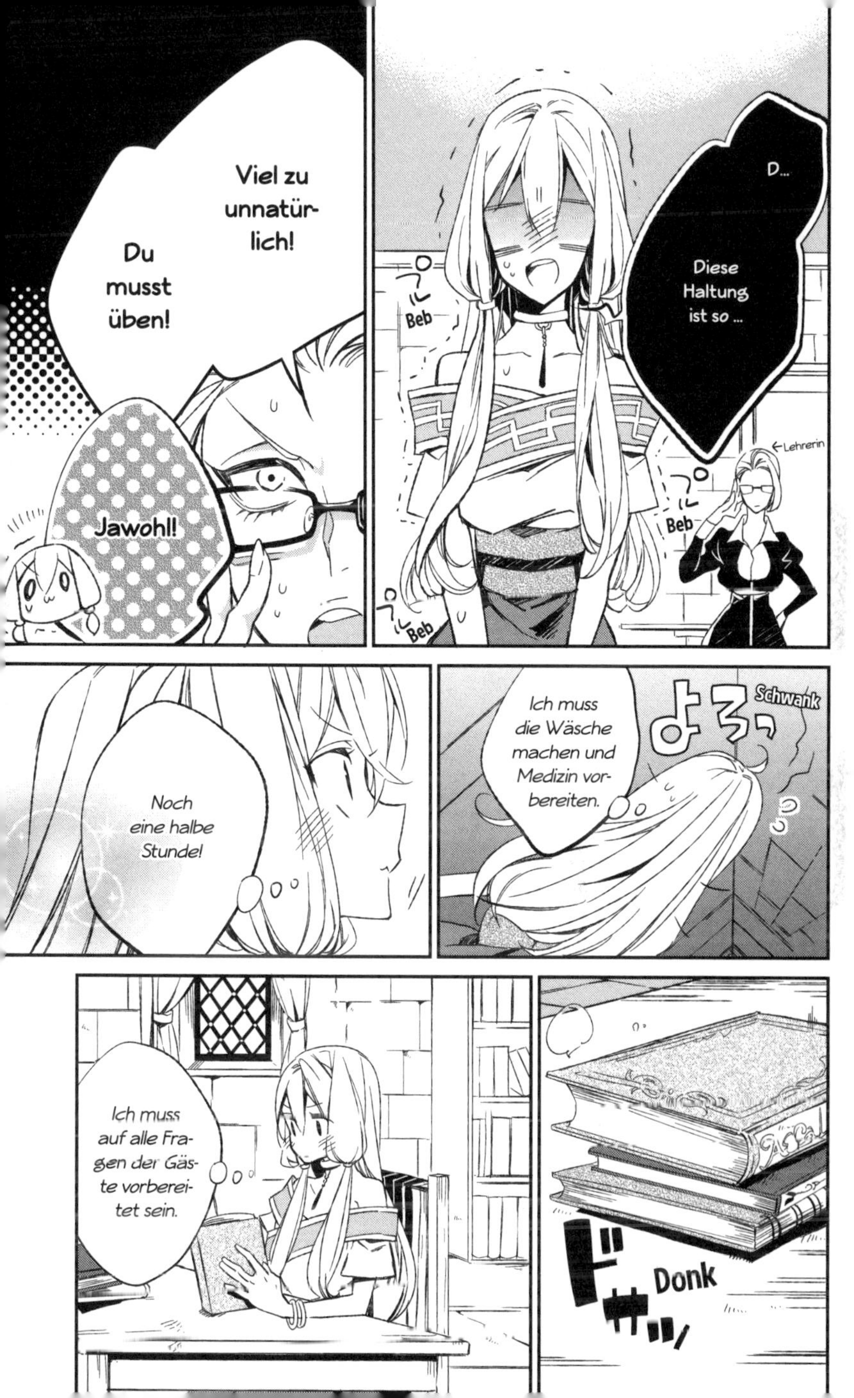
D...
Diese Haltung ist so ...
Beb
Beb
Beb
←Lehrerin
Viel zu unnatürlich!
Du musst üben!
Jawohl!
Schwank
Ich muss die Wäsche machen und Medizin vorbereiten.
Noch eine halbe Stunde!
Donk
Ich muss auf alle Fragen der Gäste vorbereitet sein.

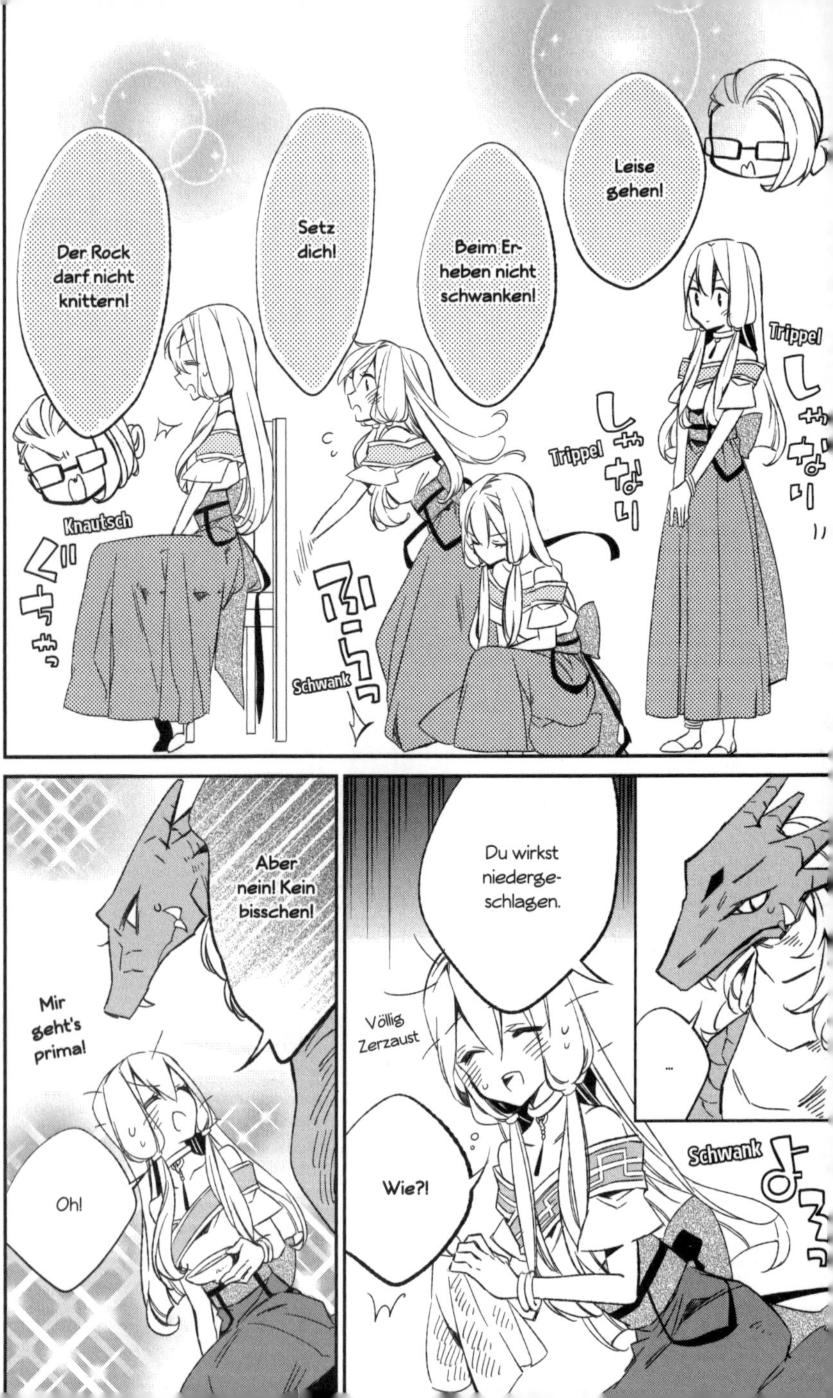
Leise gehen!
Trippel
Trippel
Beim Erheben nicht schwanken!
Setz dich!
Schwank
Der Rock darf nicht knittern!
Knautsch
...
Du wirkst niederge-schlagen.
Völlig Zerzaust
Schwank
Wie?!
Aber nein! Kein bisschen!
Mir geht's prima!
Oh!

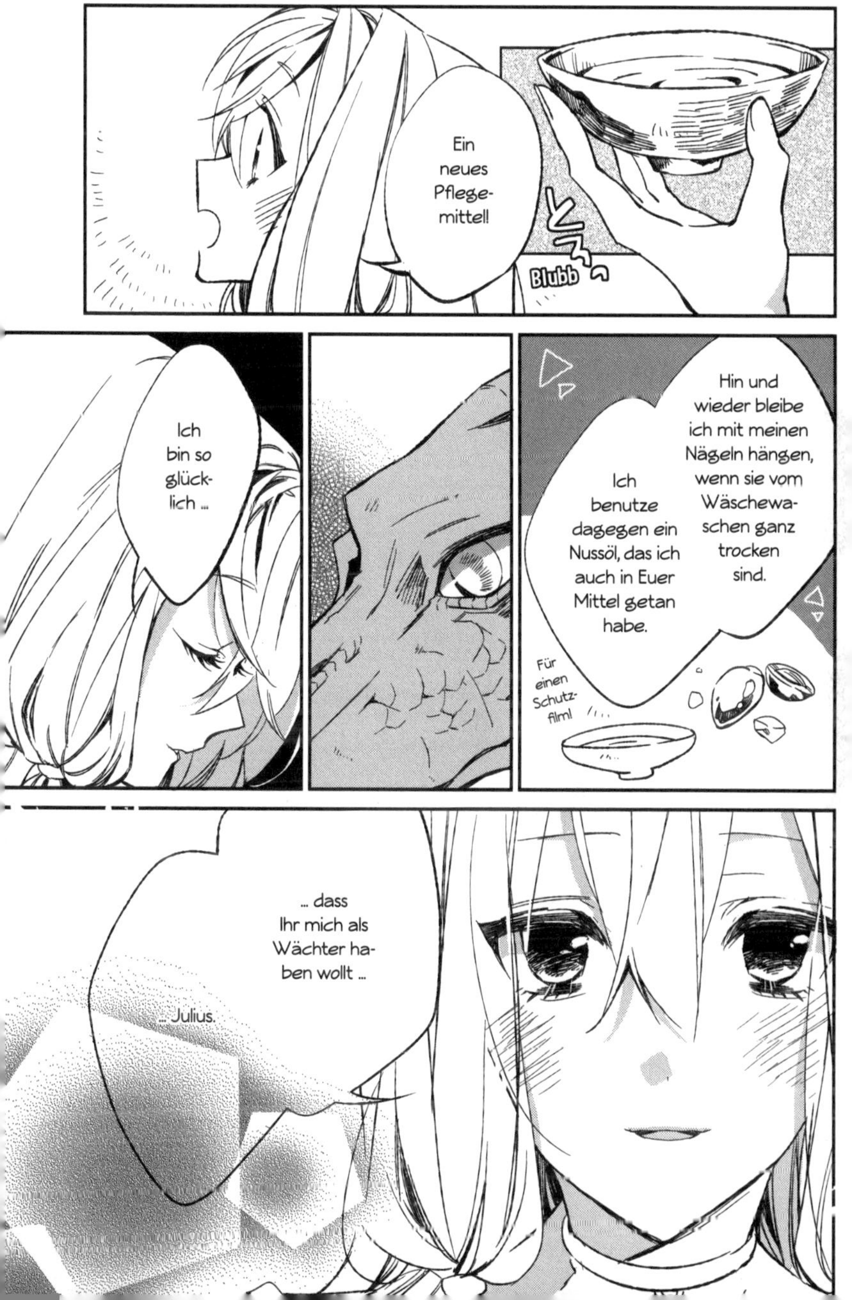
Ein neues Pflegemittel!
Blubb
Hin und wieder bleibe ich mit meinen Nägeln hängen, wenn sie vom Wäschewaschen ganz trocken sind.
Ich benutze dagegen ein Nussöl, das ich auch in Euer Mittel getan habe.
Für einen Schutzfilm!
Ich bin so glücklich ...
... dass Ihr mich als Wächter haben wollt ...
... Julius.

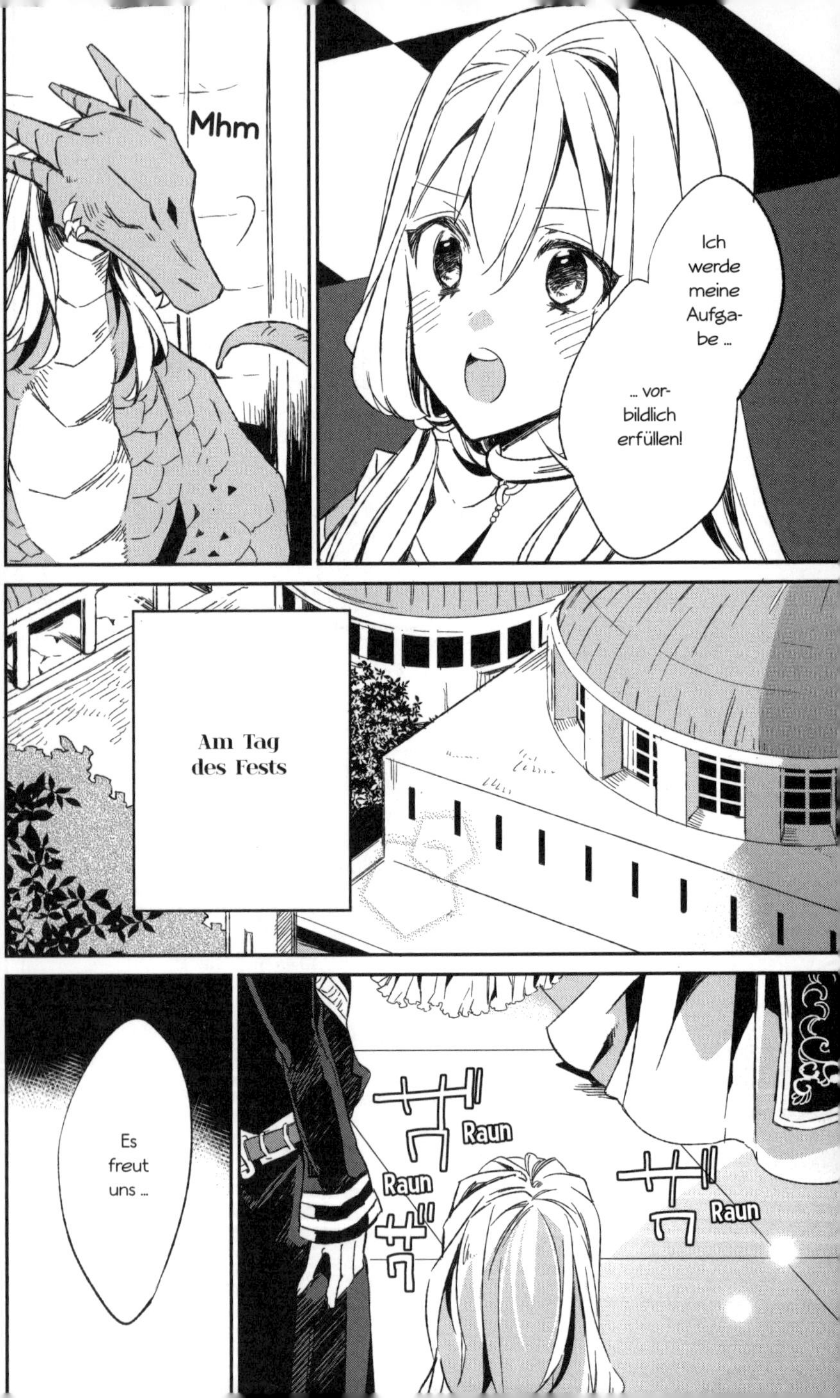
Ich werde meine Aufgabe ...
... vorbildlich erfüllen!
Mhm
Am Tag des Fests
Raun
Raun
Raun
Es freut uns ...

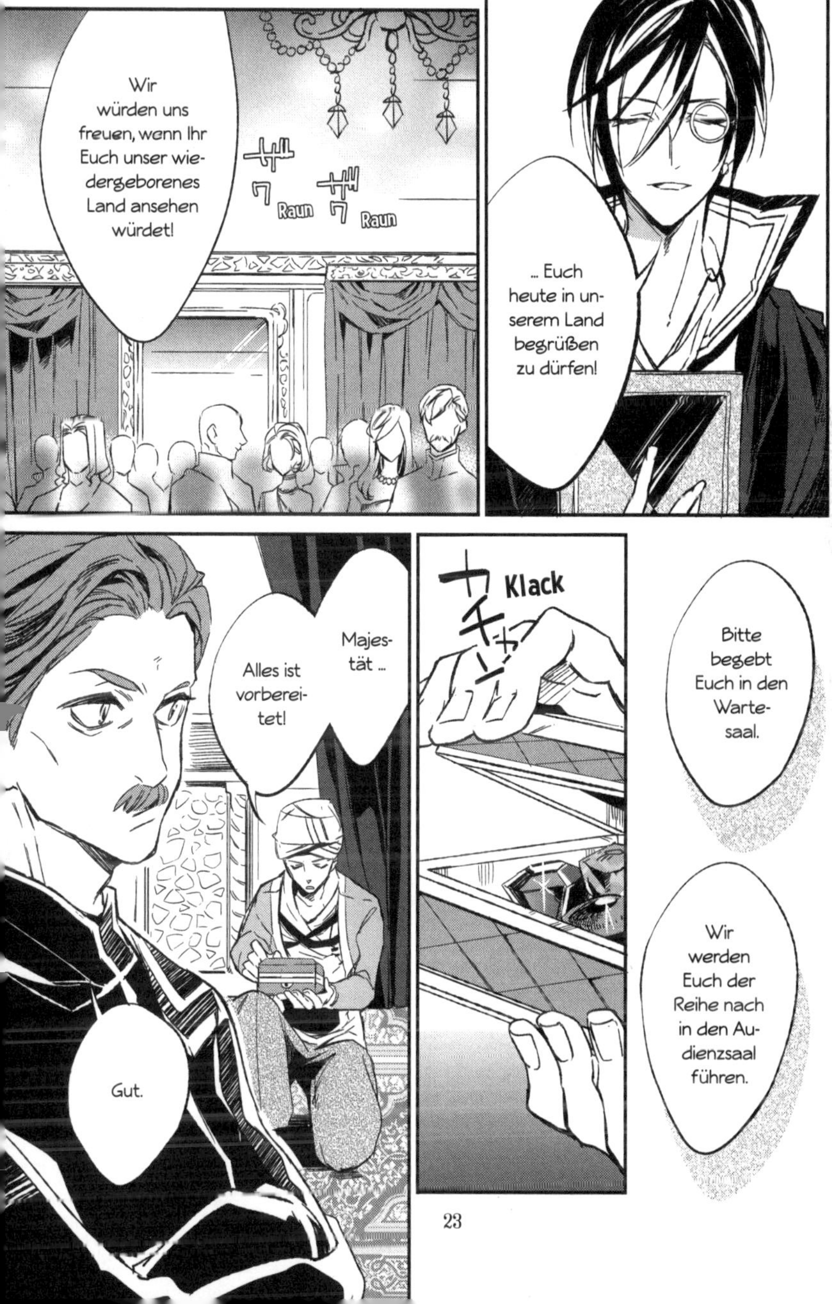
… Euch heute in unserem Land begrüßen zu dürfen!
Wir würden uns freuen, wenn Ihr Euch unser wiedergeborenes Land ansehen würdet!
Raun
Raun
Klack
Bitte begebt Euch in den Wartesaal.
Wir werden Euch der Reihe nach in den Audienzsaal führen.
Majestät …
Alles ist vorbereitet!
Gut.

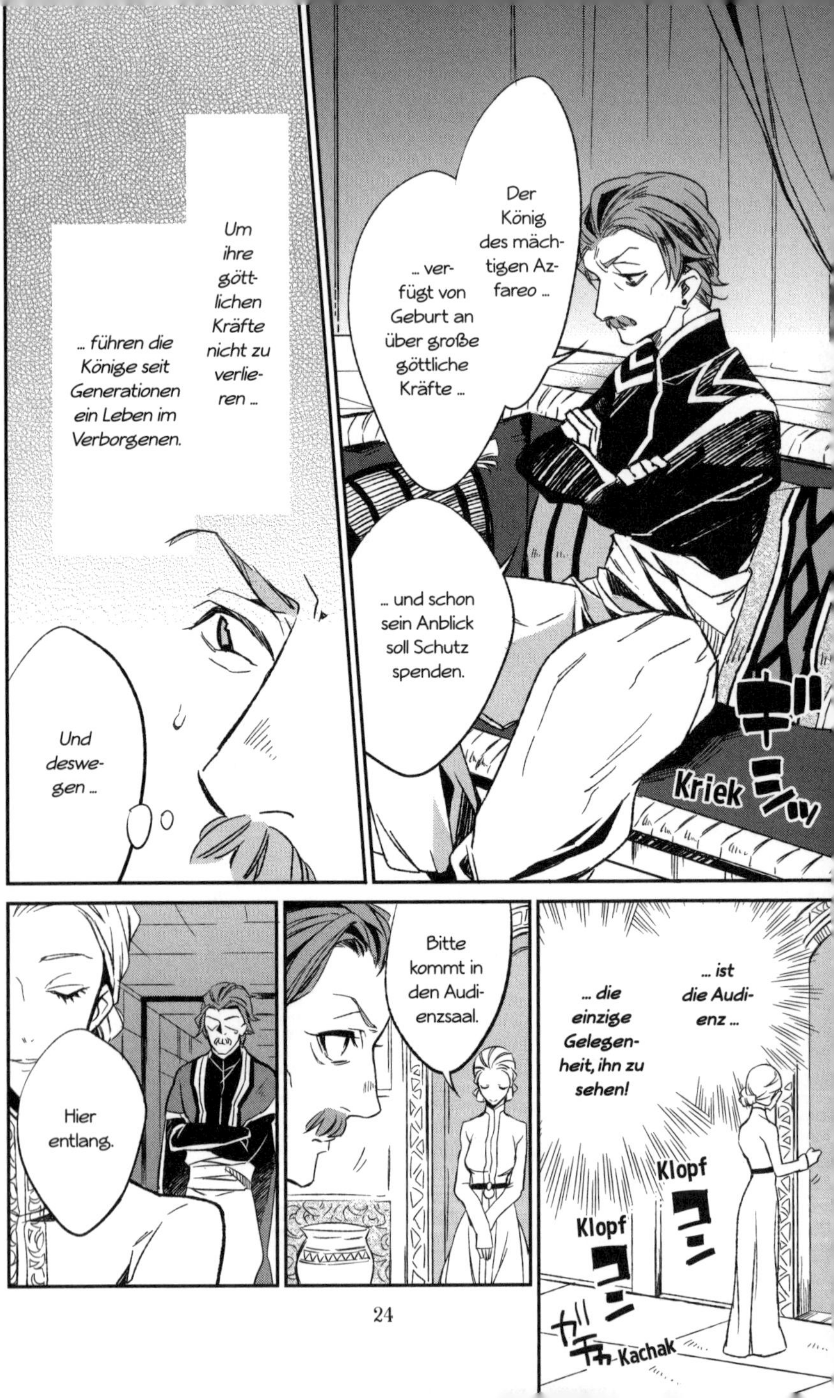
Der König des mächtigen Azfareo ...
... verfügt von Geburt an über große göttliche Kräfte ...
... und schon sein Anblick soll Schutz spenden.
Kriek
Um ihre göttlichen Kräfte nicht zu verlieren ...
... führen die Könige seit Generationen ein Leben im Verborgenen.
Und deswegen ...
... ist die Audienz ...
... die einzige Gelegenheit, ihn zu sehen!
Klopf
Klopf
Kachak
Bitte kommt in den Audienzsaal.
Hier entlang.

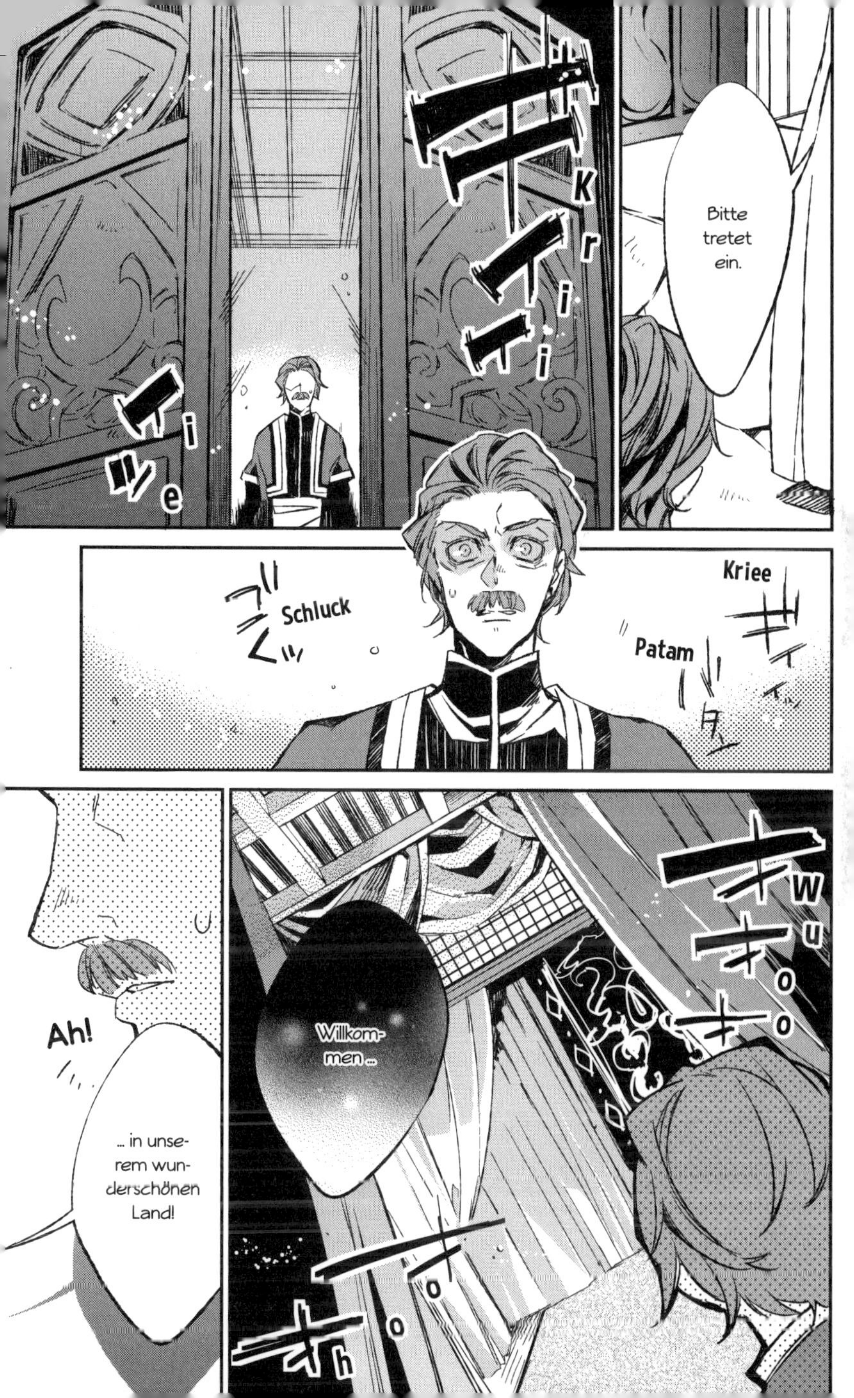
Bitte tretet ein.
Kriiiii
Kriee
Patam
Schluck
Wuoo
Willkommen ...
Ah!
... in unserem wunderschönen Land!
Whoo

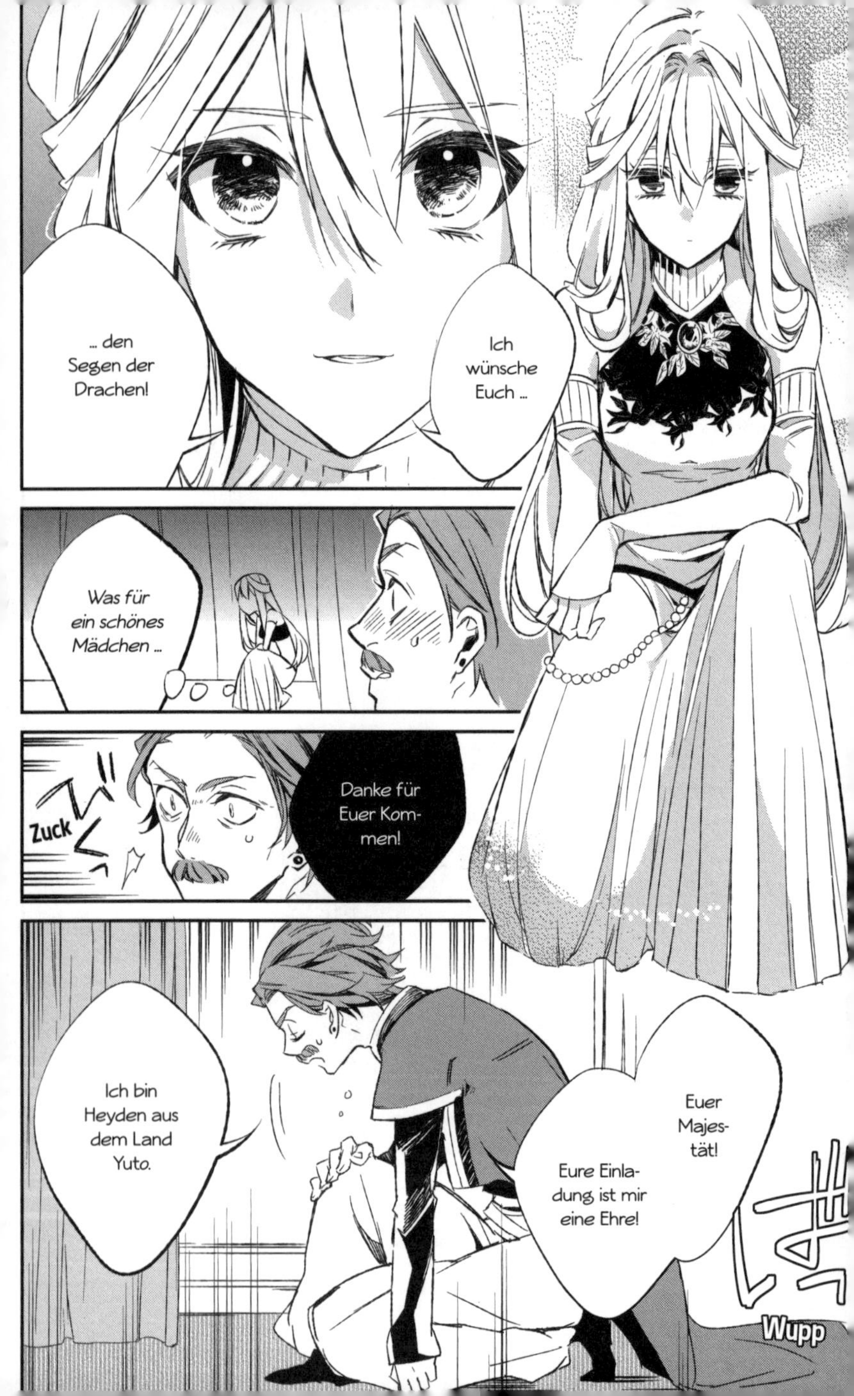

Ich wünsche Euch ...
... den Segen der Drachen!
Was für ein schönes Mädchen ...
Zuck
Danke für Euer Kommen!
Euer Majestät!
Eure Einladung ist mir eine Ehre!
Ich bin Heyden aus dem Land Yuto.
Wupp

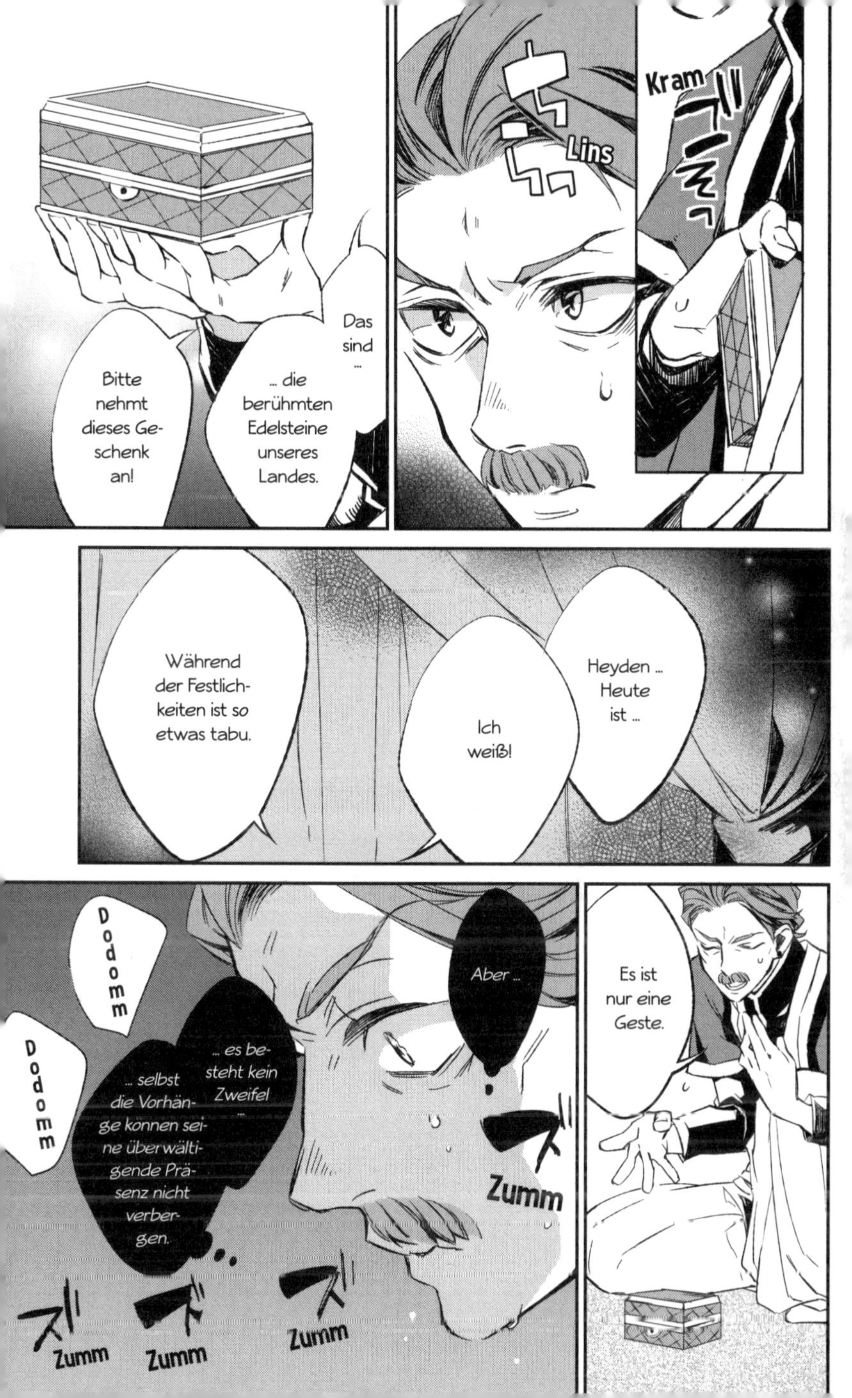
Kram
Lins
Das sind …
… die berühmten Edelsteine unseres Landes.
Bitte nehmt dieses Geschenk an!
Heyden … Heute ist …
Ich weiß!
Während der Festlichkeiten ist so etwas tabu.
Es ist nur eine Geste.
Aber …
Zumm
… es besteht kein Zweifel …
… selbst die Vorhänge können seine überwältigende Präsenz nicht verbergen.
Dodomm
Dodomm
Zumm
Zumm
Zumm

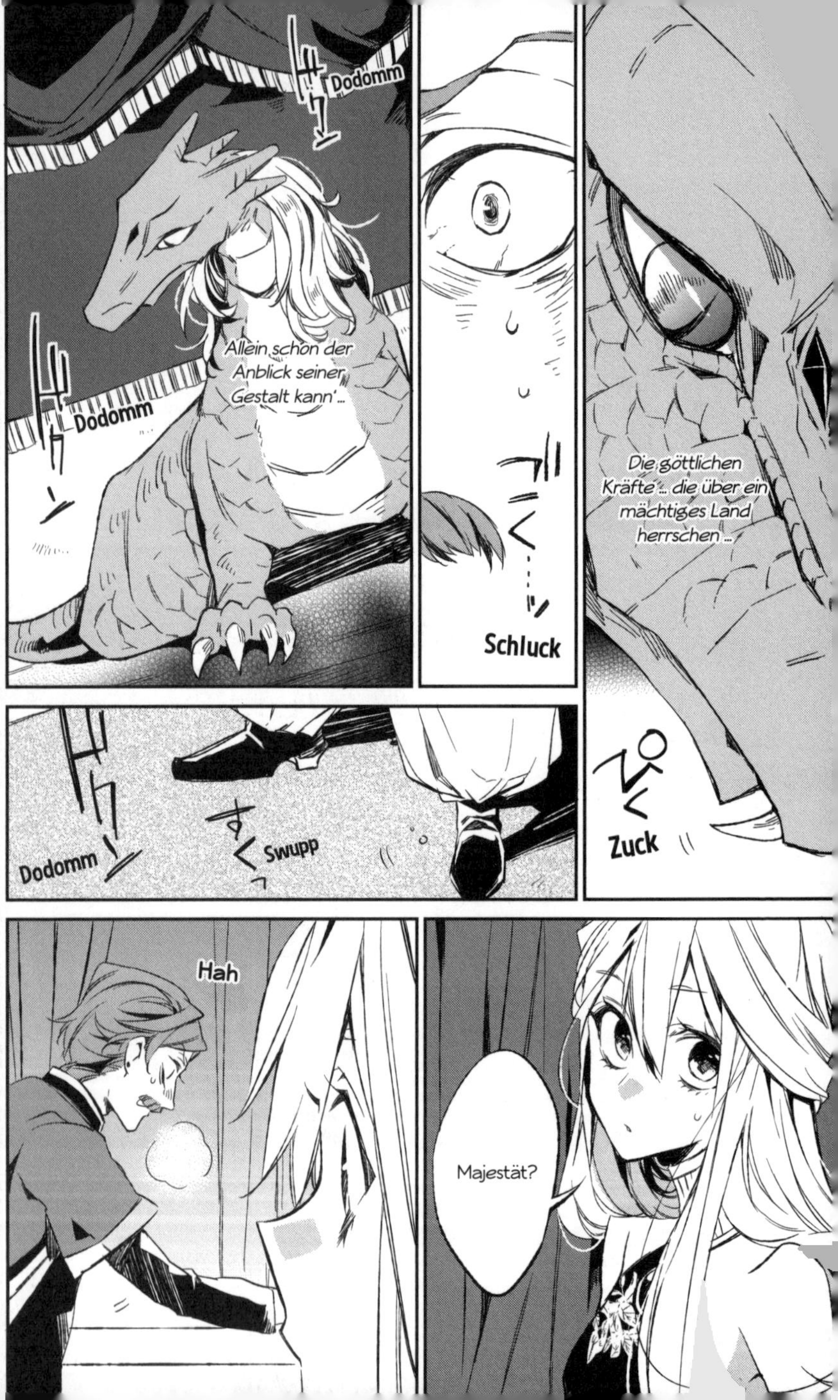
Die göttlichen Kräfte ... die über ein mächtiges Land herrschen ...
Zuck
Schluck
Dodomm
Allein schon der Anblick seiner Gestalt kann'...
Dodomm
Swupp
Dodomm
Majestät?
Hah

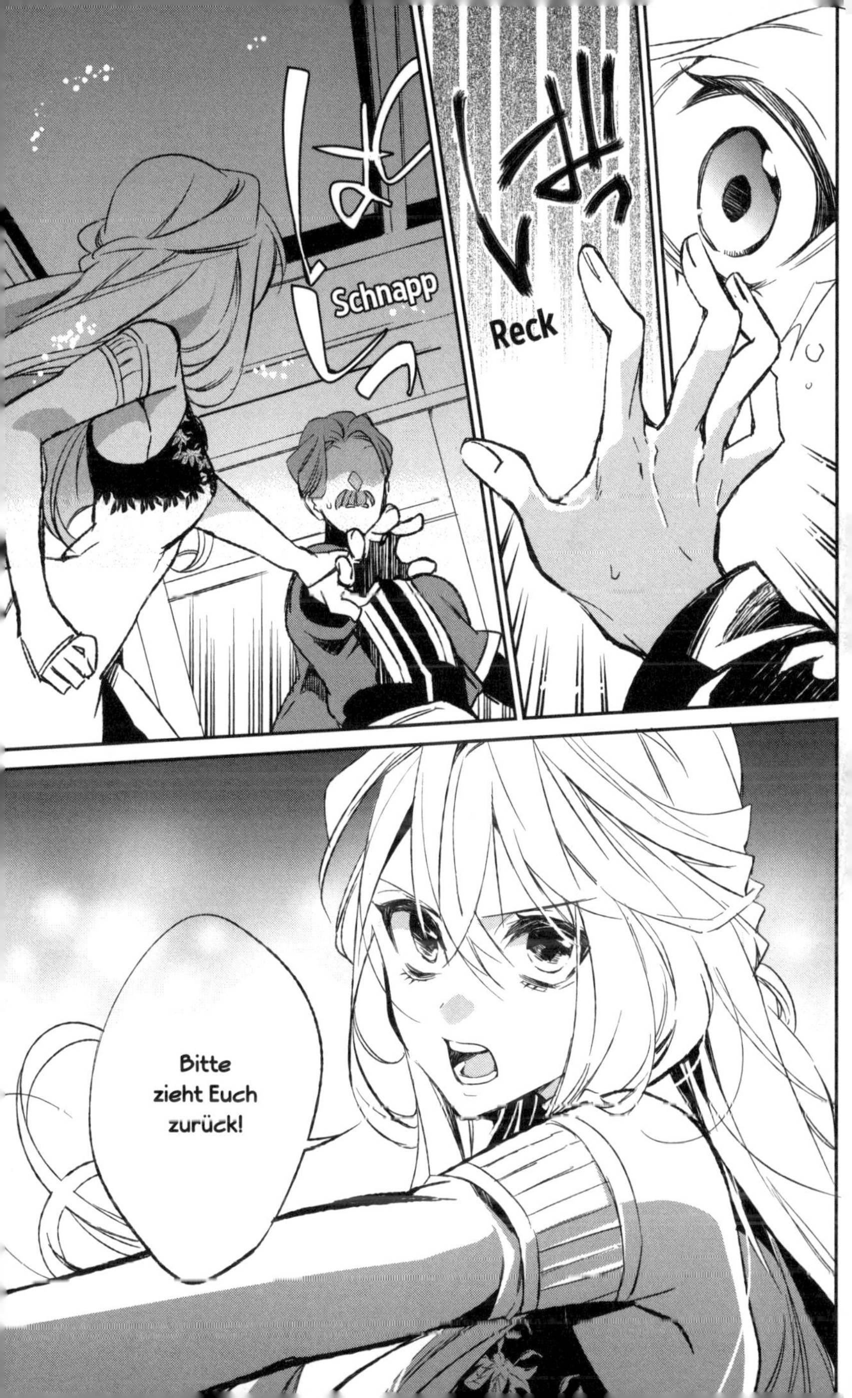
Reck
Schnapp
Bitte zieht Euch zurück!

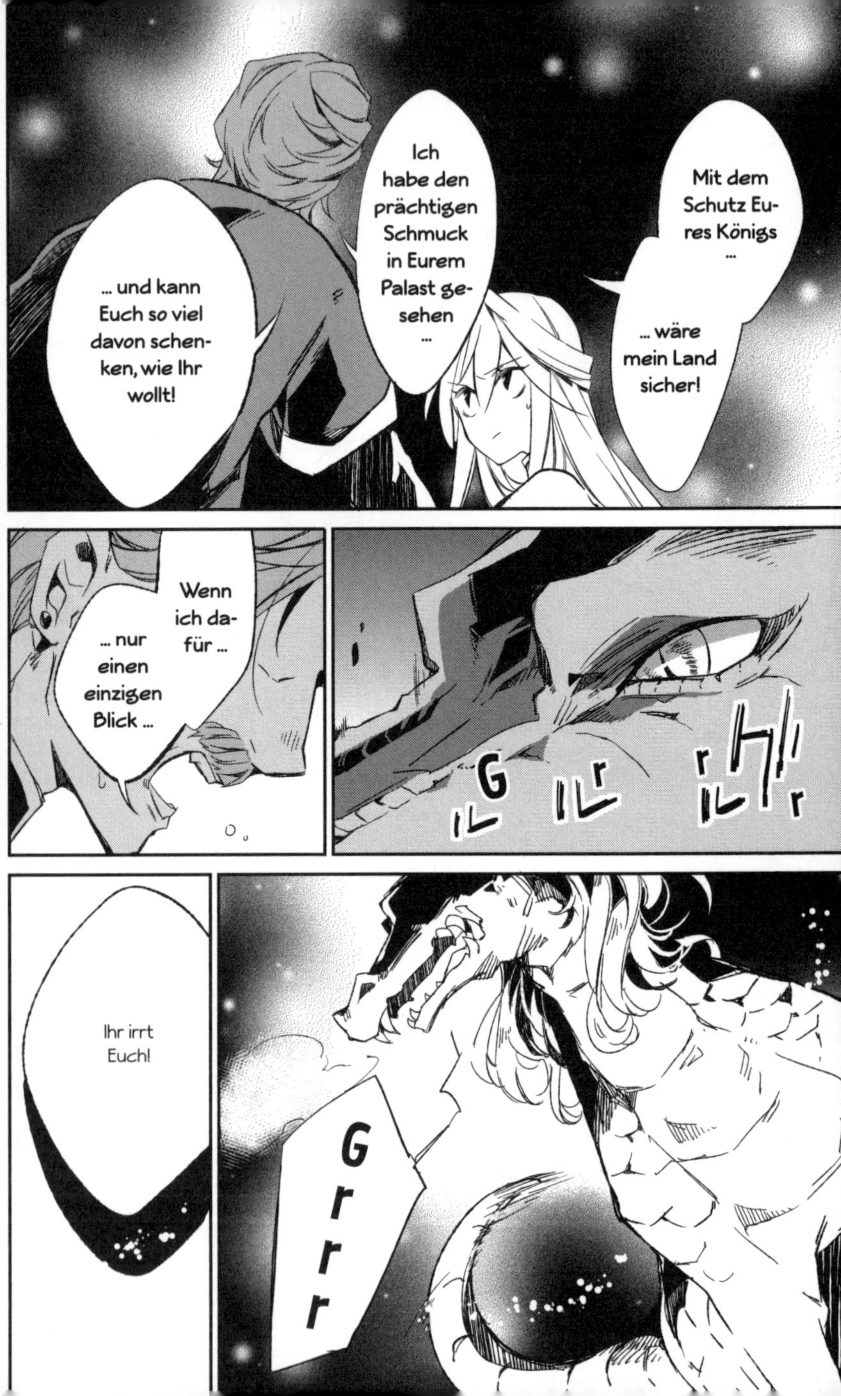
Mit dem Schutz Eures Königs ...
... wäre mein Land sicher!
Ich habe den prächtigen Schmuck in Eurem Palast gesehen ...
... und kann Euch so viel davon schenken, wie Ihr wollt!
Wenn ich dafür ...
... nur einen einzigen Blick ...
Grrr
Ihr irrt Euch!

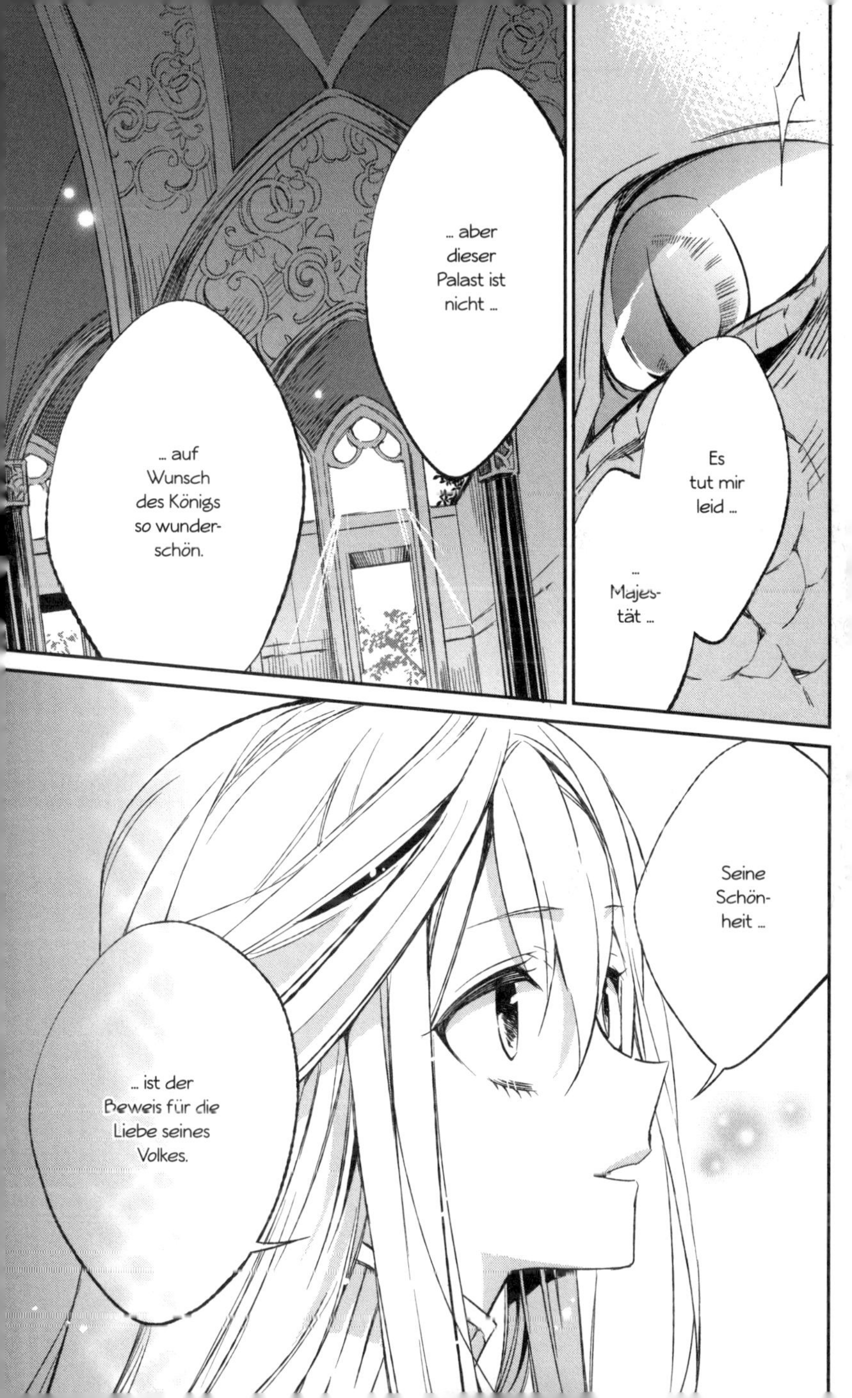
Es tut mir leid ...
... Majestät ...
... aber dieser Palast ist nicht ...
... auf Wunsch des Königs so wunderschön.
Seine Schönheit ...
... ist der Beweis für die Liebe seines Volkes.

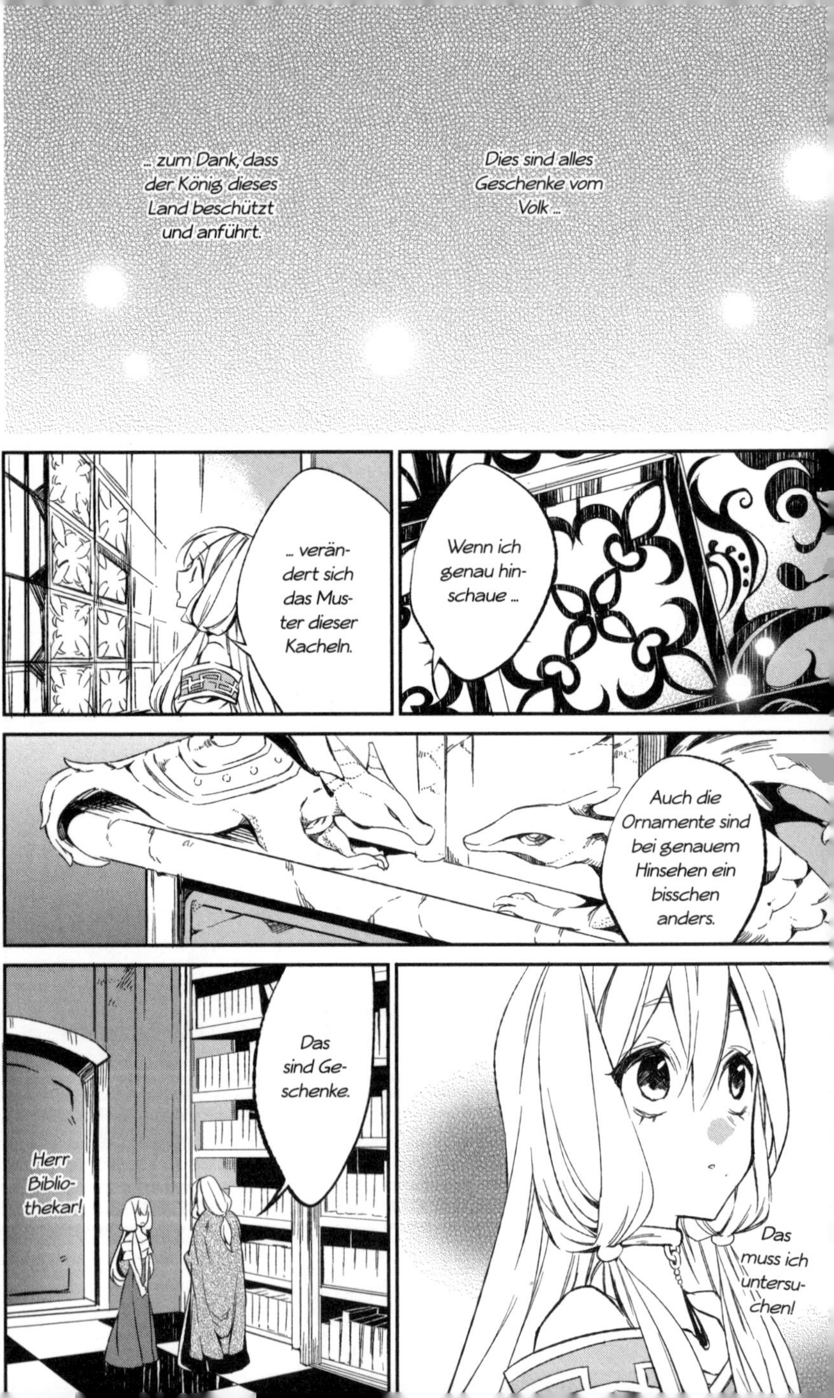
Dies sind alles Geschenke vom Volk ...
... zum Dank, dass der König dieses Land beschützt und anführt.
Wenn ich genau hinschaue ...
... verändert sich das Muster dieser Kacheln.
Auch die Ornamente sind bei genauem Hinsehen ein bisschen anders.
Das muss ich untersuchen!
Das sind Geschenke.
Herr Bibliothekar!

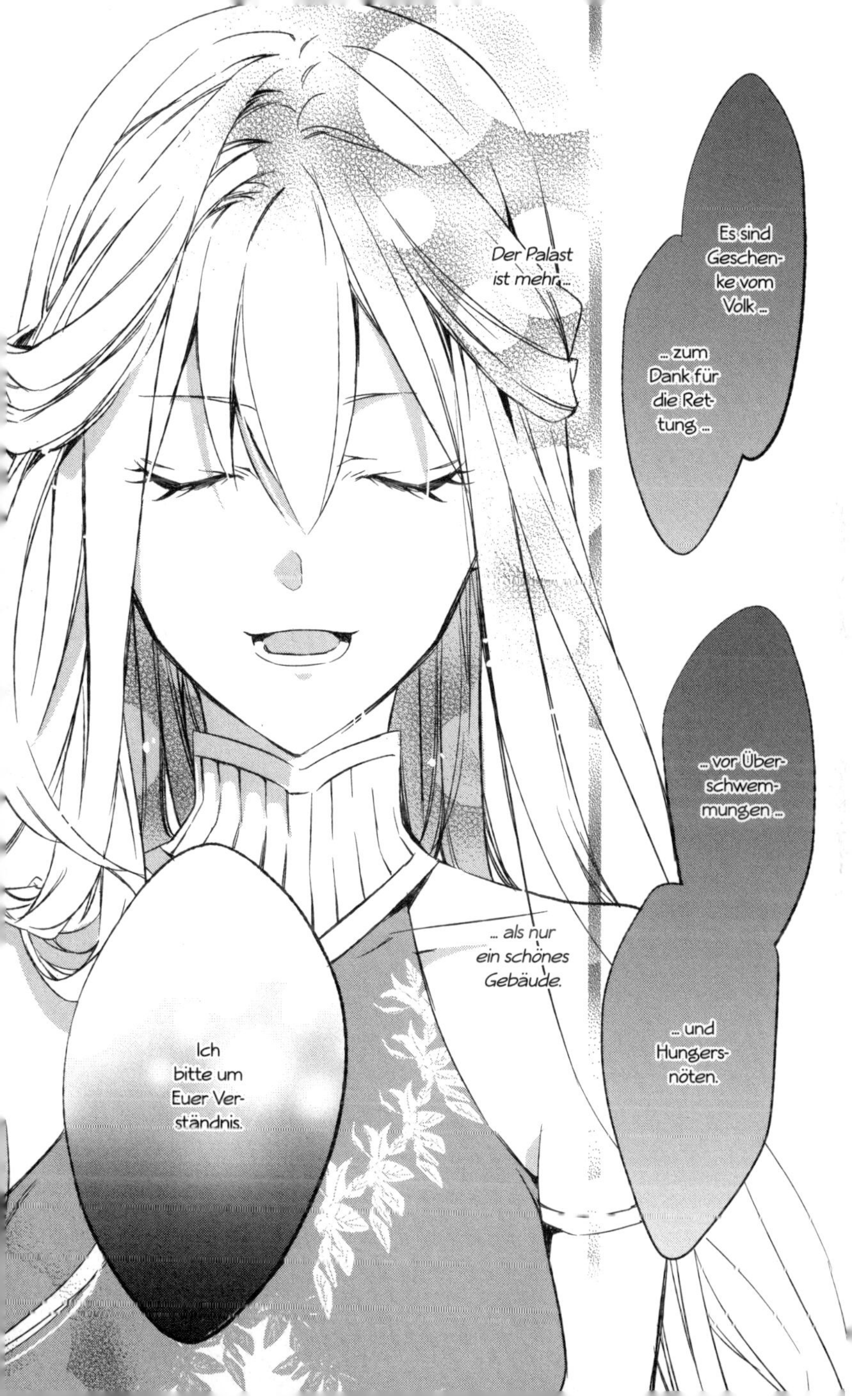
Es sind Geschenke vom Volk ...
... zum Dank für die Rettung ...
... vor Überschwemmungen ...
... und Hungersnöten.
Der Palast ist mehr ...
... als nur ein schönes Gebäude.
Ich bitte um Euer Verständnis.

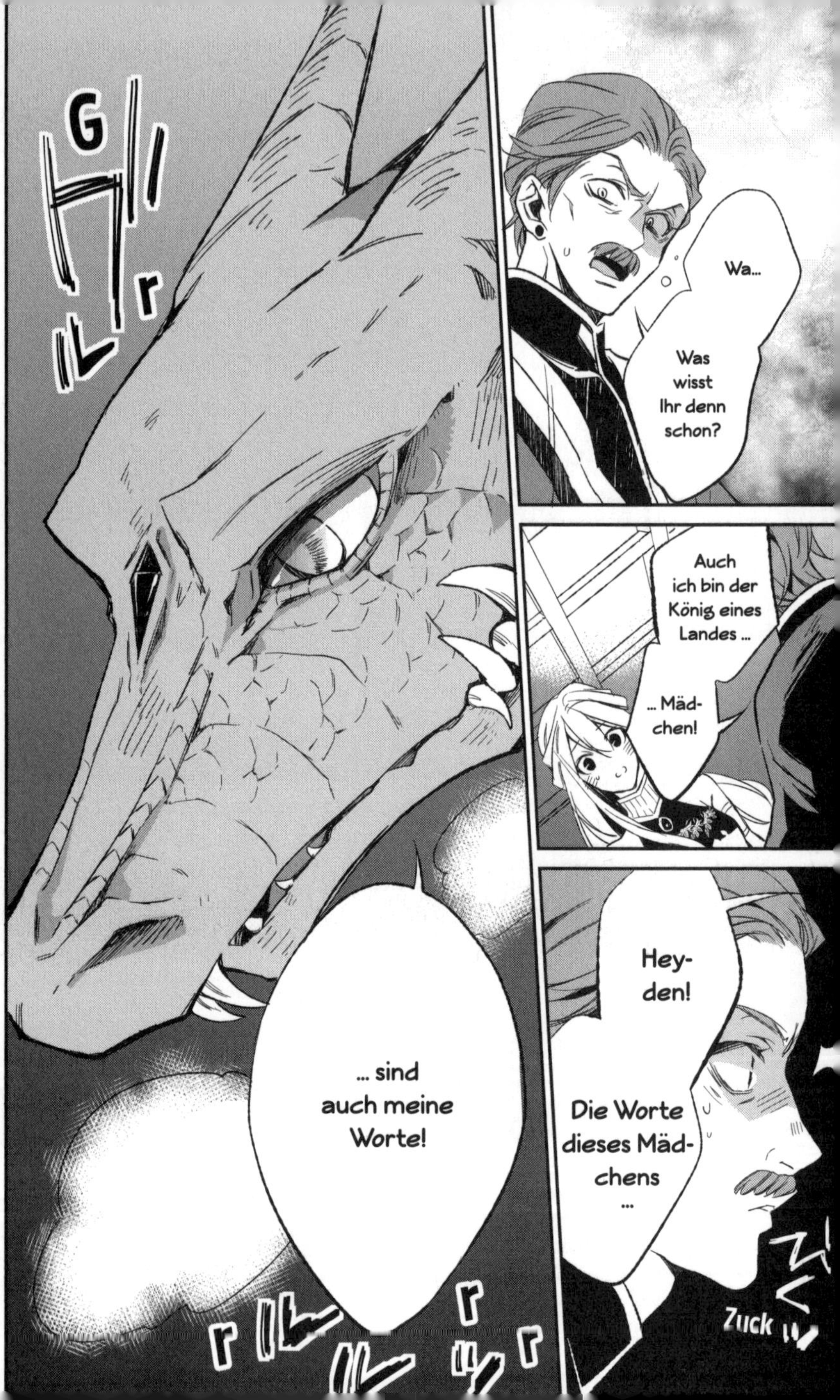
Wa…
Was wisst Ihr denn schon?
Auch ich bin der König eines Landes …
… Mäd-chen!
Hey-den!
Die Worte dieses Mäd-chens …
Zuck
… sind auch meine Worte!

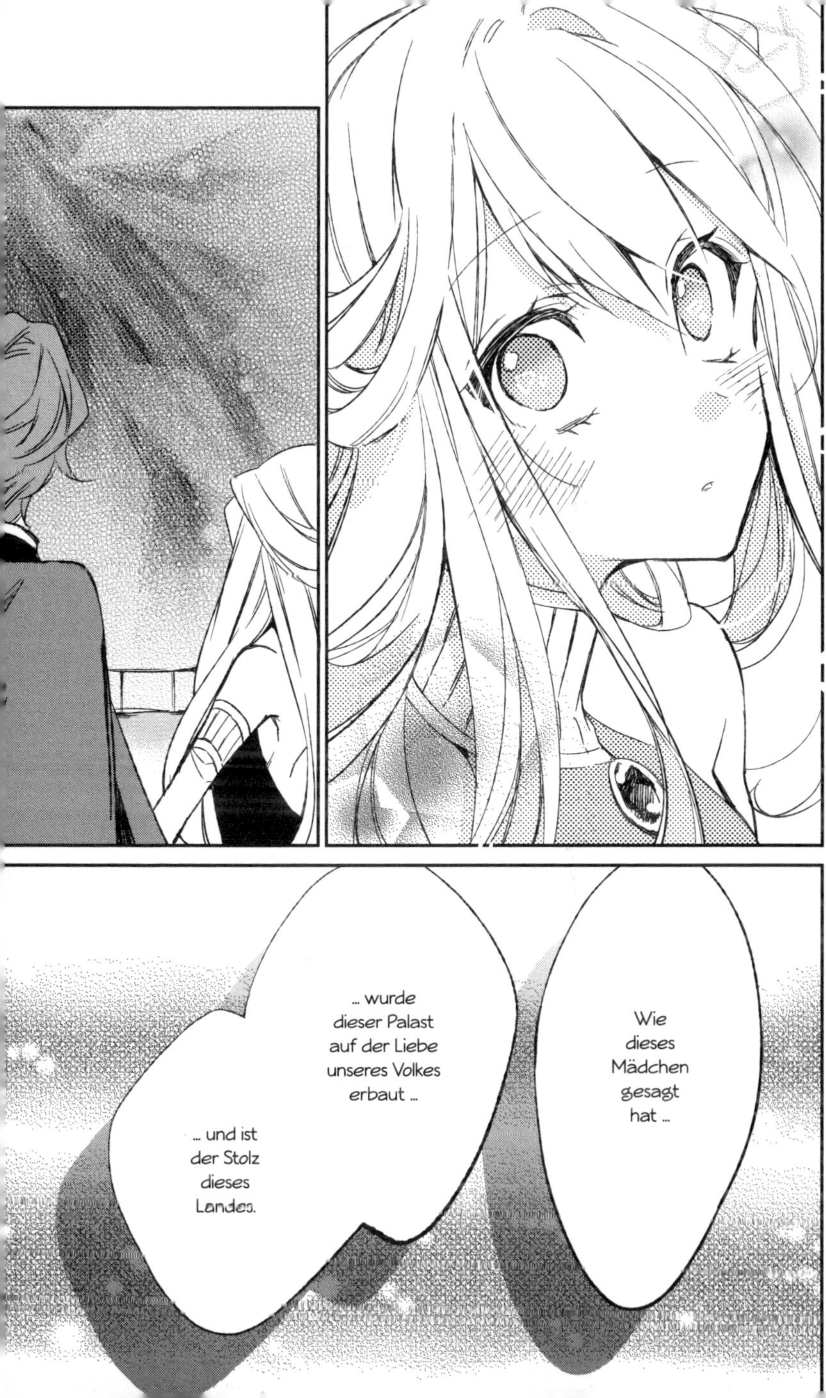
Wie dieses Mädchen gesagt hat ...
... wurde dieser Palast auf der Liebe unseres Volkes erbaut ...
... und ist der Stolz dieses Landes.

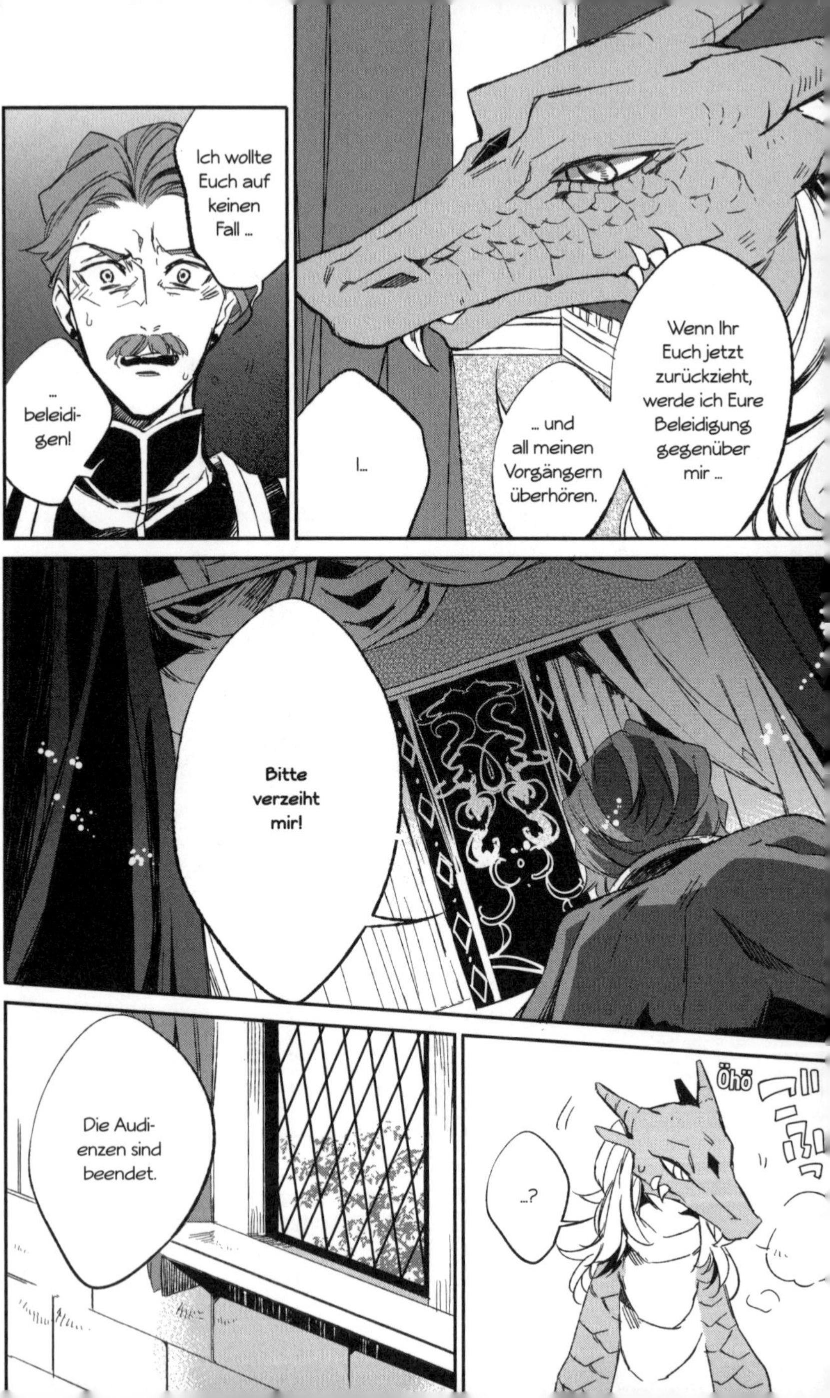
Wenn Ihr Euch jetzt zurückzieht, werde ich Eure Beleidigung gegenüber mir ...
... und all meinen Vorgängern überhören.
I...
Ich wollte Euch auf keinen Fall ...
... beleidigen!
Bitte verzeiht mir!
Öhö
...?
Die Audienzen sind beendet.

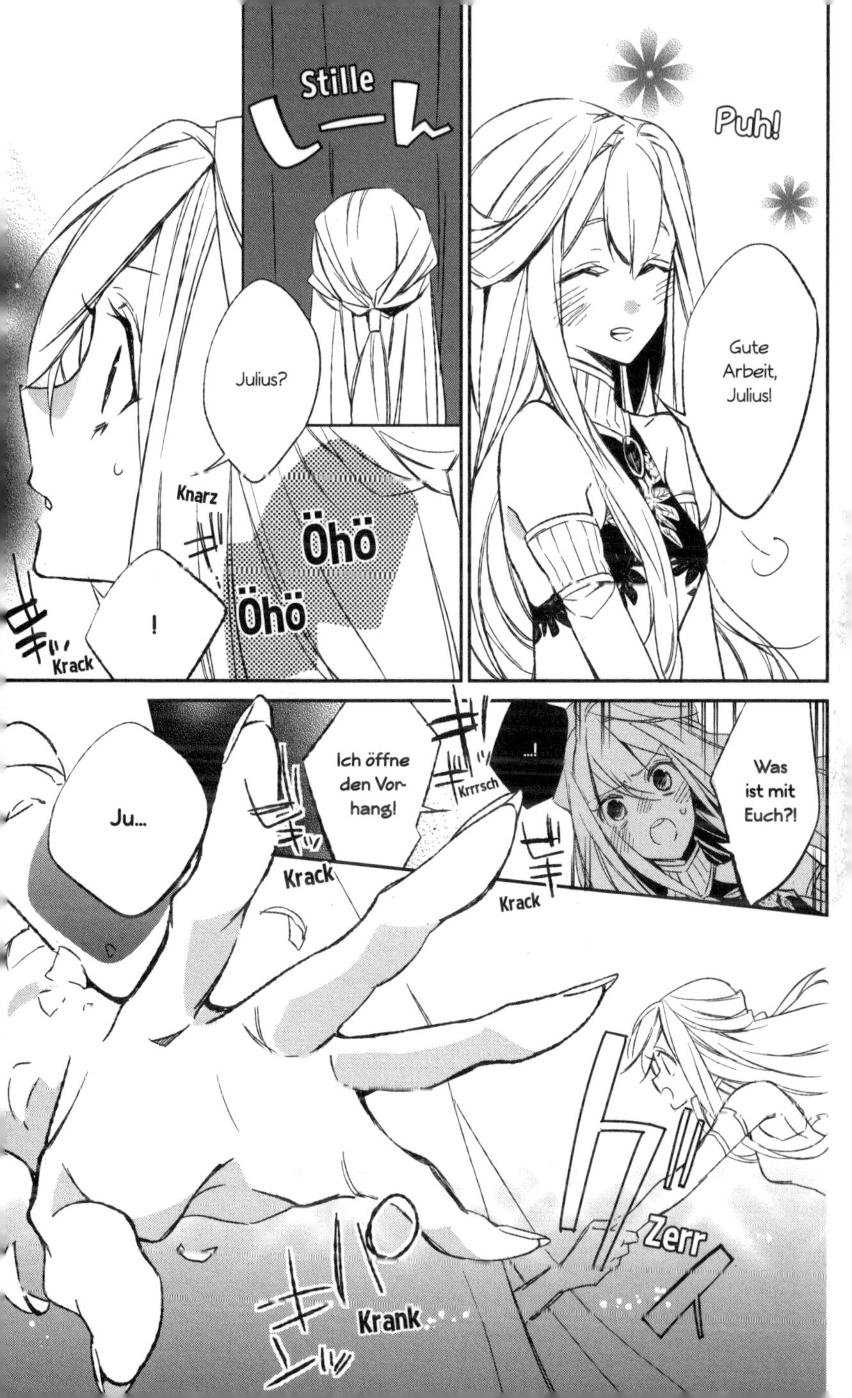
Puh!
Gute Arbeit, Julius!
Stille
Julius?
Knarz
Öhö
Öhö
!
Krack
Was ist mit Euch?!
Krack
...!
Krrrsch
Ich öffne den Vorhang!
Krack
Ju...
Zerr
Krank

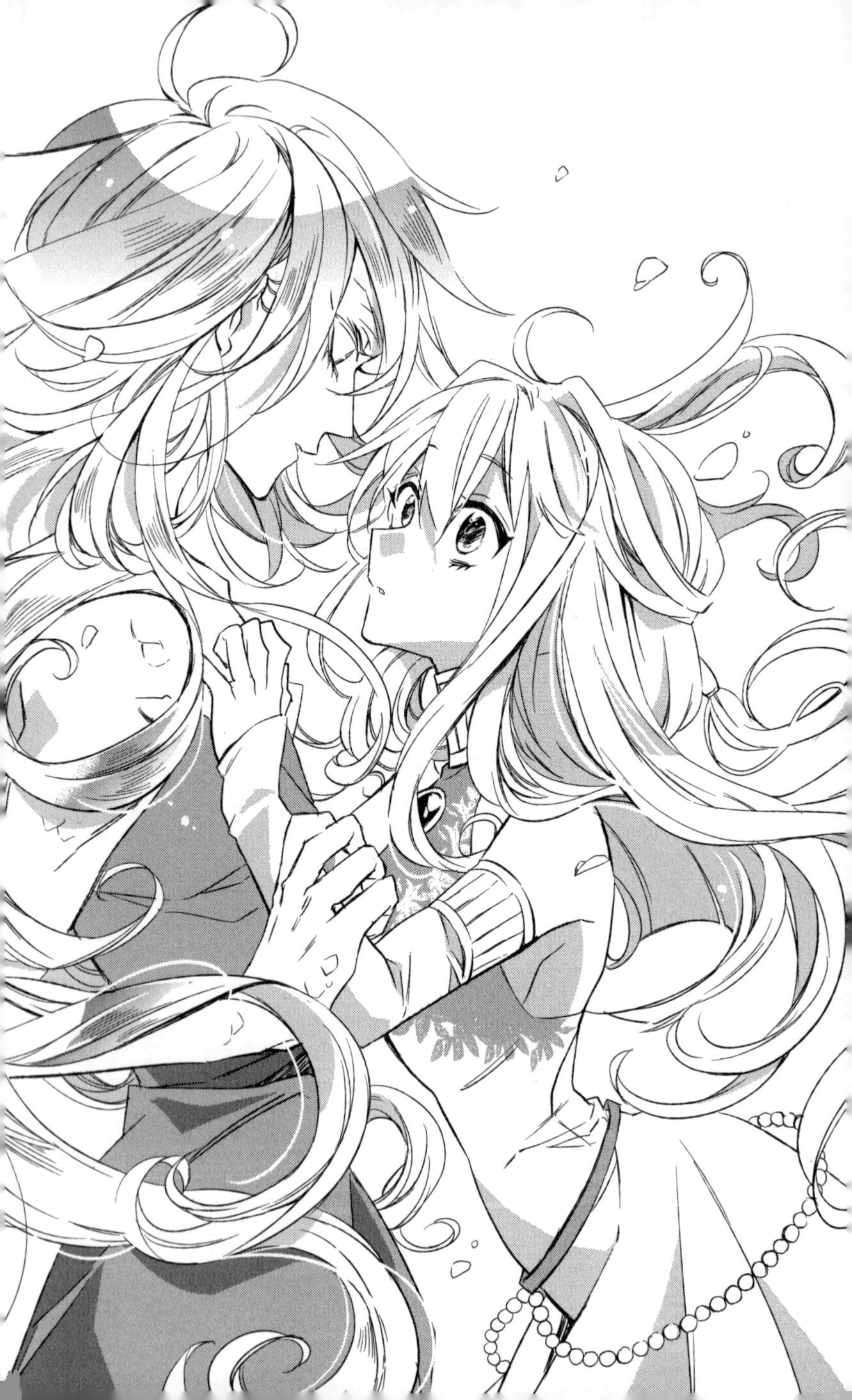

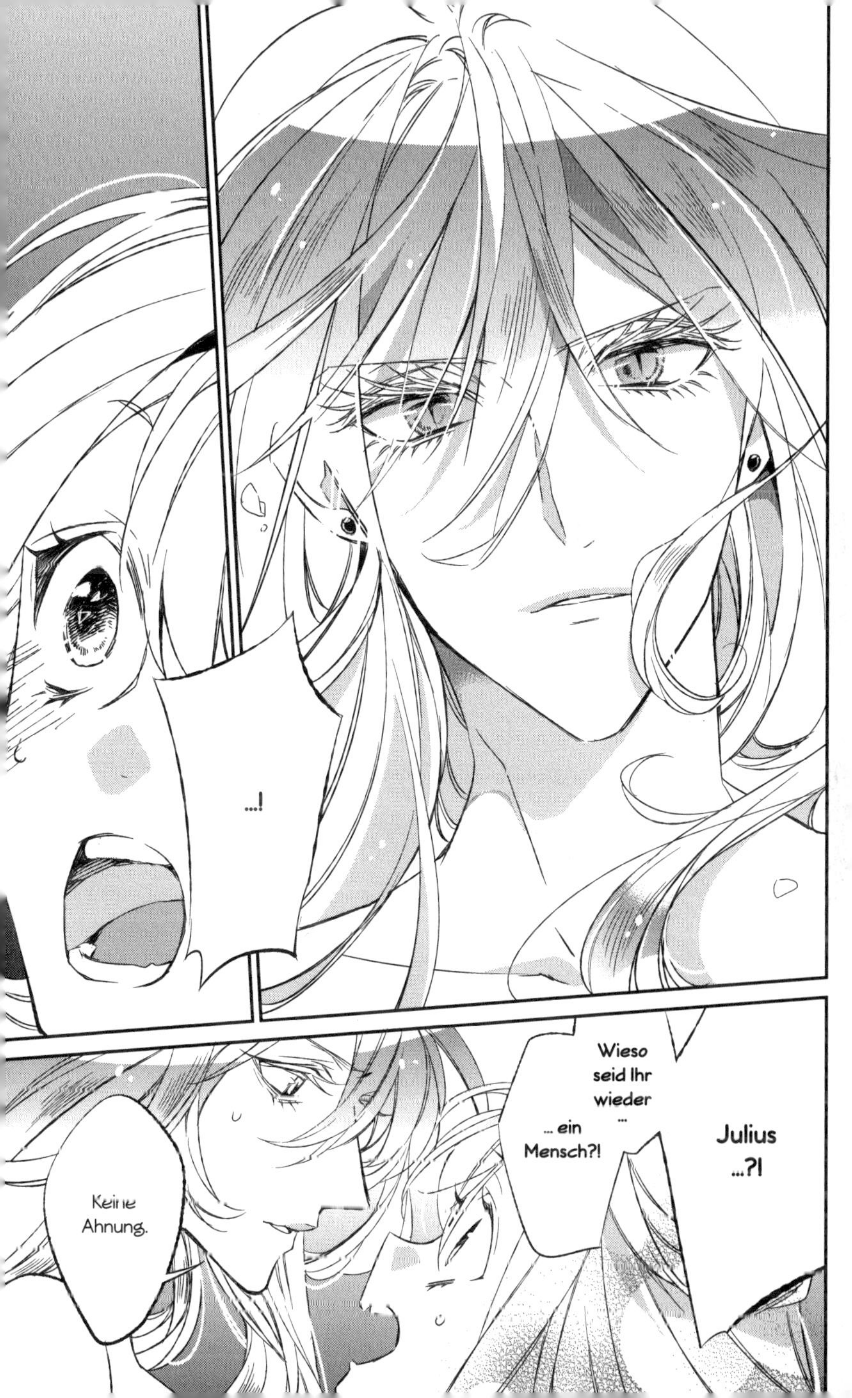
...!
Julius ...?!
Wieso seid Ihr wieder ...
... ein Mensch?!
Keine Ahnung.

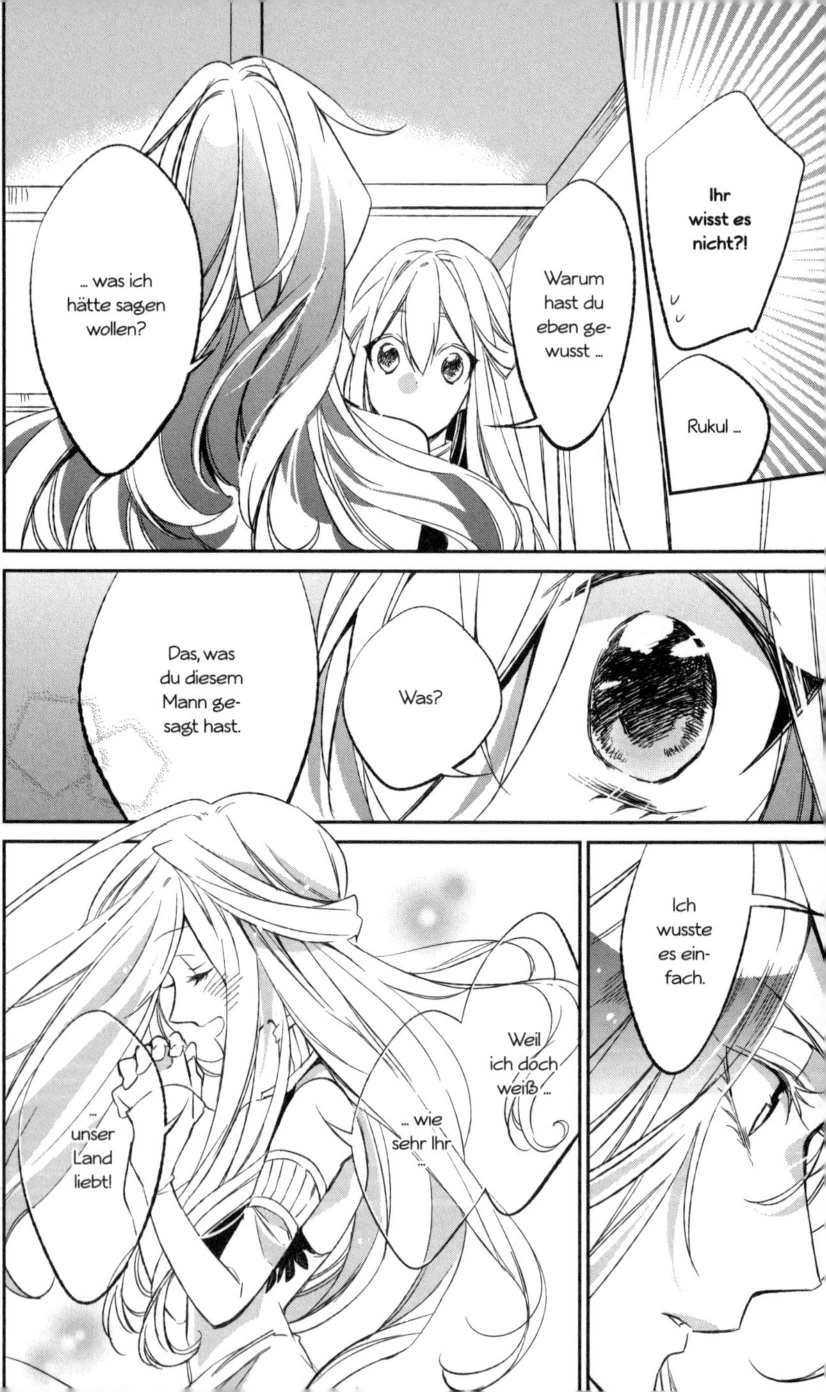
Ihr wisst es nicht?!
Rukul ...
Warum hast du eben gewusst ...
... was ich hätte sagen wollen?
Was?
Das, was du diesem Mann gesagt hast.
Ich wusste es einfach.
Weil ich doch weiß ...
... wie sehr Ihr ...
... unser Land liebt!

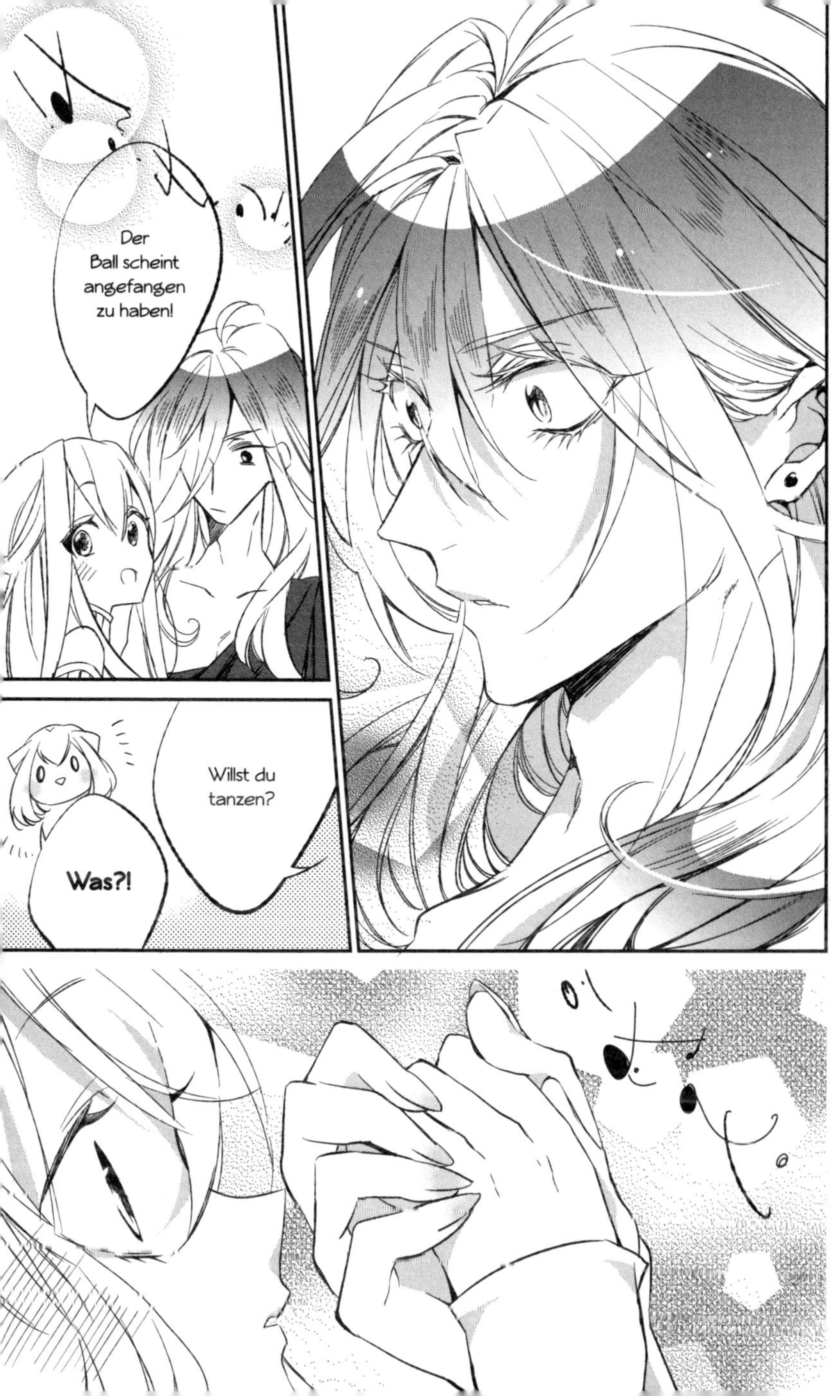
Der Ball scheint angefangen zu haben!
Willst du tanzen?
Was?!

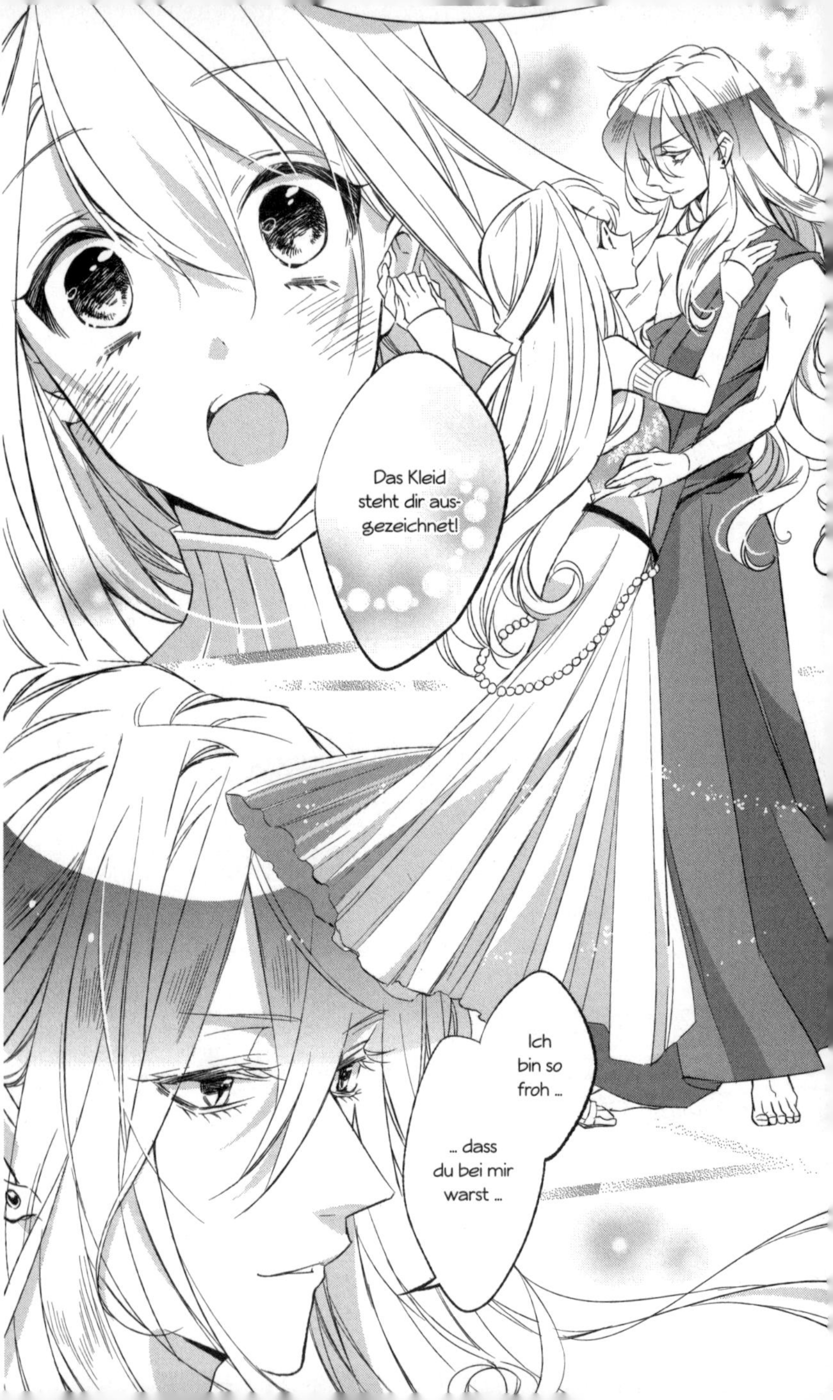
Das Kleid steht dir ausgezeichnet!
Ich bin so froh ...
... dass du bei mir warst ...

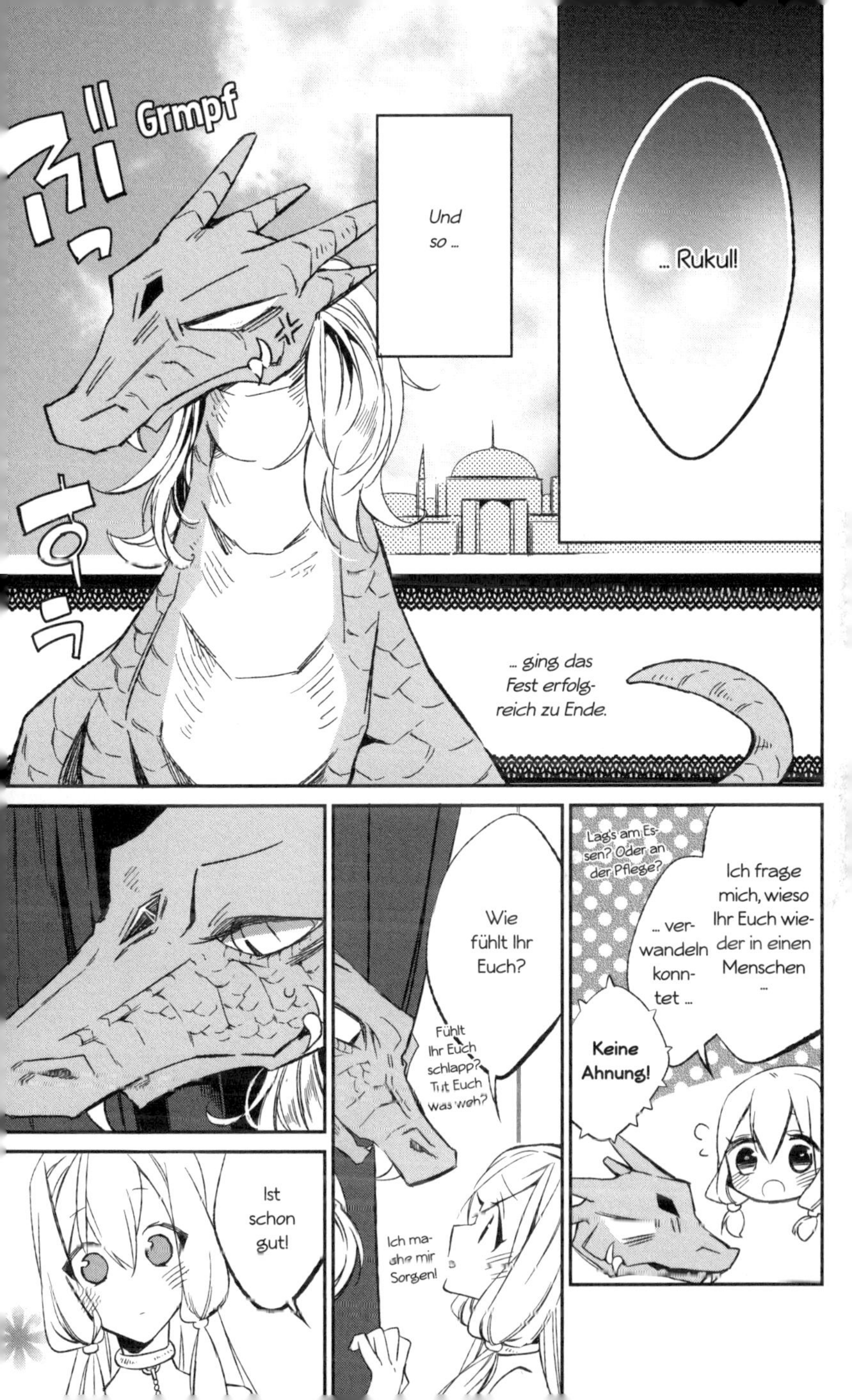

... Rukul!
Und so ...
Grmpf
... ging das Fest erfolgreich zu Ende.
Ich frage mich, wieso Ihr Euch wieder in einen Menschen ...
... verwandeln konntet ...
Lag's am Essen? Oder an der Pflege?
Keine Ahnung!
Wie fühlt Ihr Euch?
Fühlt Ihr Euch schlapp? Tut Euch was weh?
Ich mache mir Sorgen!
Ist schon gut!

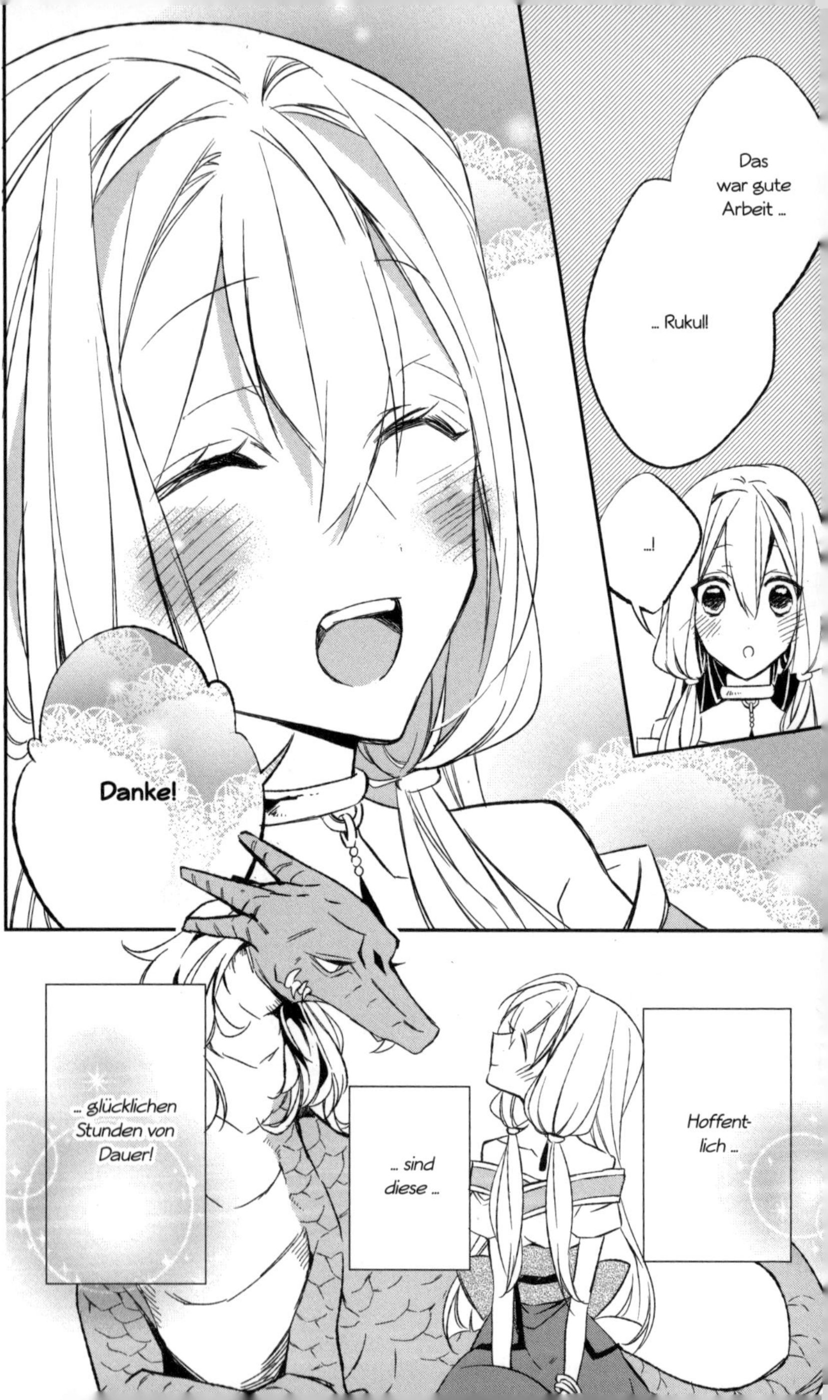
Das war gute Arbeit ...
... Rukul!
...!
Danke!
Hoffent-lich ...
... sind diese ...
... glücklichen Stunden von Dauer!

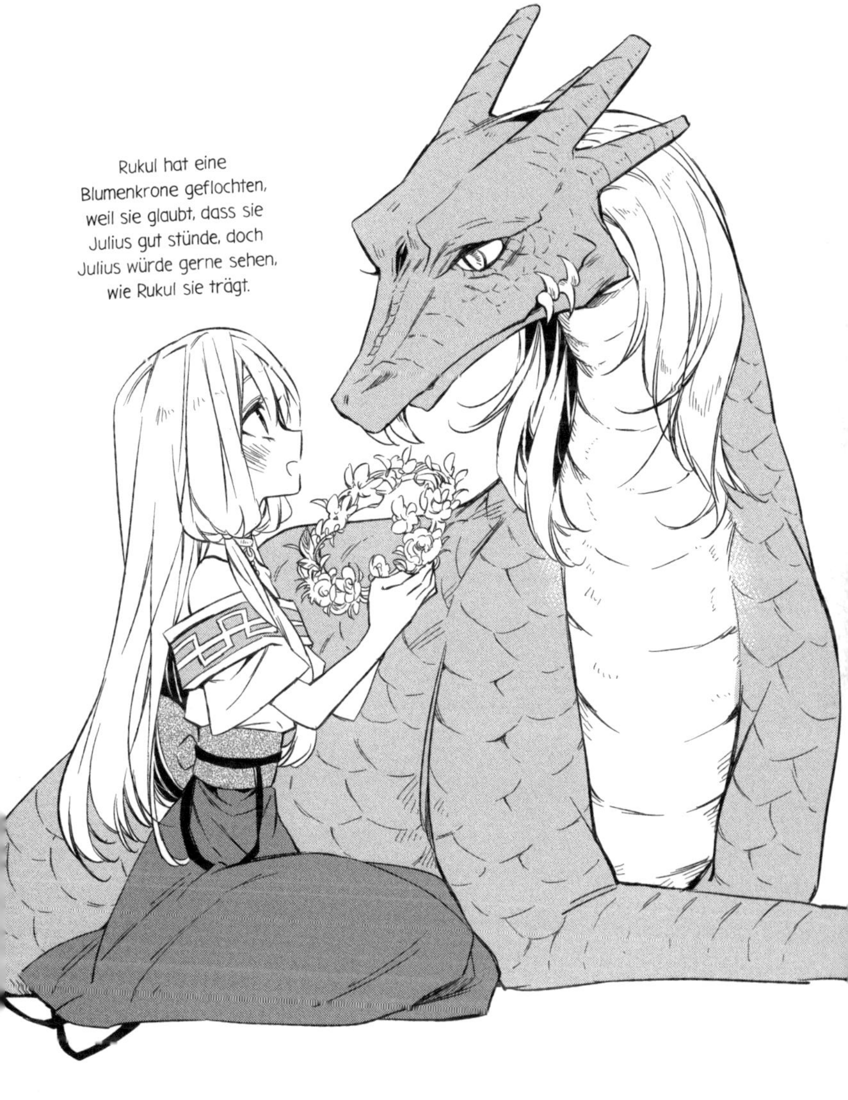
Rukul hat eine
Blumenkrone geflochten,
weil sie glaubt, dass sie
Julius gut stünde, doch
Julius würde gerne sehen,
wie Rukul sie trägt.

Azfareo und seine Nachbarländer

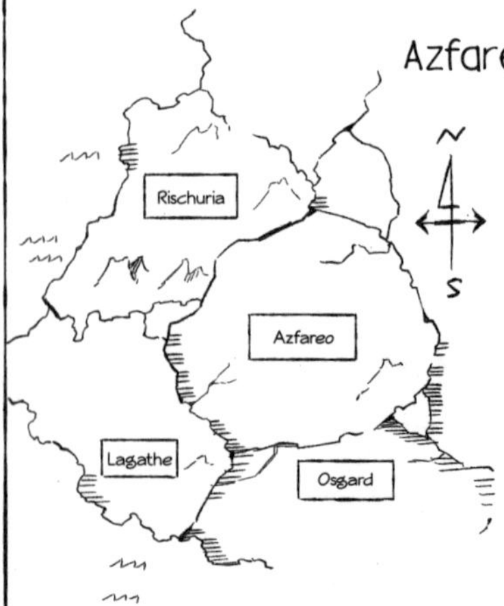

Das Land Azfareo ist von anderen Ländern eingeschlossen. Auf der rechten Kartenseite geht der Kontinent weiter und weit im Norden ragt ein hohes Gebirge auf.

In Azfareo gibt es einige Dörfer und Städte, doch hauptsächlich ist mit »Azfareo« die zentrale Landeshauptstadt mit dem Palast gemeint.

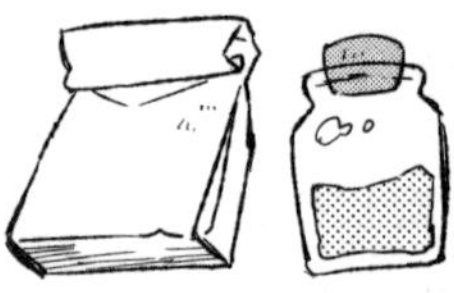

Über die Waren, die nach Azfareo kommen

- Die fliegenden Händler aus dem Osten verkaufen seltene Waren.
- Zu Rischuria im Nordwesten werden gute Beziehungen unterhalten und von dort kommen hochwertige Heilkräuter ins Land.

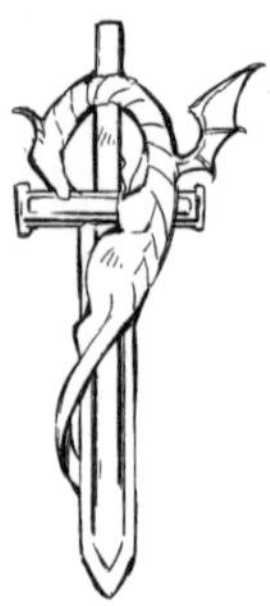

Aus Kapitel 6

Diesen Schmuck, der Schwert und Drache darstellt, trägt nur der Kommandant des Ritterordens von Runaela. Es ist kein Schutzschild, sondern will wohl eher sagen: »Seid Schwerter, die gemeinsam kämpfen!«

Im Osten von Runaela wird nämlich noch gekämpft.

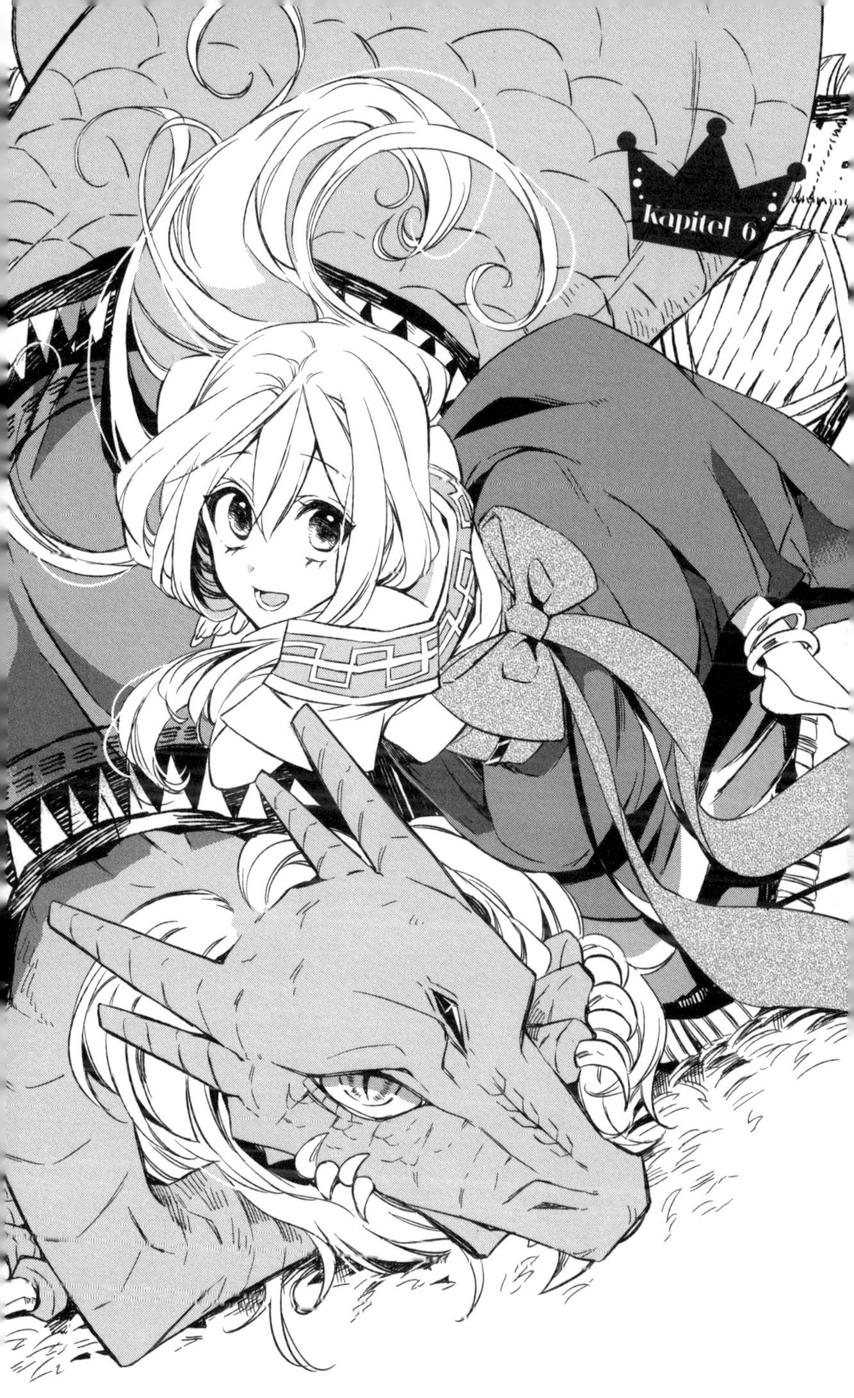
kapitel 6

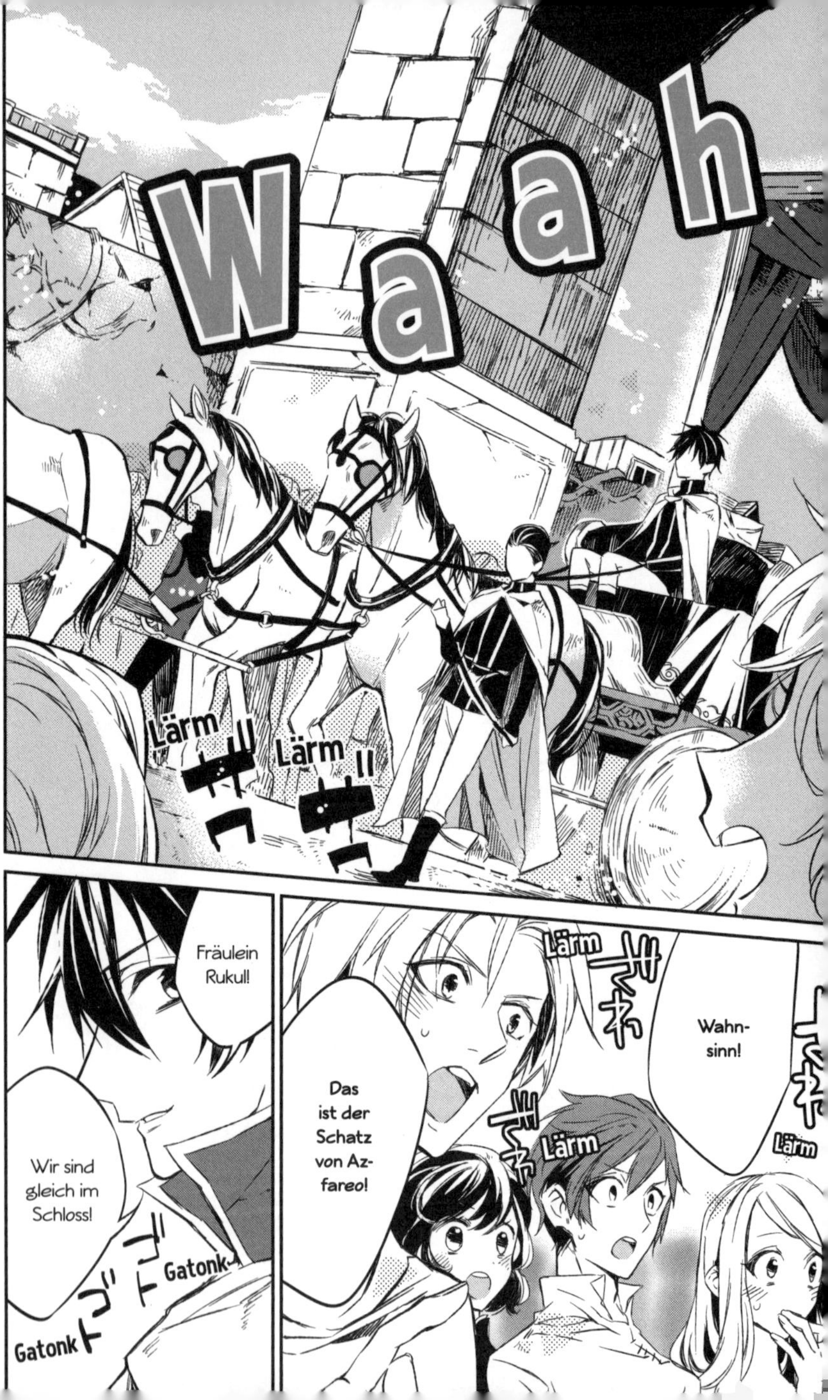
Waah
Lärm
Lärm
Lärm
Wahnsinn!
Lärm
Lärm
Das ist der Schatz von Azfareo!
Fräulein Rukul!
Wir sind gleich im Schloss!
Gatonk
Gatonk

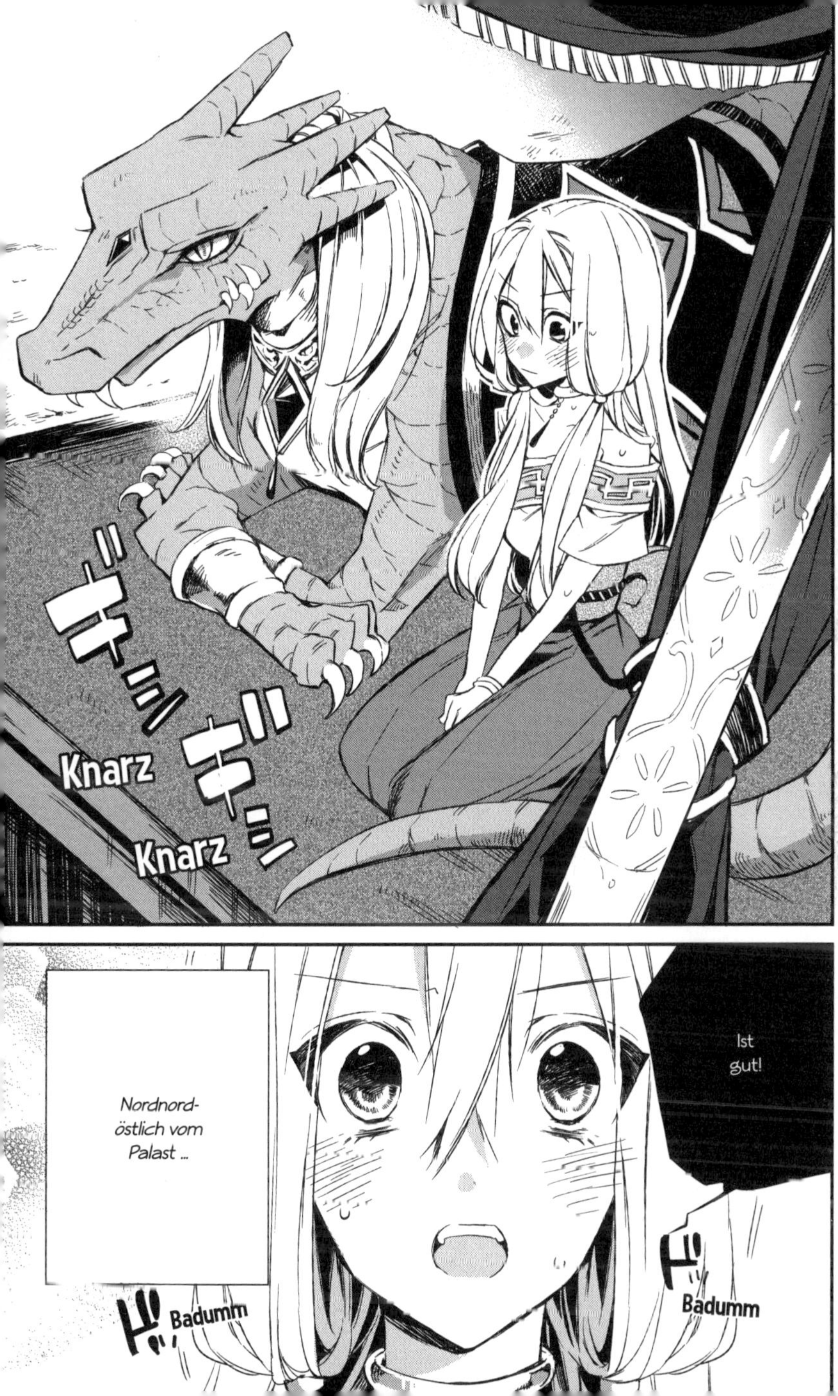
Knarz
Knarz
Ist gut!
Nordnord-östlich vom Palast ...
Badumm
Badumm

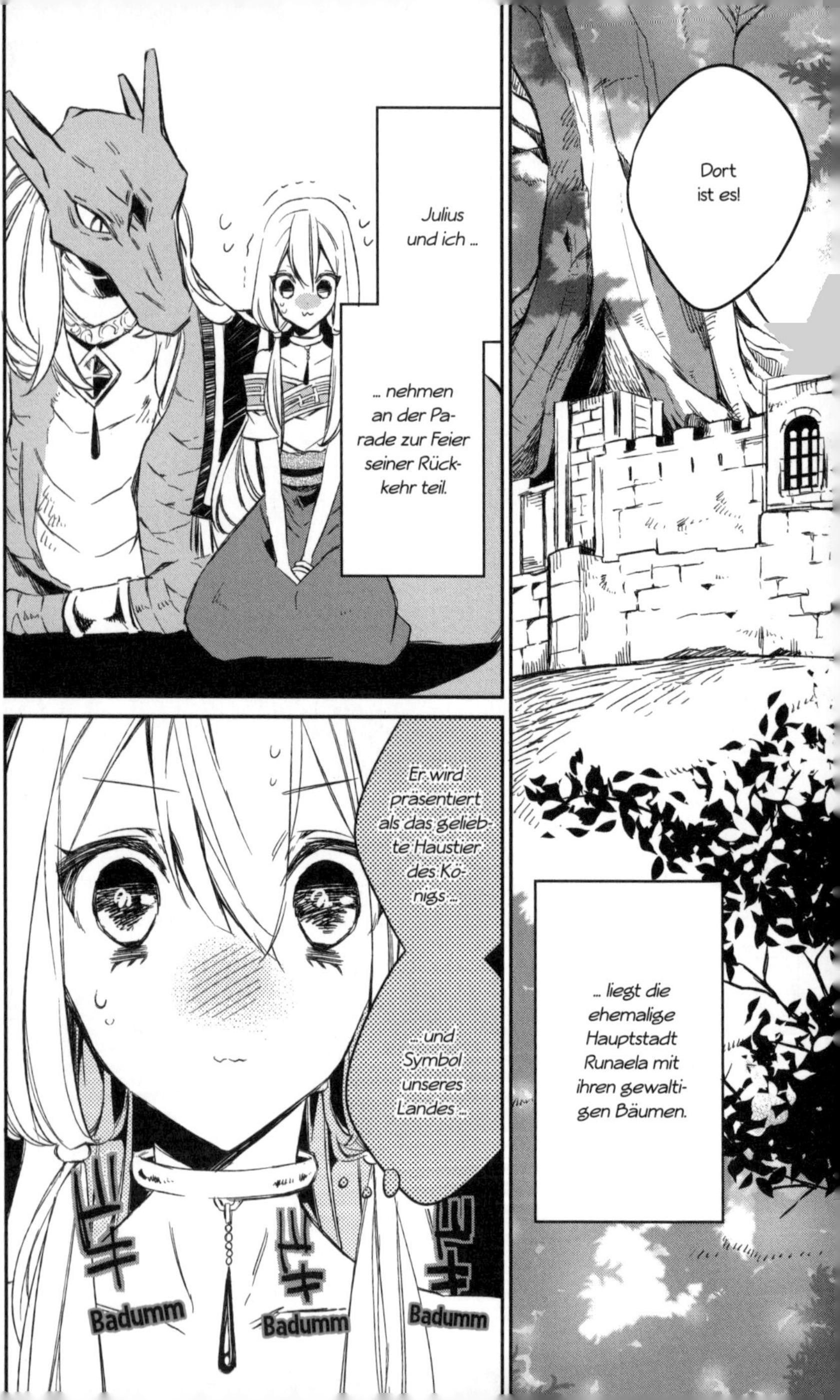
Dort ist es!
... liegt die ehemalige Hauptstadt Runaela mit ihren gewaltigen Bäumen.
Julius und ich ...
... nehmen an der Parade zur Feier seiner Rückkehr teil.
Er wird präsentiert als das geliebte Haustier des Königs ...
... und Symbol unseres Landes ...
Badumm
Badumm
Badumm

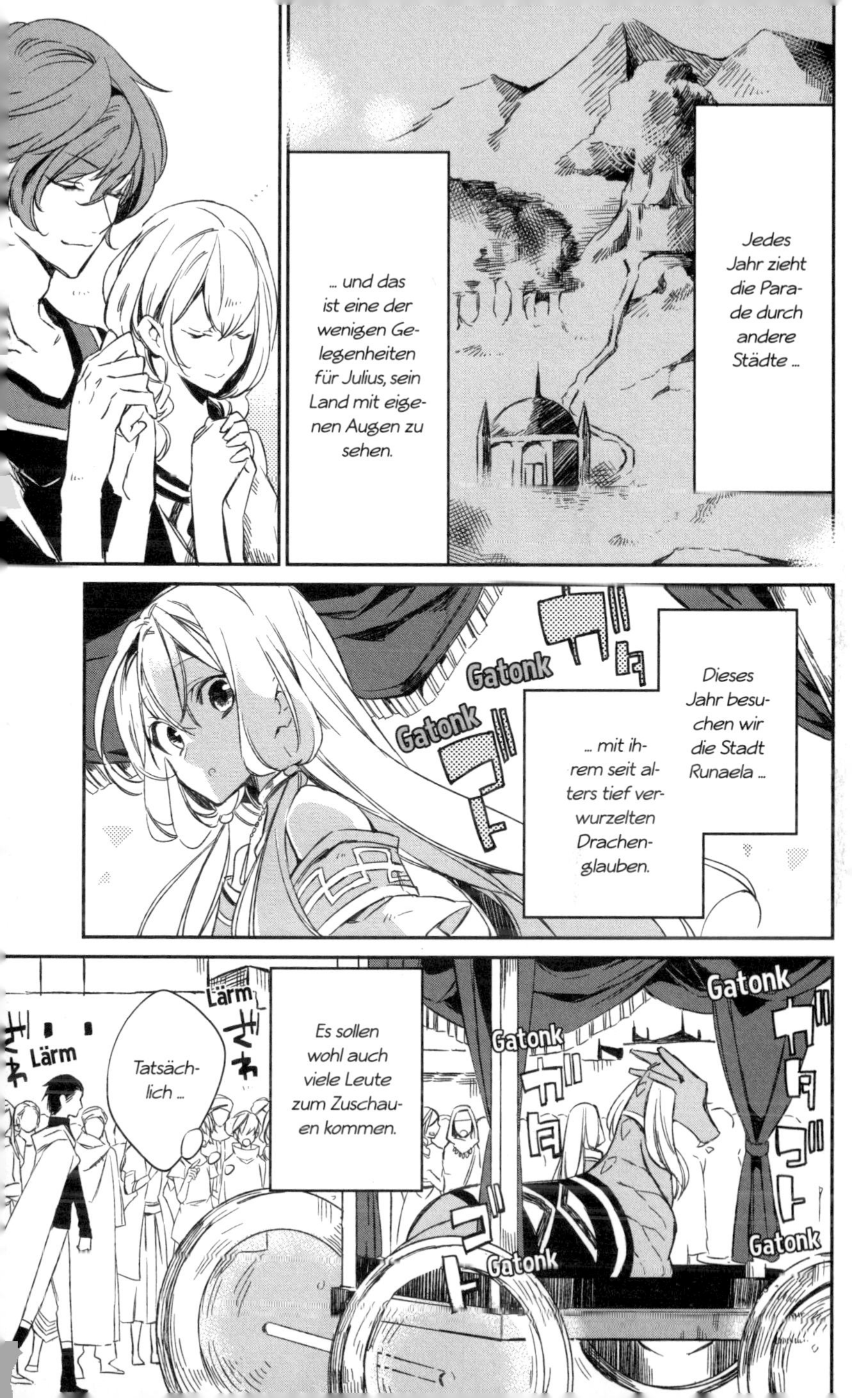

Jedes Jahr zieht die Parade durch andere Städte ...
... und das ist eine der wenigen Gelegenheiten für Julius, sein Land mit eigenen Augen zu sehen.
Gatonk
Gatonk
Dieses Jahr besuchen wir die Stadt Runaela ...
... mit ihrem seit alters tief verwurzelten Drachenglauben.
Gatonk
Gatonk
Gatonk
Gatonk
Es sollen wohl auch viele Leute zum Zuschauen kommen.
Lärm
Lärm
Tatsächlich ...

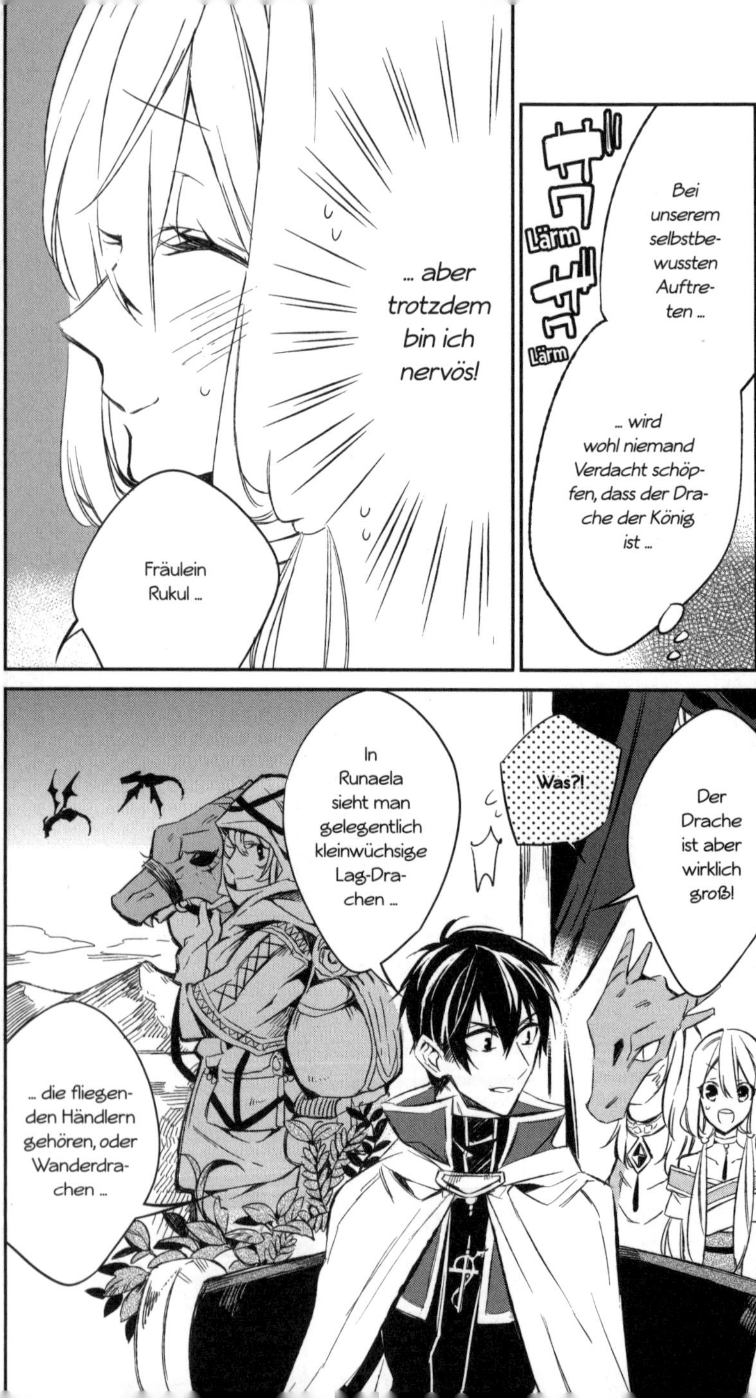
Bei unserem selbstbewussten Auftreten ...
Lärm
Lärm
... wird wohl niemand Verdacht schöpfen, dass der Drache der König ist ...
... aber trotzdem bin ich nervös!
Fräulein Rukul ...
Der Drache ist aber wirklich groß!
Zuck
Was?!
In Runaela sieht man gelegentlich kleinwüchsige Lag-Drachen ...
... die fliegenden Händlern gehören, oder Wanderdrachen ...

2.

Als Band 1 erschien, waren für *Die Legende von Azfareo* keine Fortsetzungsbände geplant. Doch dank des Feedbacks der Leser, die den Manga gekauft haben und die Fortsetzung lesen wollten, konnte die Reihe wie ein Phönix aus der Asche wiederauferstehen! Deshalb liest sich auch das Nachwort von Band 1 so, als wäre es das Ende. ☺

Fortsetzung folgt … →

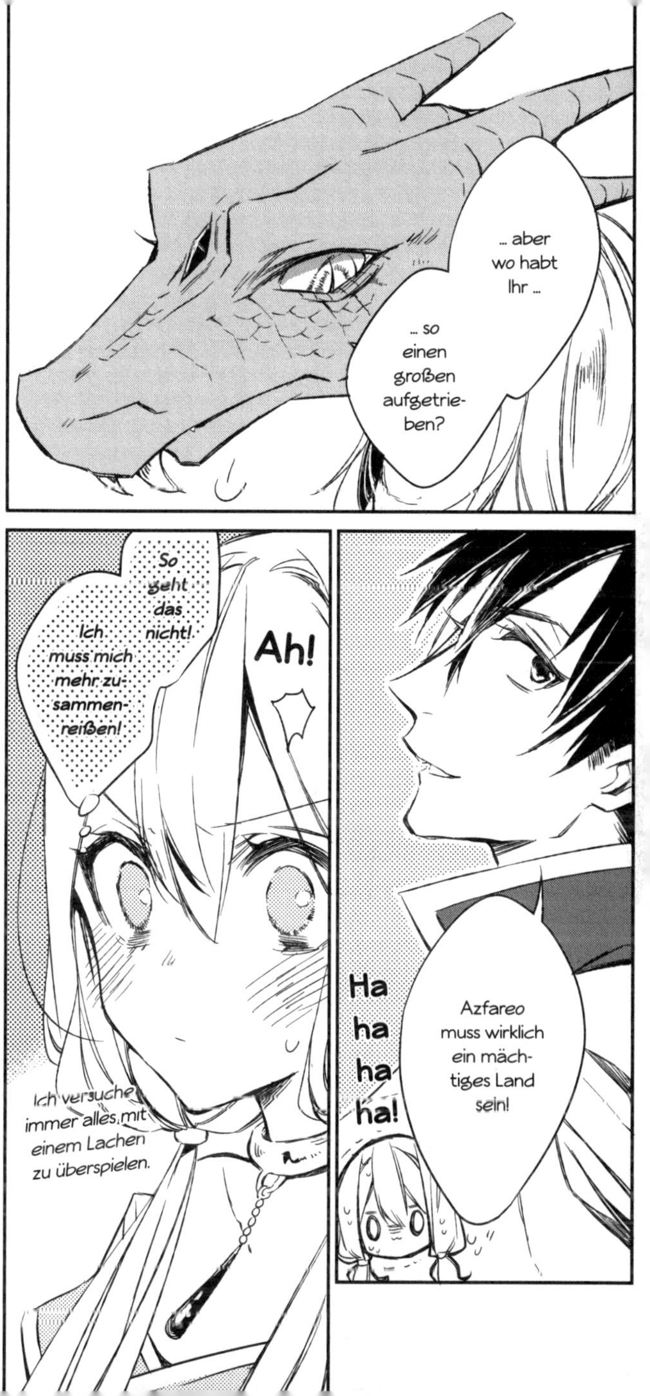

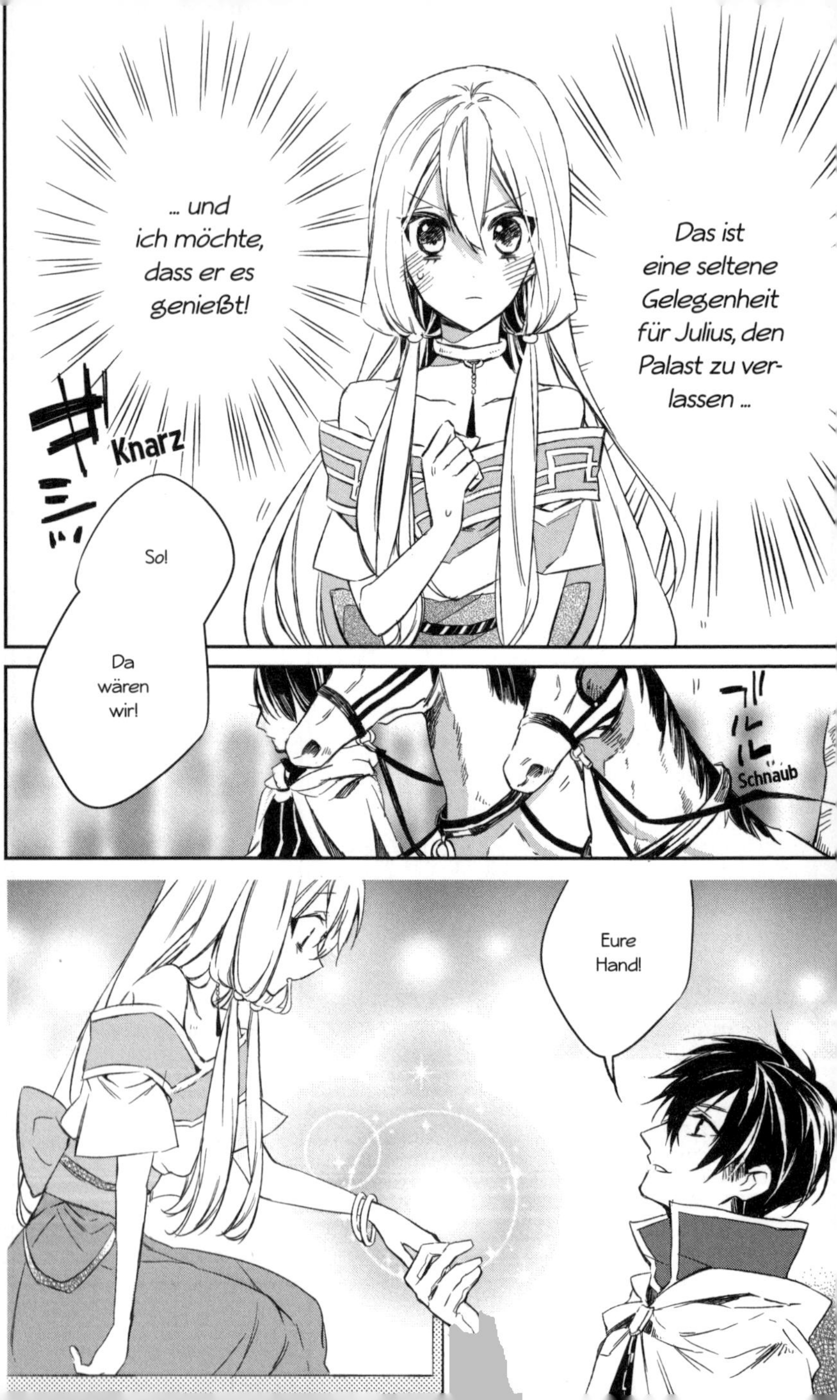
Das ist eine seltene Gelegenheit für Julius, den Palast zu verlassen ...
... und ich möchte, dass er es genießt!
Knarz
So!
Da wären wir!
Schnaub
Eure Hand!

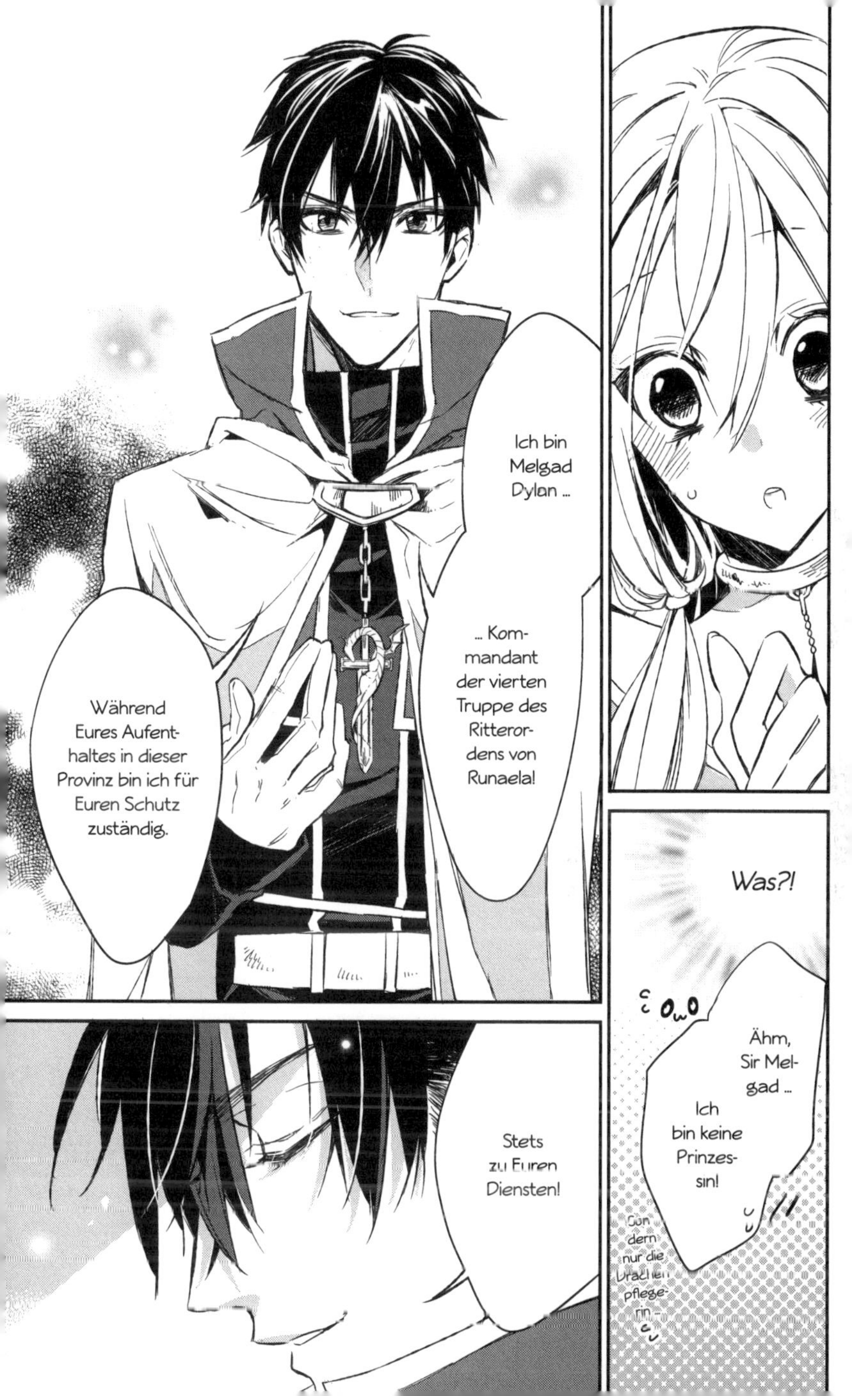

Ich bin Melgad Dylan ...
... Kommandant der vierten Truppe des Ritterordens von Runaela!
Während Eures Aufenthaltes in dieser Provinz bin ich für Euren Schutz zuständig.
Stets zu Euren Diensten!
Was?!
Ähm, Sir Melgad ...
Ich bin keine Prinzessin!
Sondern nur die Drachenpflegerin ...

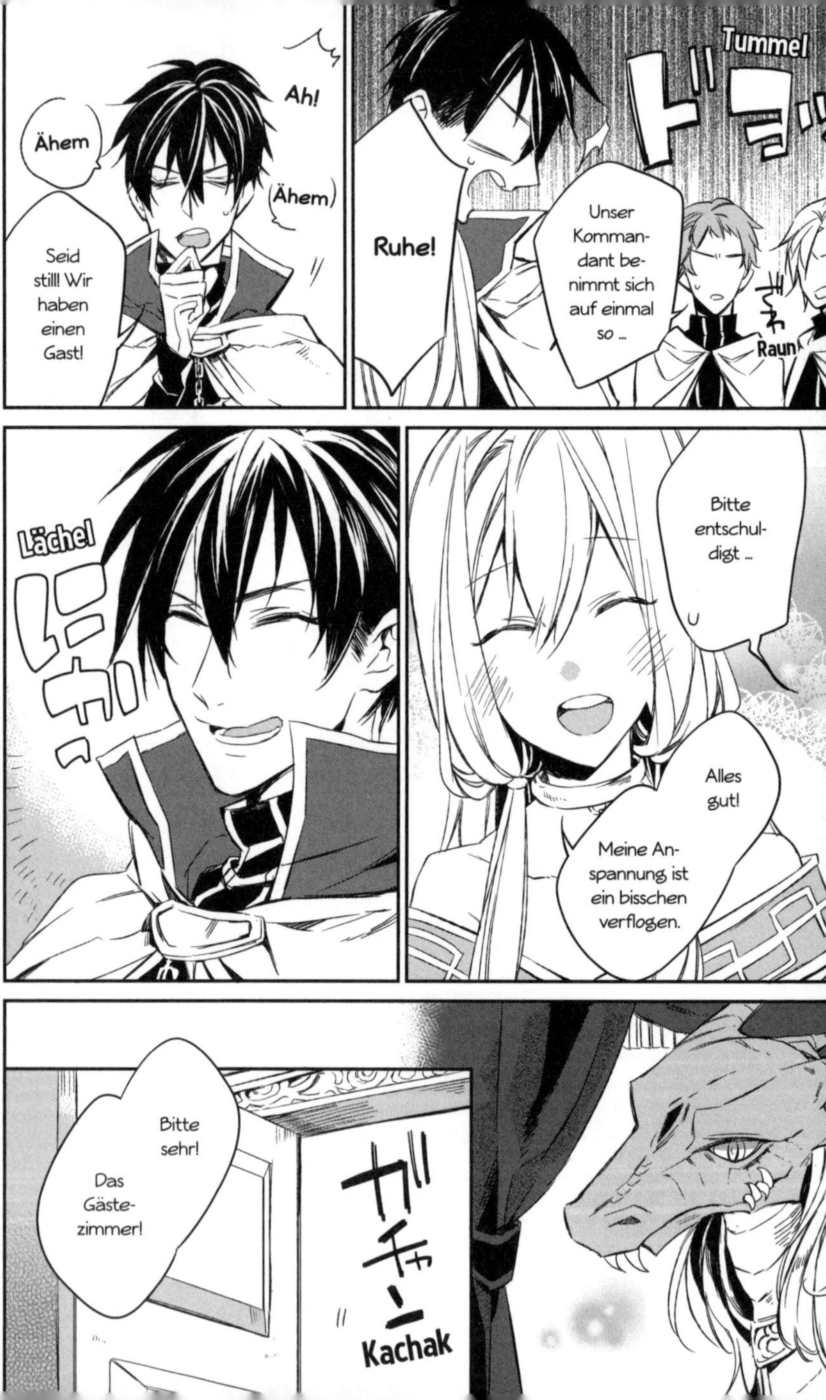

Tummel
Unser Kommandant benimmt sich auf einmal so ...
Raun
Ruhe!
Ah!
Ähem
(Ähem)
Seid still! Wir haben einen Gast!
Bitte entschuldigt ...
Alles gut!
Meine Anspannung ist ein bisschen verflogen.
Lächel
Kachak
Bitte sehr!
Das Gästezimmer!

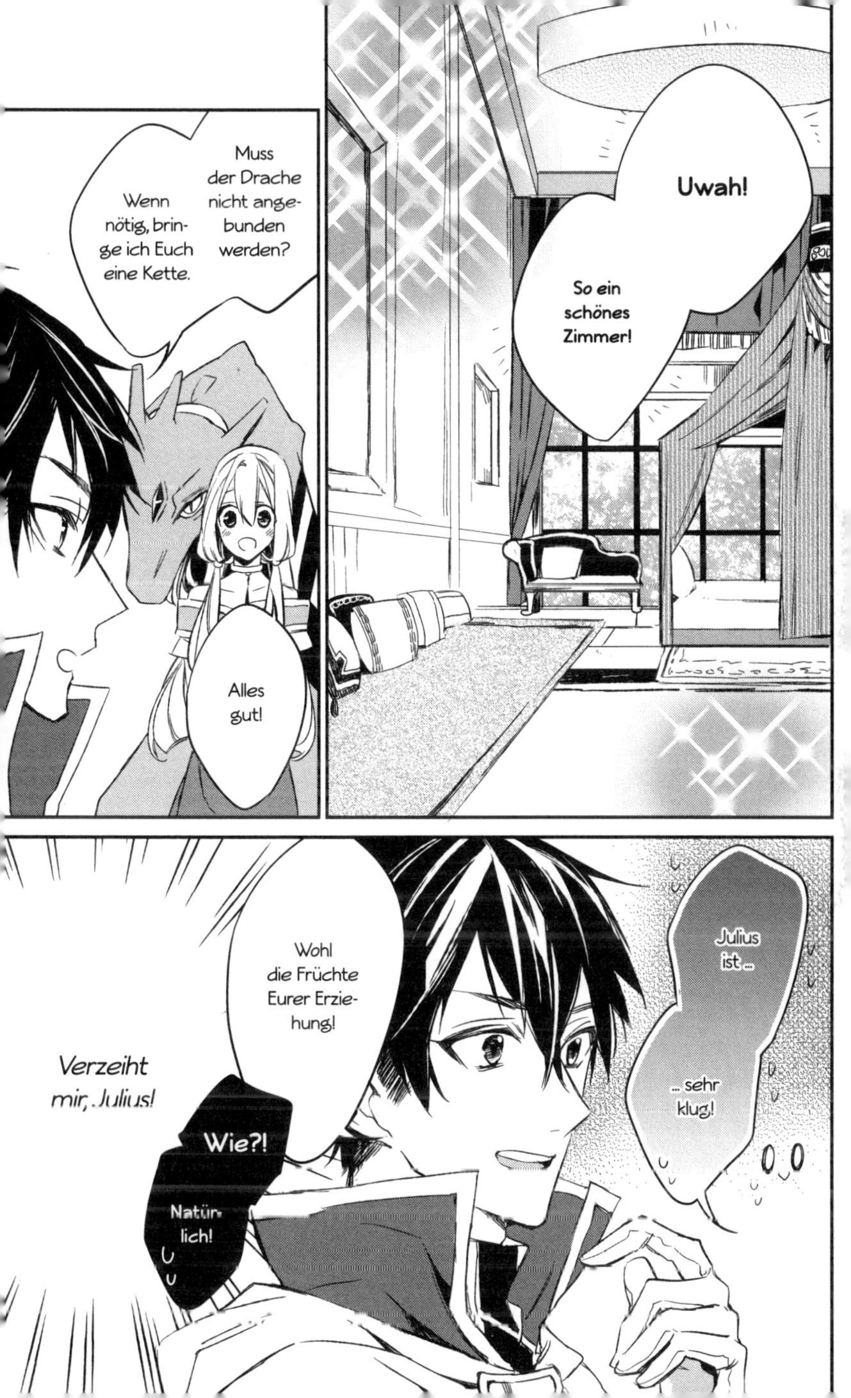
Uwah!
So ein schönes Zimmer!
Muss der Drache nicht angebunden werden?
Wenn nötig, bringe ich Euch eine Kette.
Alles gut!
Julius ist …
… sehr klug!
Wohl die Früchte Eurer Erziehung!
Wie?!
Natürlich!
Verzeiht mir, Julius!

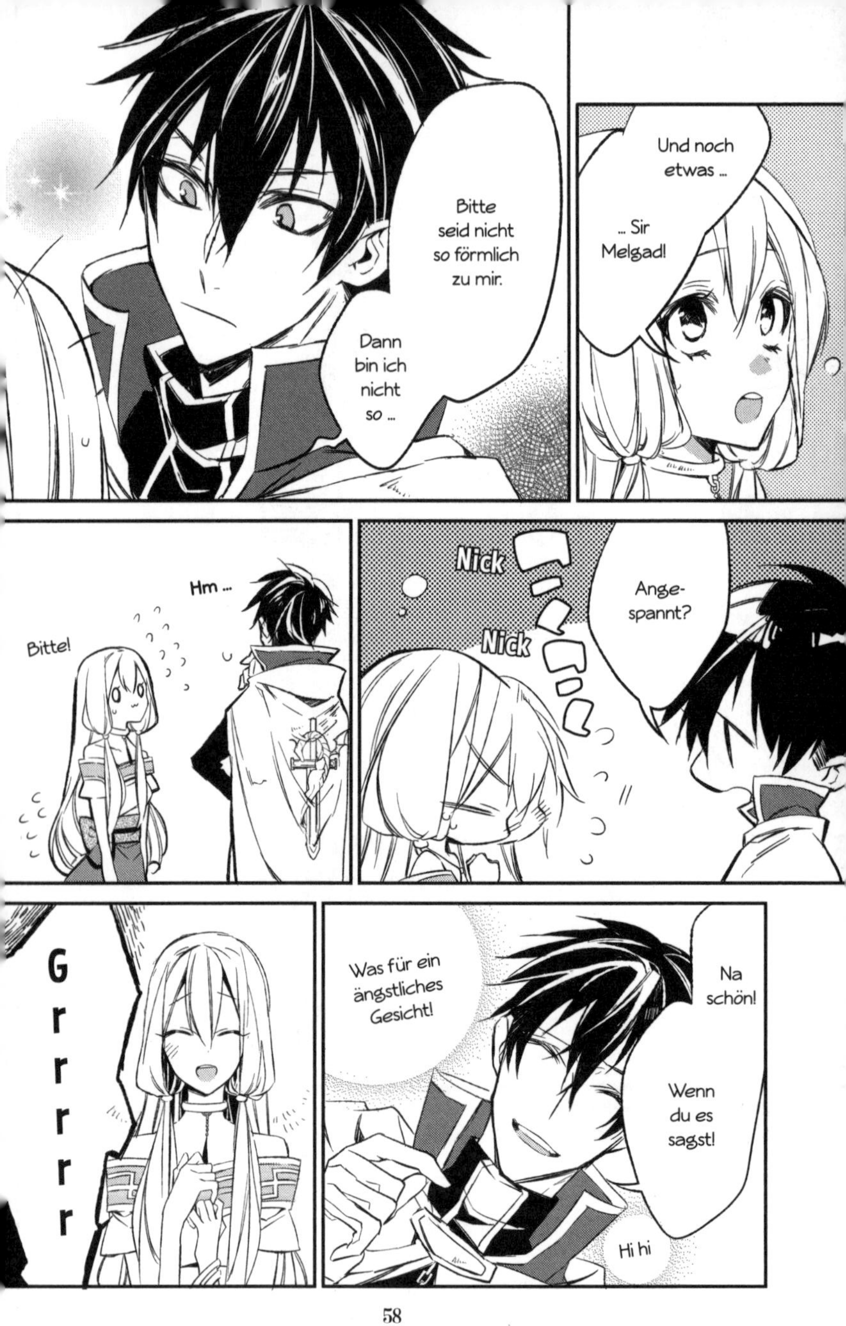
Und noch etwas ...
... Sir Melgad!
Bitte seid nicht so förmlich zu mir.
Dann bin ich nicht so ...
Ange-spannt?
Nick
Nick
Hm ...
Bitte!
Na schön!
Wenn du es sagst!
Hi hi
Was für ein ängstliches Gesicht!
Grrrrr

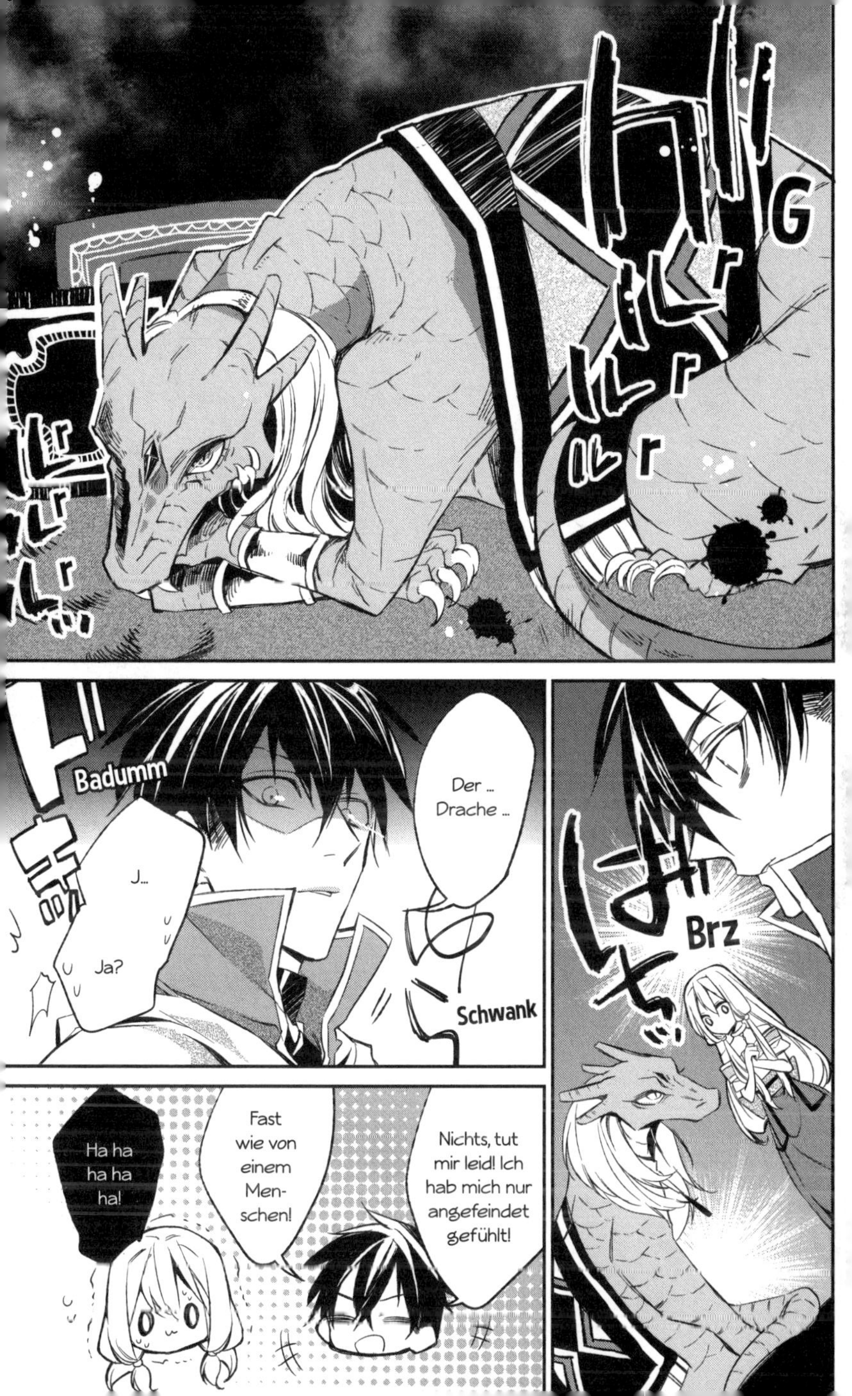
G
r
r
r
r
r
r
Der … Drache …
Badumm
J…
Ja?
Schwank
Brz
Nichts, tut mir leid! Ich hab mich nur angefeindet gefühlt!
Fast wie von einem Men- schen!
Ha ha ha ha ha!

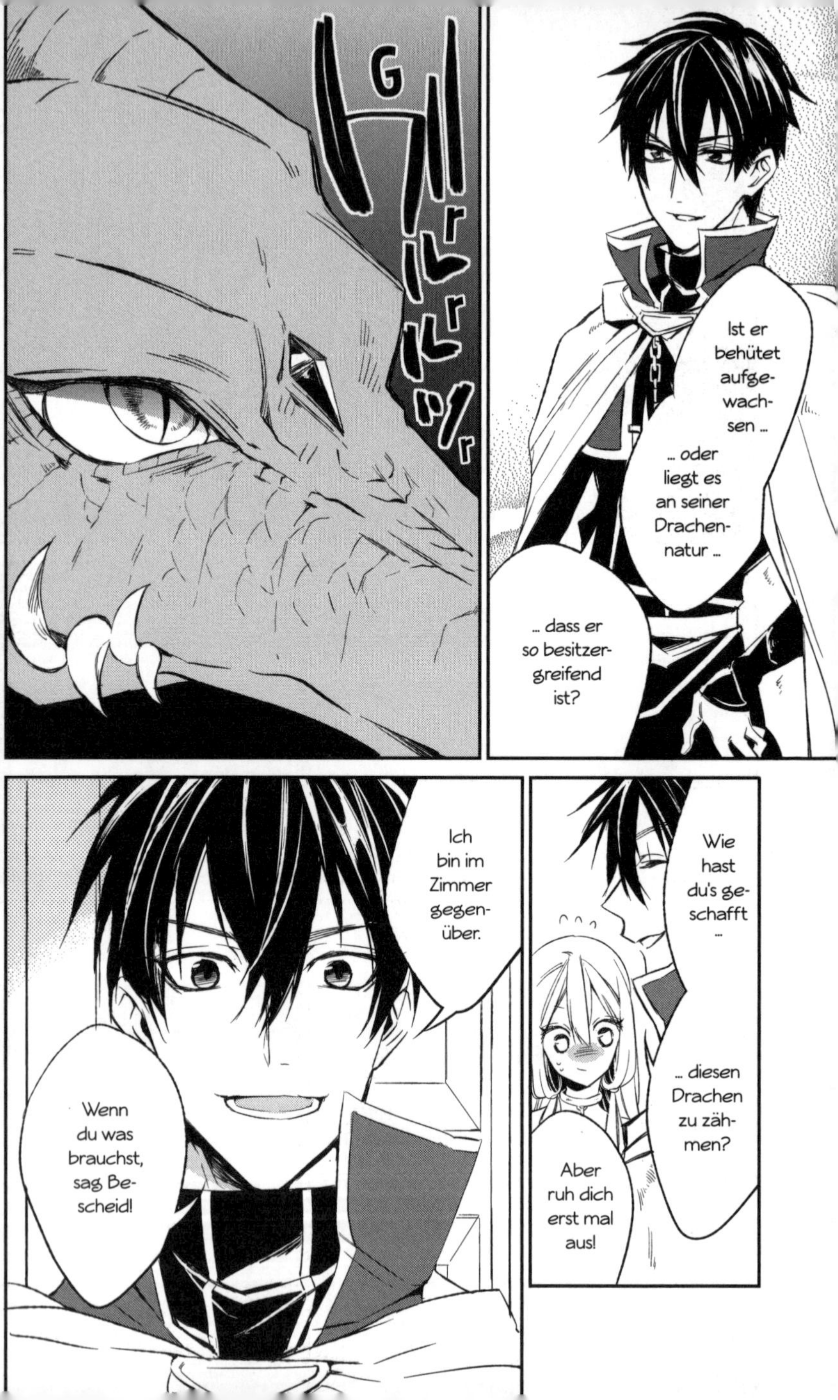
Ist er behütet aufgewachsen ...
... oder liegt es an seiner Drachennatur ...
... dass er so besitzergreifend ist?
Grrr
Wie hast du's geschafft ...
... diesen Drachen zu zähmen?
Aber ruh dich erst mal aus!
Ich bin im Zimmer gegenüber.
Wenn du was brauchst, sag Bescheid!

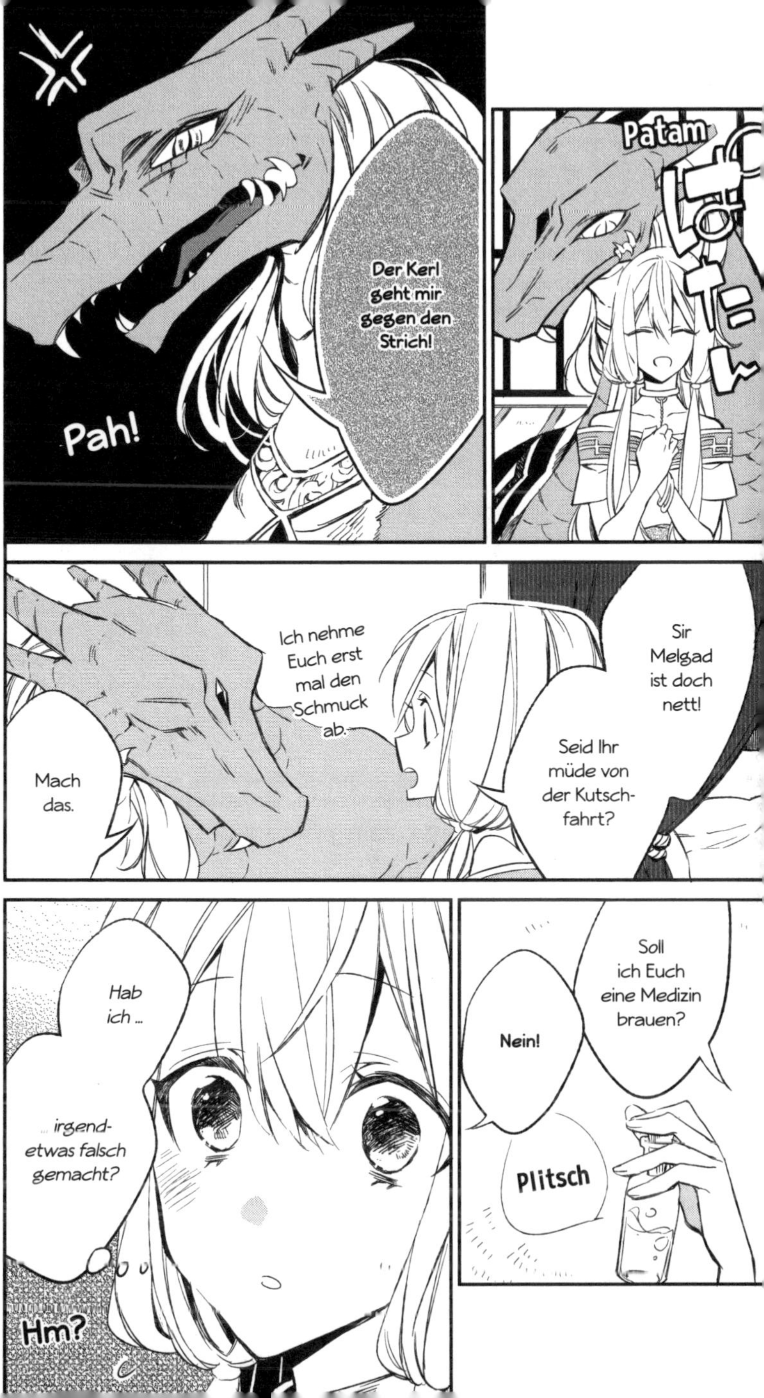
Patam
Der Kerl geht mir gegen den Strich!
Pah!
Sir Melgad ist doch nett!
Seid Ihr müde von der Kutsch-fahrt?
Ich nehme Euch erst mal den Schmuck ab.
Mach das.
Soll ich Euch eine Medizin brauen?
Nein!
Plitsch
Hab ich ...
... irgend-etwas falsch gemacht?
Hm?

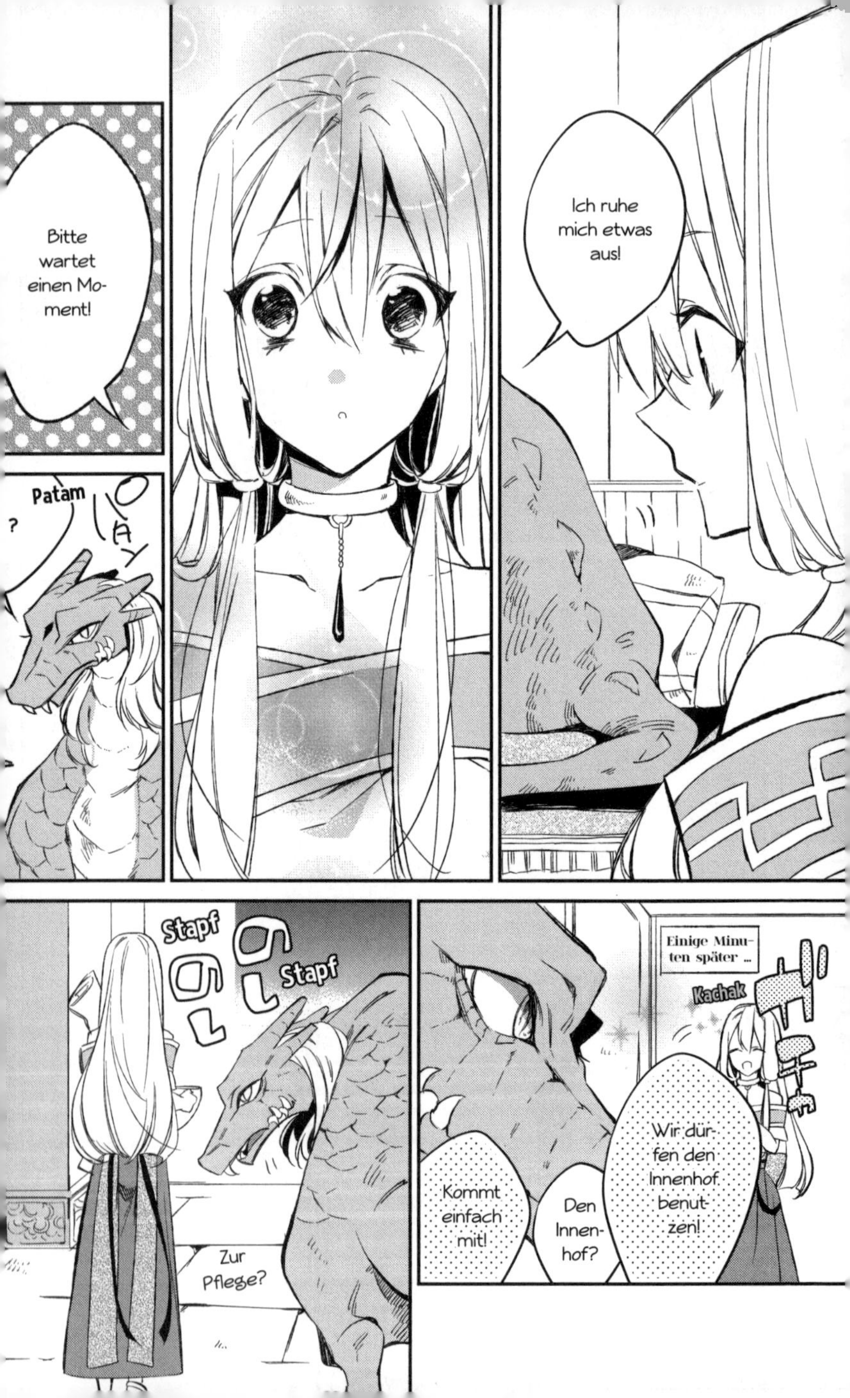
Ich ruhe mich etwas aus!
Bitte wartet einen Moment!
Patam
?
Einige Minuten später ...
Kachak
Wir dürfen den Innenhof benutzen!
Den Innenhof?
Kommt einfach mit!
Stapf
Stapf
Zur Pflege?

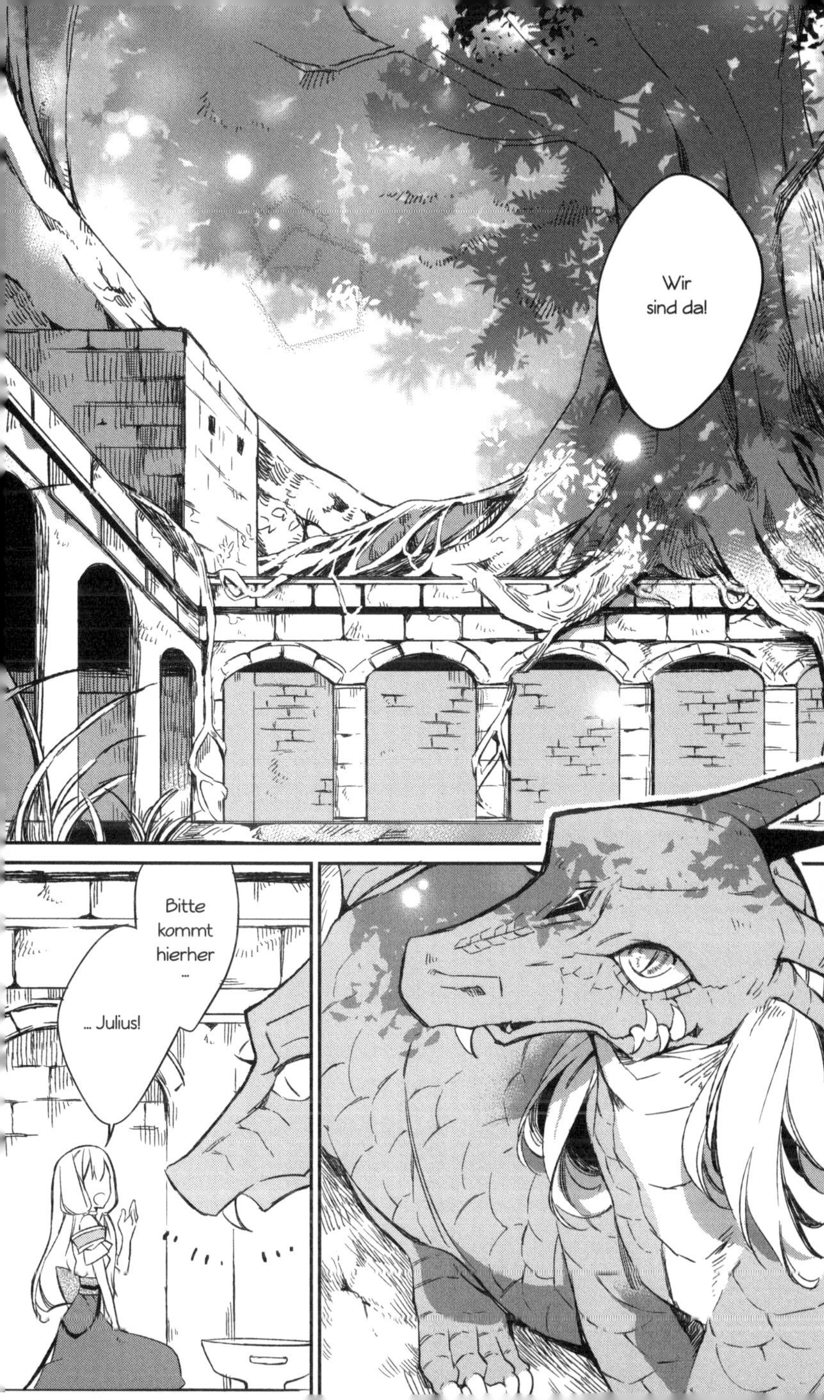
Wir sind da!
Bitte kommt hierher ...
... Julius!

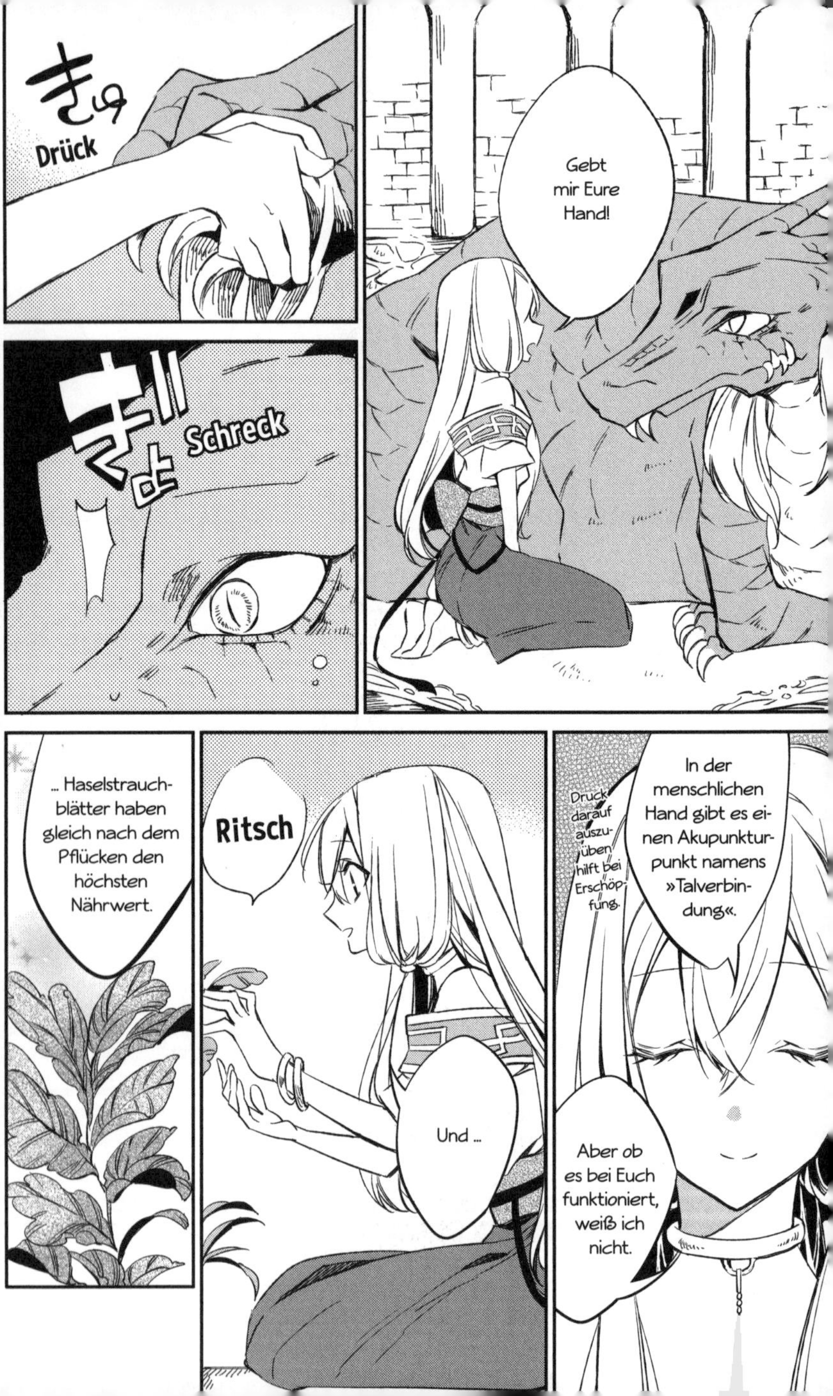

Gebt mir Eure Hand!
Drück
Schreck
In der menschlichen Hand gibt es einen Akupunkturpunkt namens »Talverbindung«.
Druck darauf auszuüben hilft bei Erschöpfung.
Aber ob es bei Euch funktioniert, weiß ich nicht.
Ritsch
Und …
… Haselstrauchblätter haben gleich nach dem Pflücken den höchsten Nährwert.

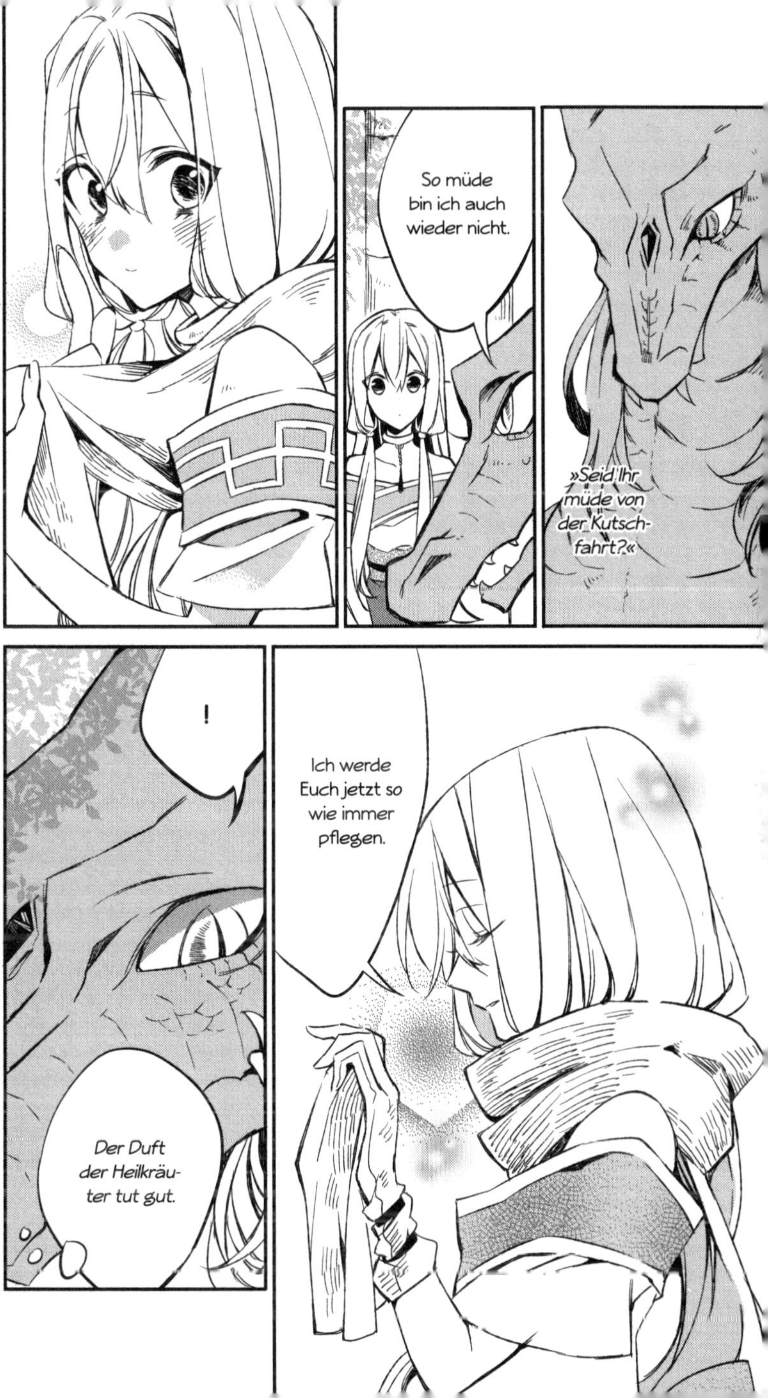
»Seid Ihr müde von der Kutsch-fahrt?«
So müde bin ich auch wieder nicht.
Ich werde Euch jetzt so wie immer pflegen.
!
Der Duft der Heilkräu-ter tut gut.

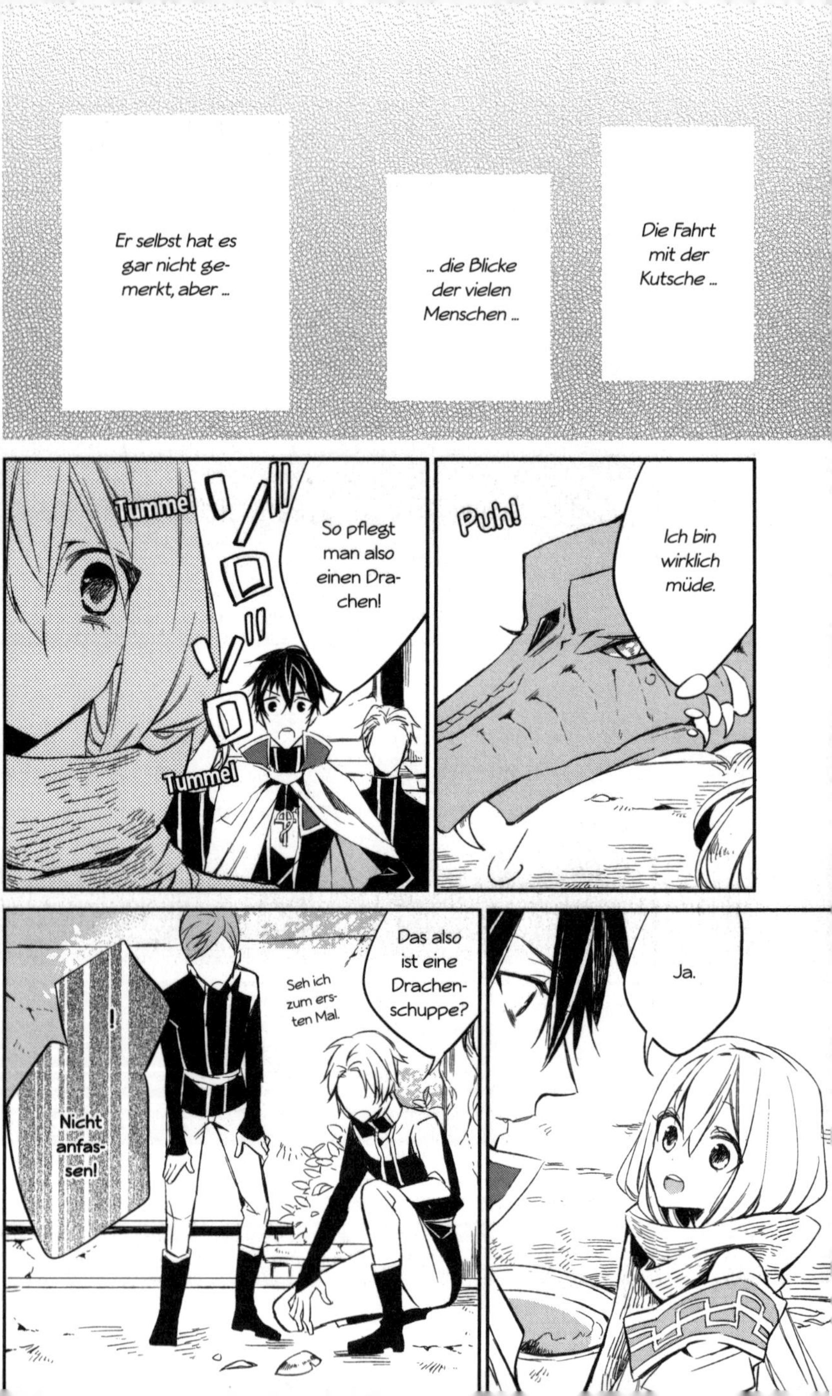
Die Fahrt mit der Kutsche ...
... die Blicke der vielen Menschen ...
Er selbst hat es gar nicht gemerkt, aber ...
Puh!
Ich bin wirklich müde.
So pflegt man also einen Drachen!
Tummel
Tummel
Ja.
Das also ist eine Drachenschuppe?
Seh ich zum ersten Mal.
!
Nicht anfassen!

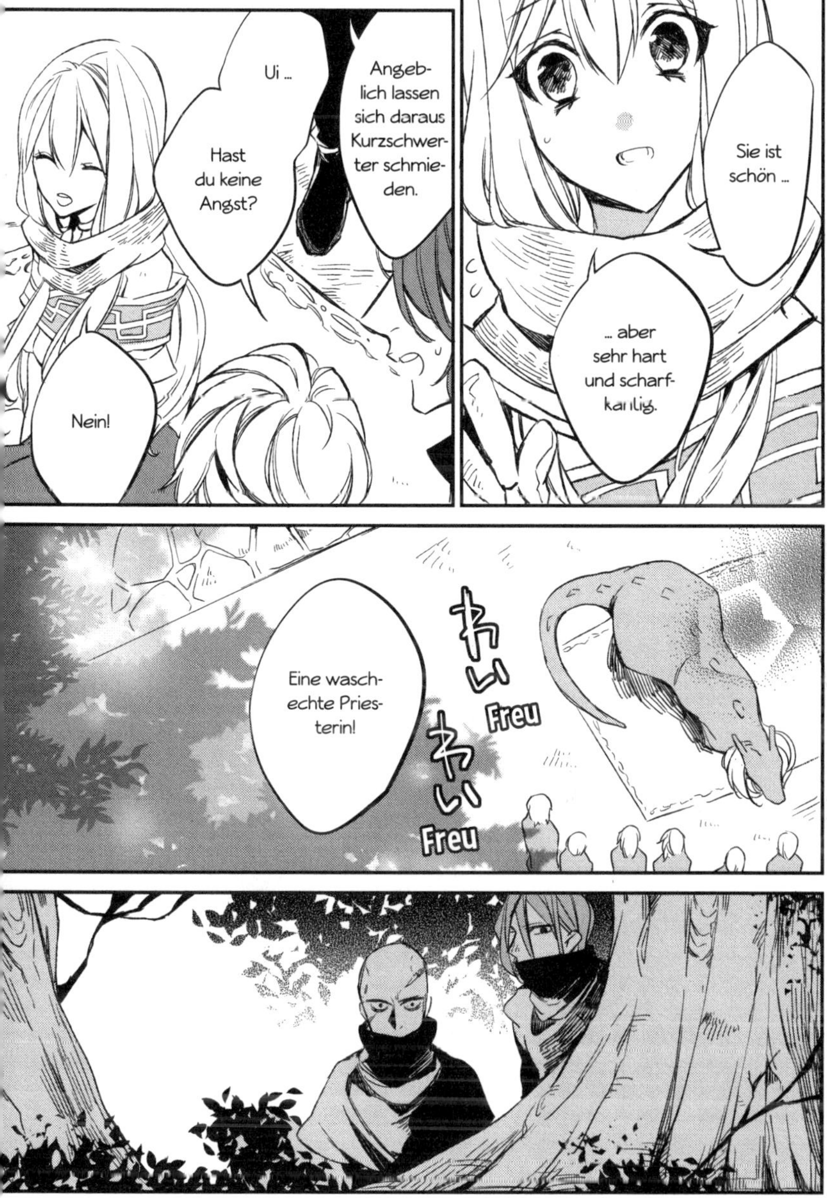

Sie ist schön ...
... aber sehr hart und scharfkantig.
Angeblich lassen sich daraus Kurzschwerter schmieden.
Ui ...
Hast du keine Angst?
Nein!
わい Freu
わい Freu
Eine waschechte Priesterin!

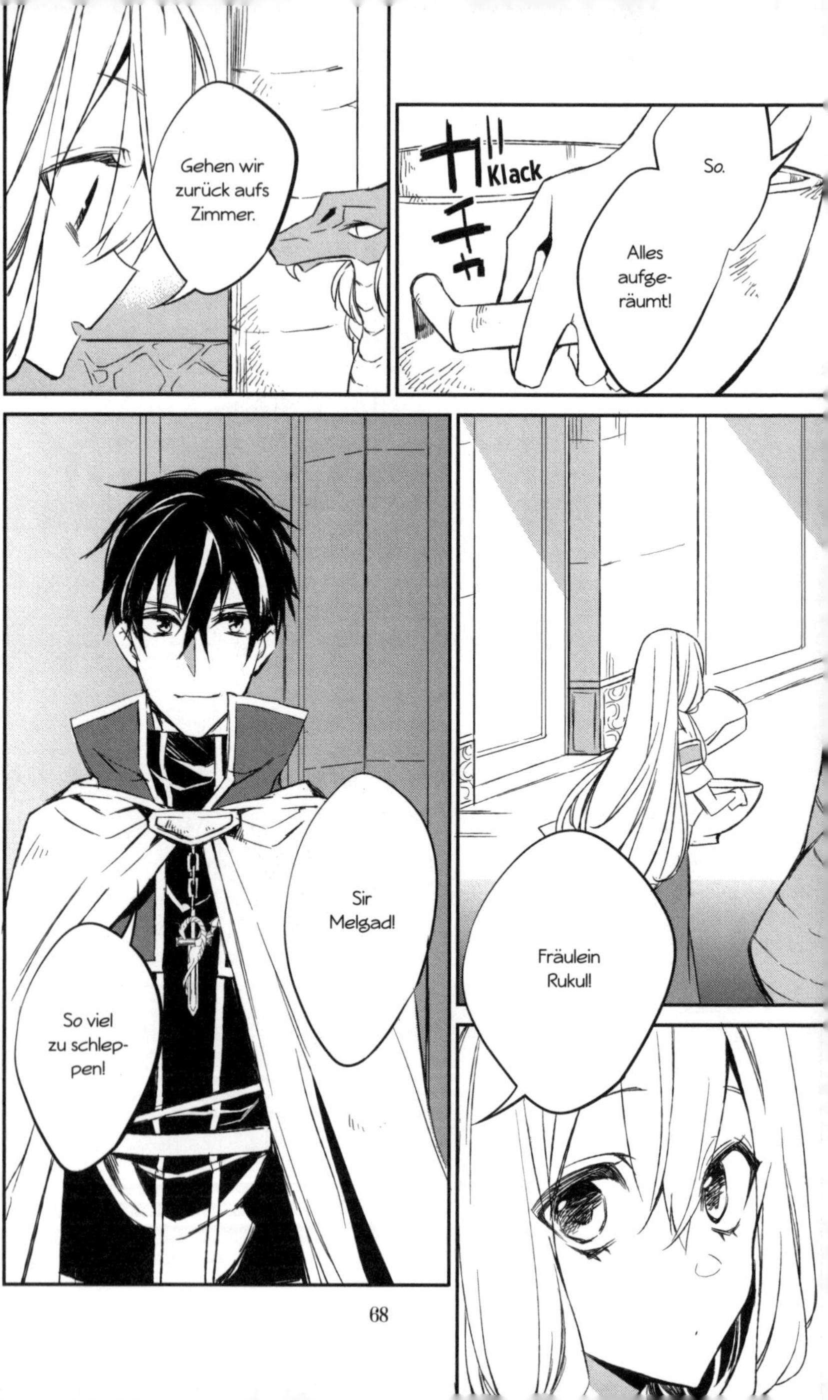
Klack
So.
Alles aufge-räumt!
Gehen wir zurück aufs Zimmer.
Fräulein Rukul!
Sir Melgad!
So viel zu schlep-pen!

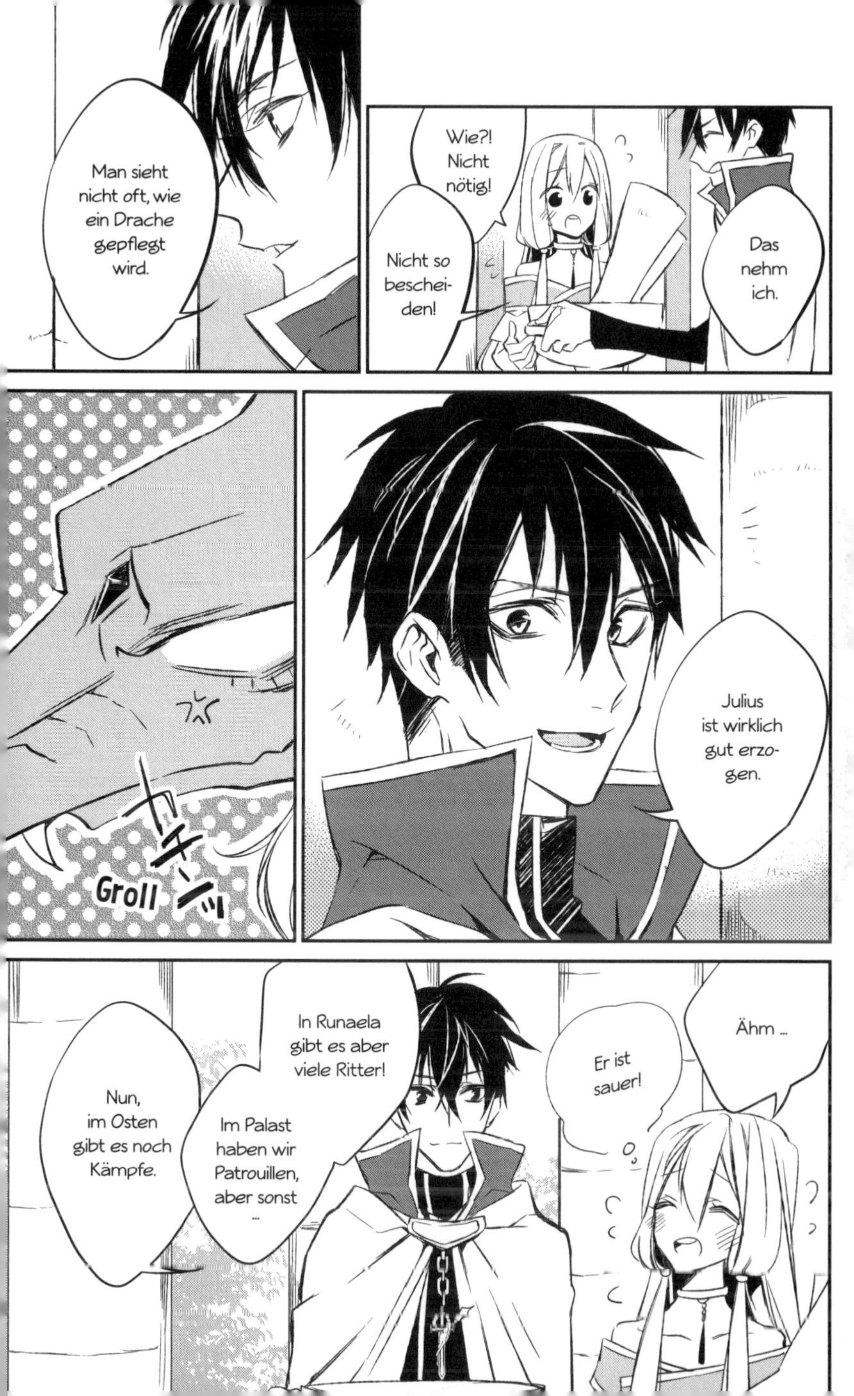
Das nehm ich.
Wie?! Nicht nötig!
Nicht so beschei-den!
Man sieht nicht oft, wie ein Drache gepflegt wird.
Julius ist wirklich gut erzo-gen.
Groll
Ähm ...
Er ist sauer!
In Runaela gibt es aber viele Ritter!
Im Palast haben wir Patrouillen, aber sonst ...
Nun, im Osten gibt es noch Kämpfe.

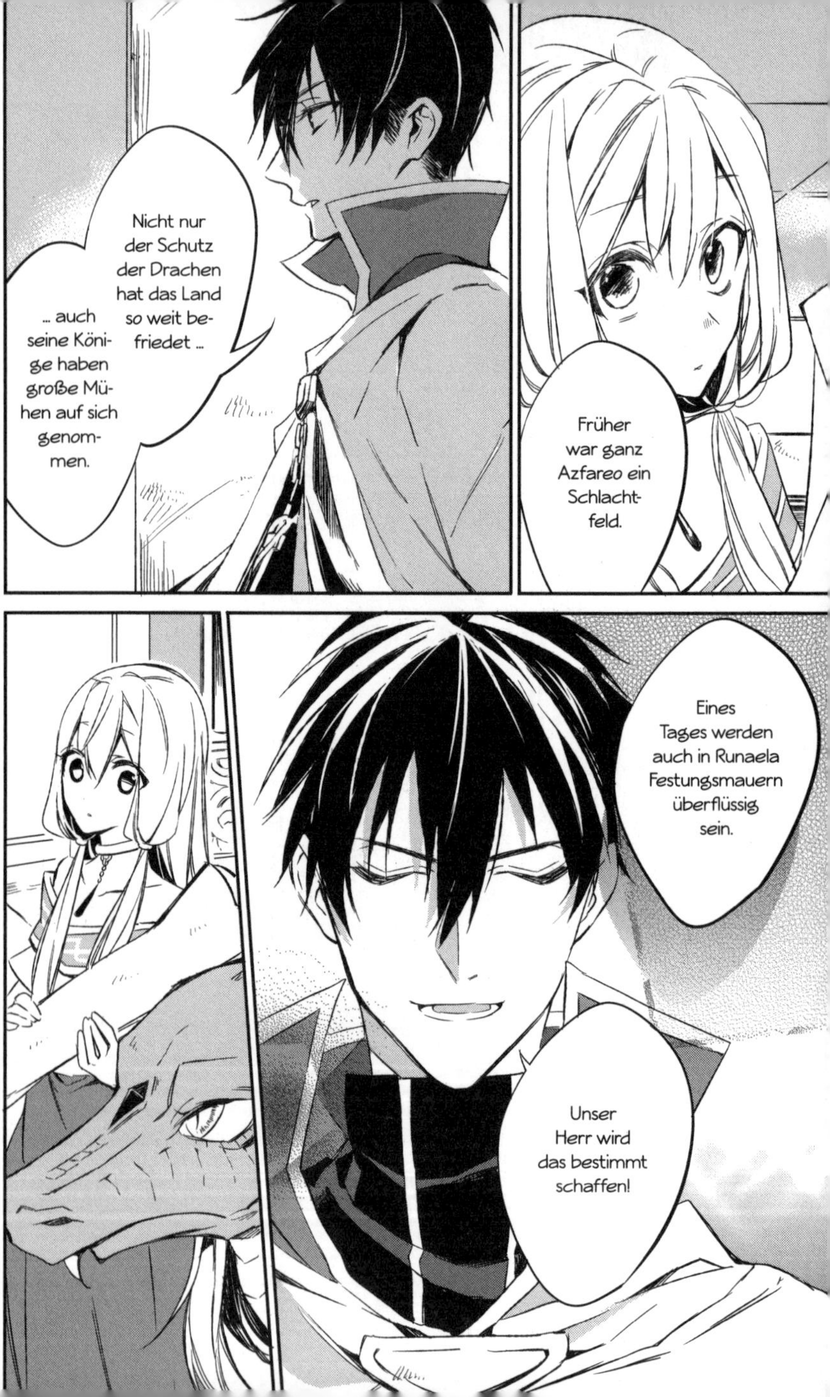
Früher war ganz Azfareo ein Schlachtfeld.
Nicht nur der Schutz der Drachen hat das Land so weit befriedet ...
... auch seine Könige haben große Mühen auf sich genommen.
Eines Tages werden auch in Runaela Festungsmauern überflüssig sein.
Unser Herr wird das bestimmt schaffen!

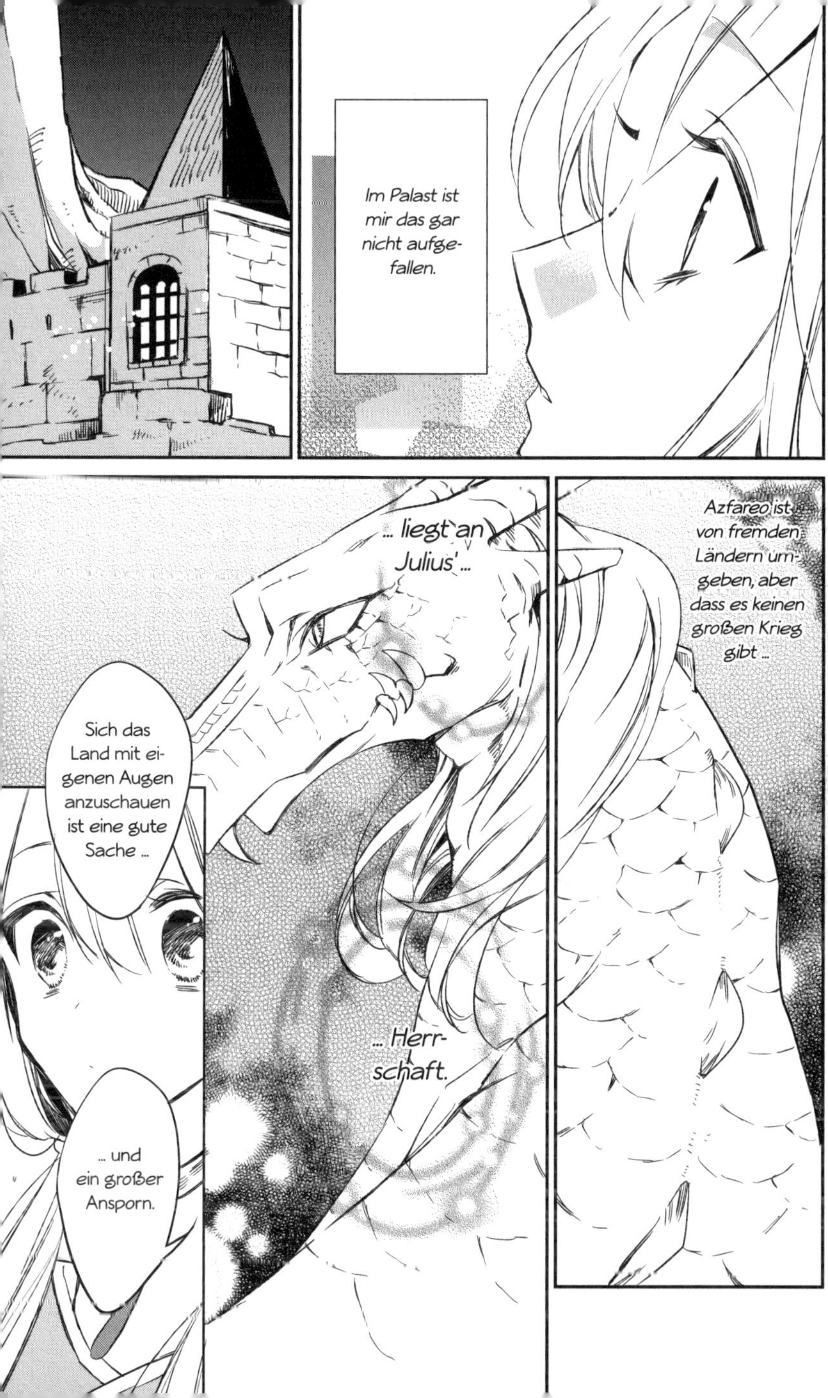
Im Palast ist mir das gar nicht aufgefallen.
Azfareo ist von fremden Ländern umgeben, aber dass es keinen großen Krieg gibt ...
... liegt an Julius' ...
... Herrschaft.
Sich das Land mit eigenen Augen anzuschauen ist eine gute Sache ...
... und ein großer Ansporn.

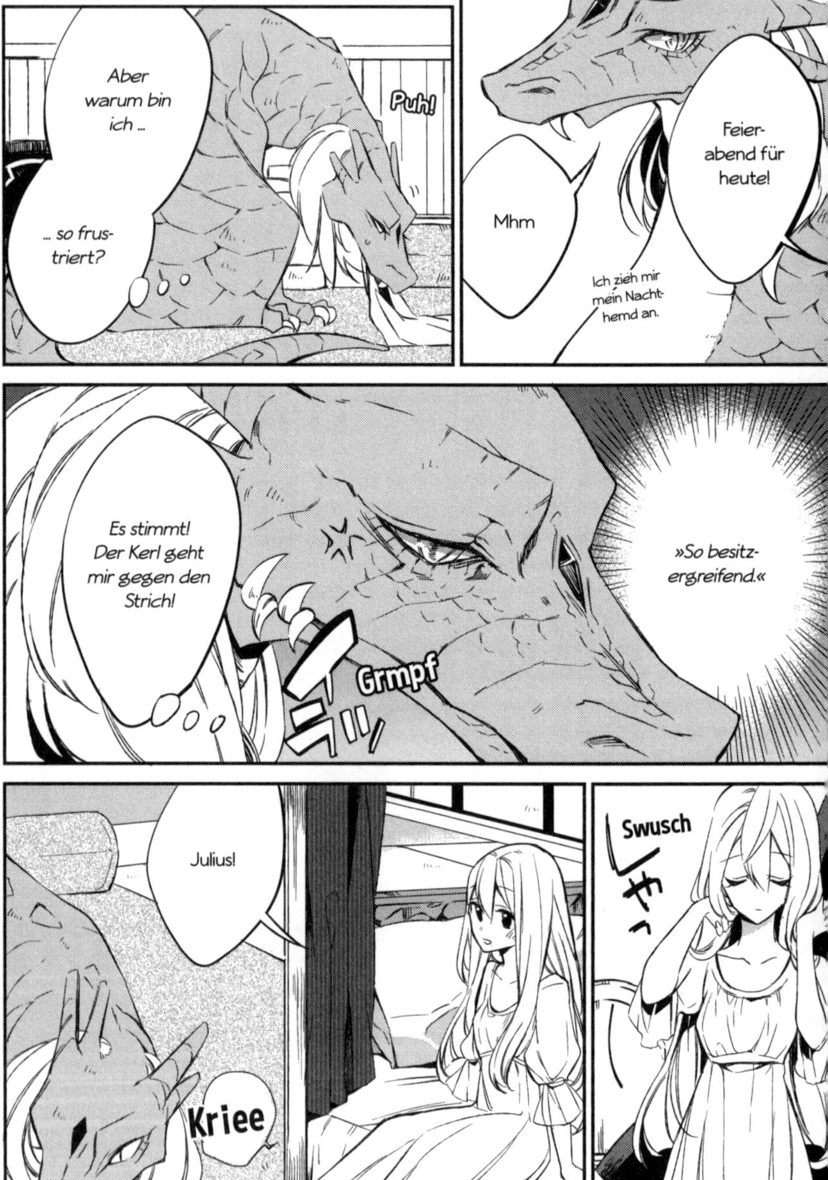
Feierabend für heute!
Ich zieh mir mein Nachthemd an.
Mhm
Puh!
Aber warum bin ich ...
... so frustriert?
»So besitzergreifend.«
Es stimmt! Der Kerl geht mir gegen den Strich!
Grmpf
Swusch
Julius!
Kriee

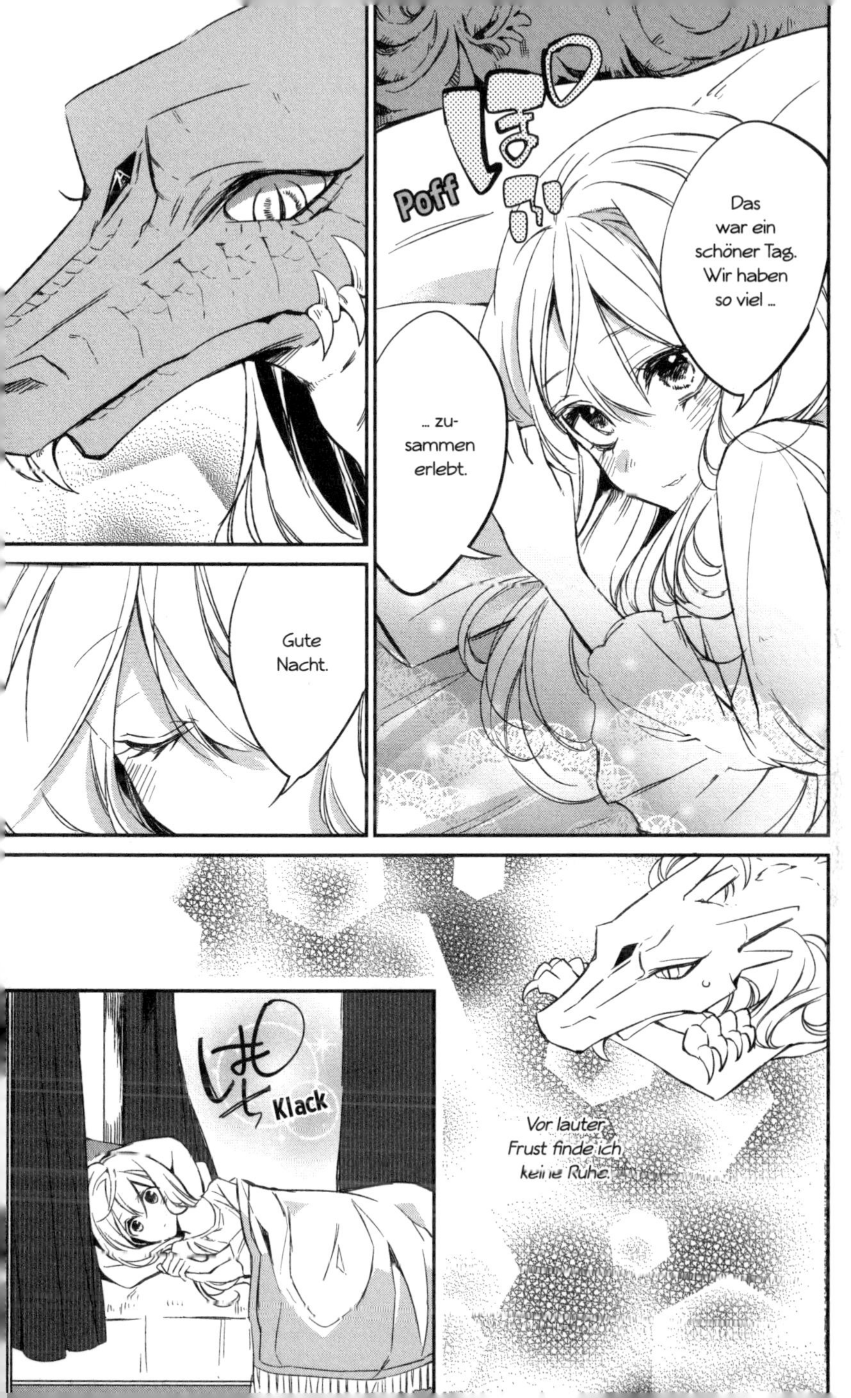
Poff
Das war ein schöner Tag. Wir haben so viel ...
... zu-sammen erlebt.
Gute Nacht.
Vor lauter Frust finde ich keine Ruhe.
Klack

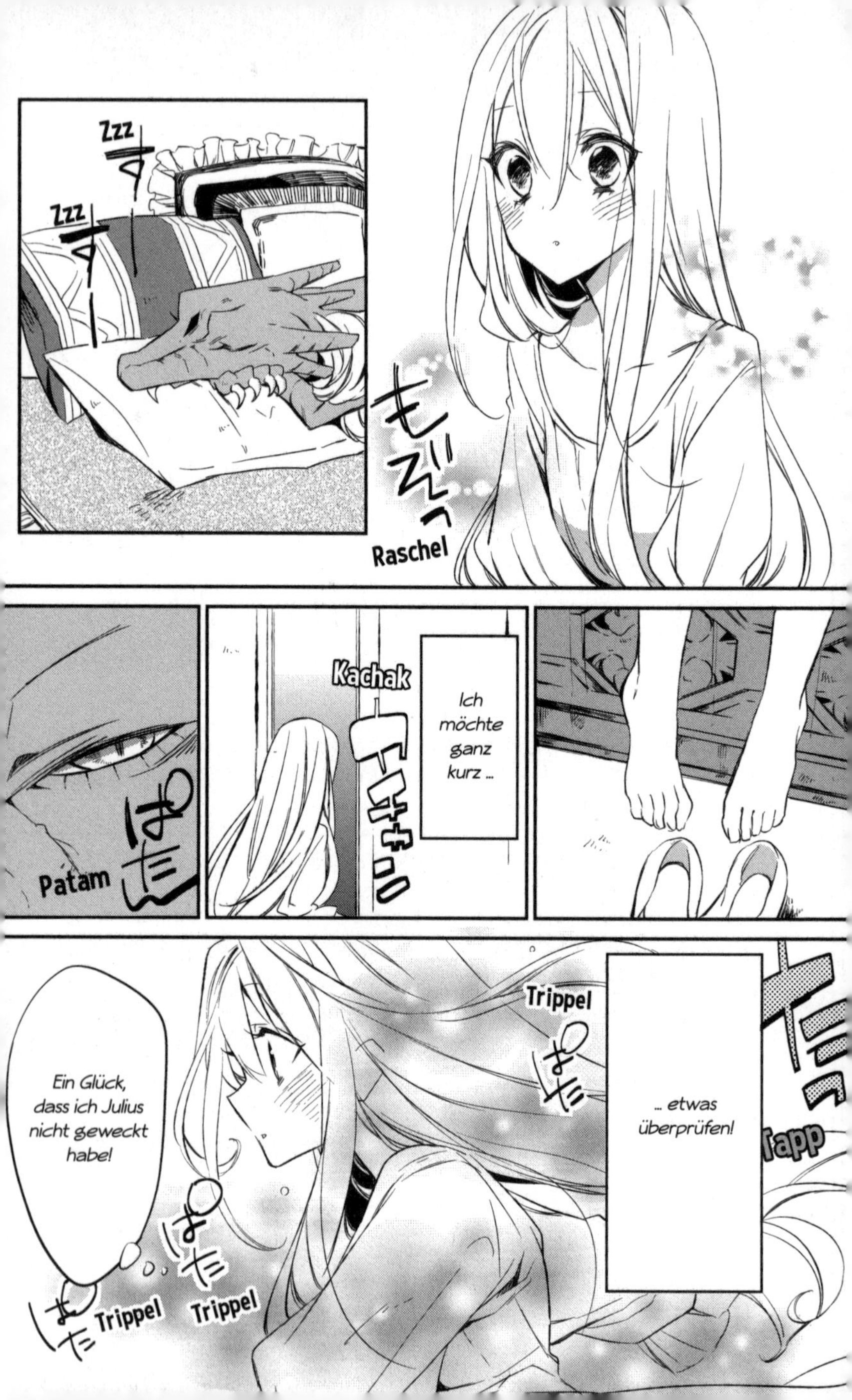
Raschel
Zzz
Zzz
Ich möchte ganz kurz ...
Kachak
Patam
... etwas überprüfen!
Tapp
Trippel
Ein Glück, dass ich Julius nicht geweckt habe!
Trippel
Trippel

3.

Rückblickend spüre ich (im Nachwort) eine extreme Bitterkeit, aber da die Serie wiederaufgenommen wurde, nachdem ich dieses Gefühl durchgemacht hatte, war ich wirklich unglaublich glücklich.

Gerne würde ich meinem damaligen Ich zurufen: »Weine nicht so viel! Da dich so viele Menschen unterstützen, musst du an dich glauben und jetzt alles geben!«

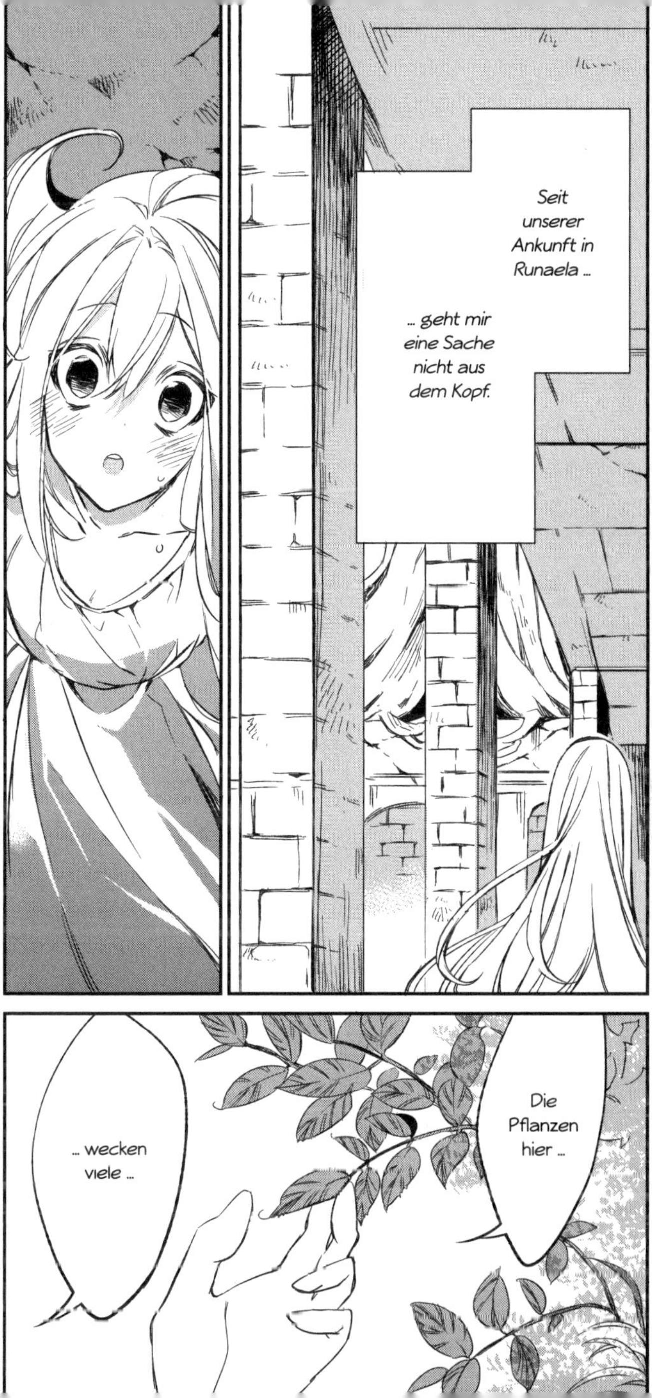

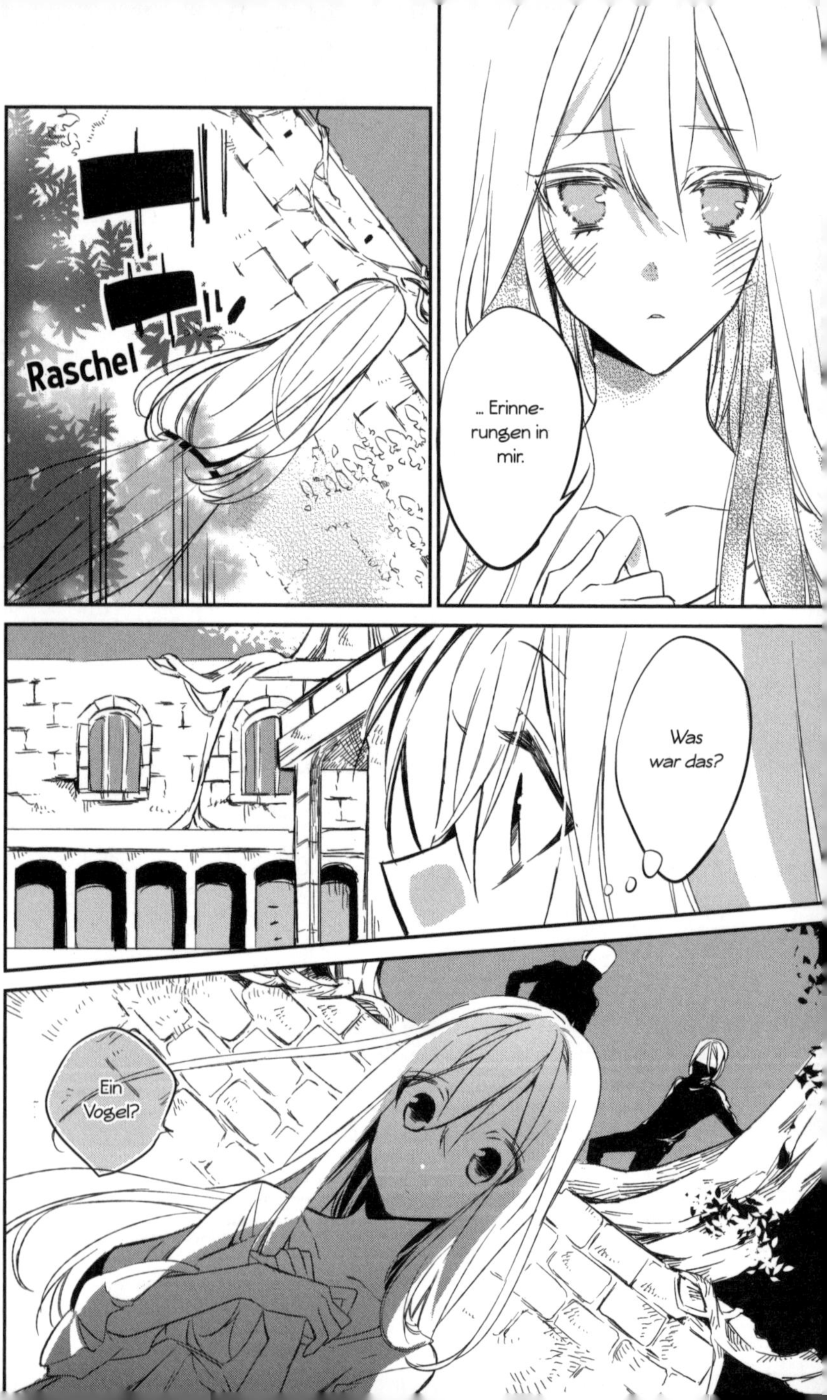

... Erinne-rungen in mir.
Raschel
Was war das?
Ein Vogel?

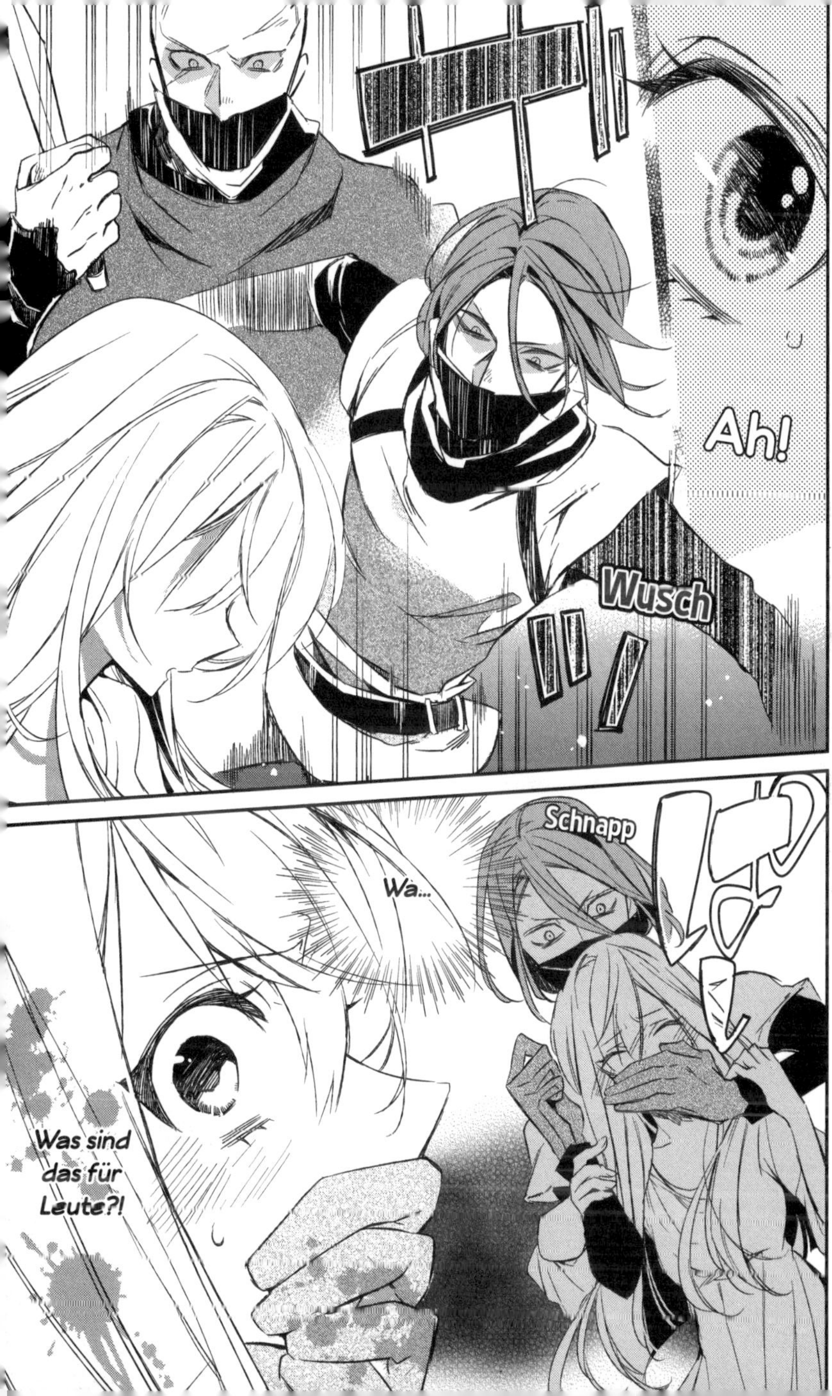
Ah!
Wusch
Schnapp
Wa...
Was sind das für Leute?!

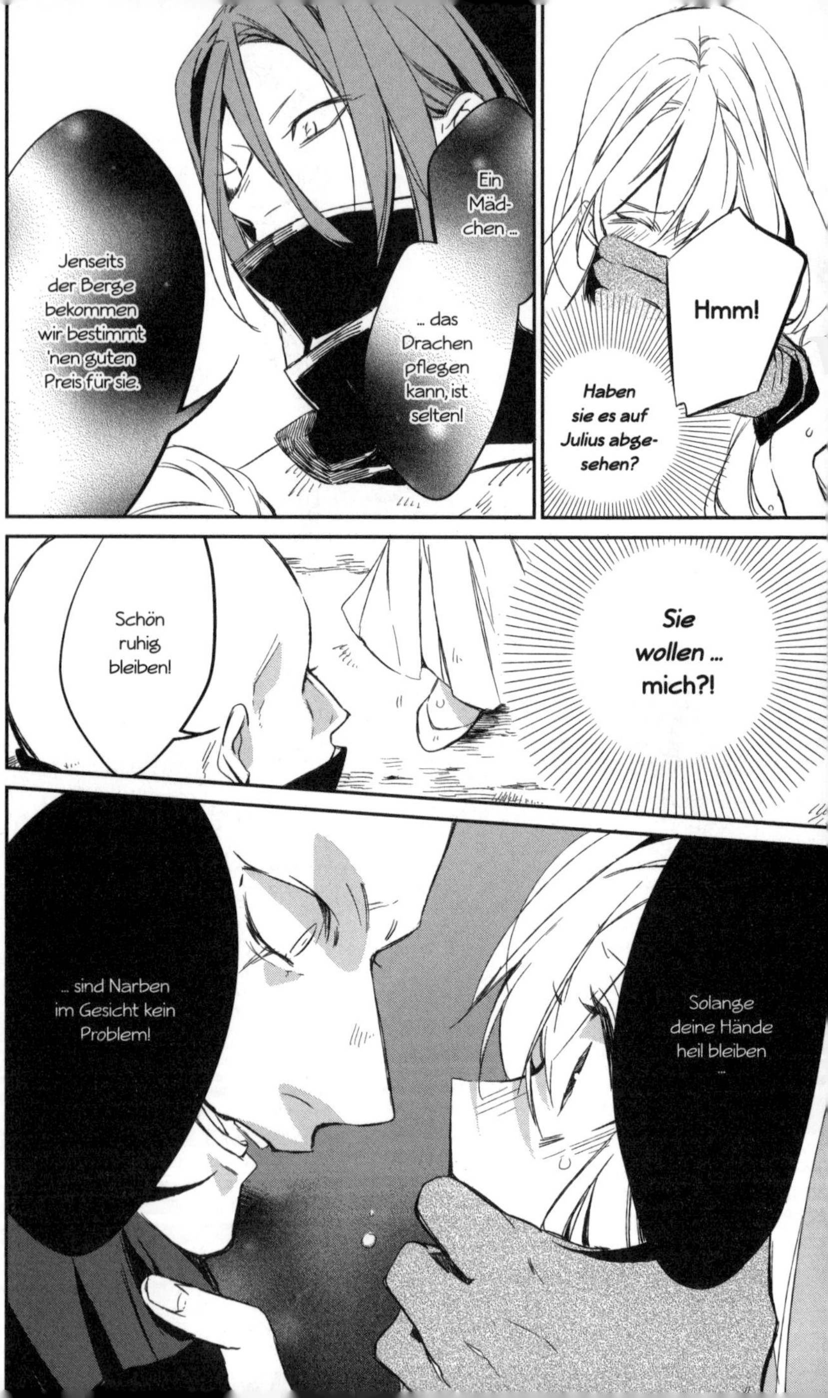
Hmm!
Haben sie es auf Julius abgesehen?
Ein Mädchen ...
... das Drachen pflegen kann, ist selten!
Jenseits der Berge bekommen wir bestimmt 'nen guten Preis für sie.
Sie wollen ... mich?!
Schön ruhig bleiben!
Solange deine Hände heil bleiben ...
... sind Narben im Gesicht kein Problem!

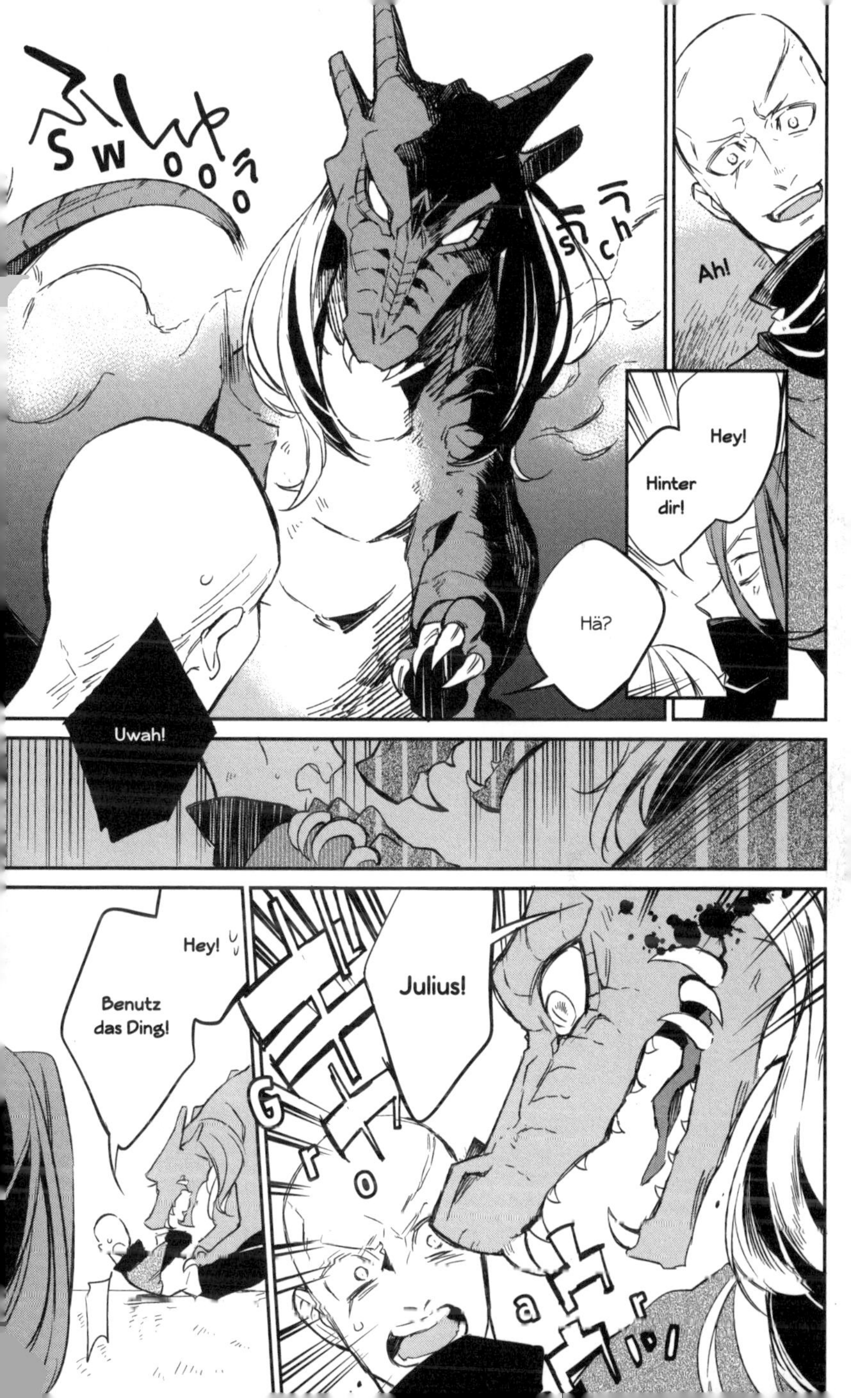

Ah!
Hey! Hinter dir!
Hä?
sch
Swooo
Uwah!
Julius!
Hey! Benutz das Ding!
Gro
arr

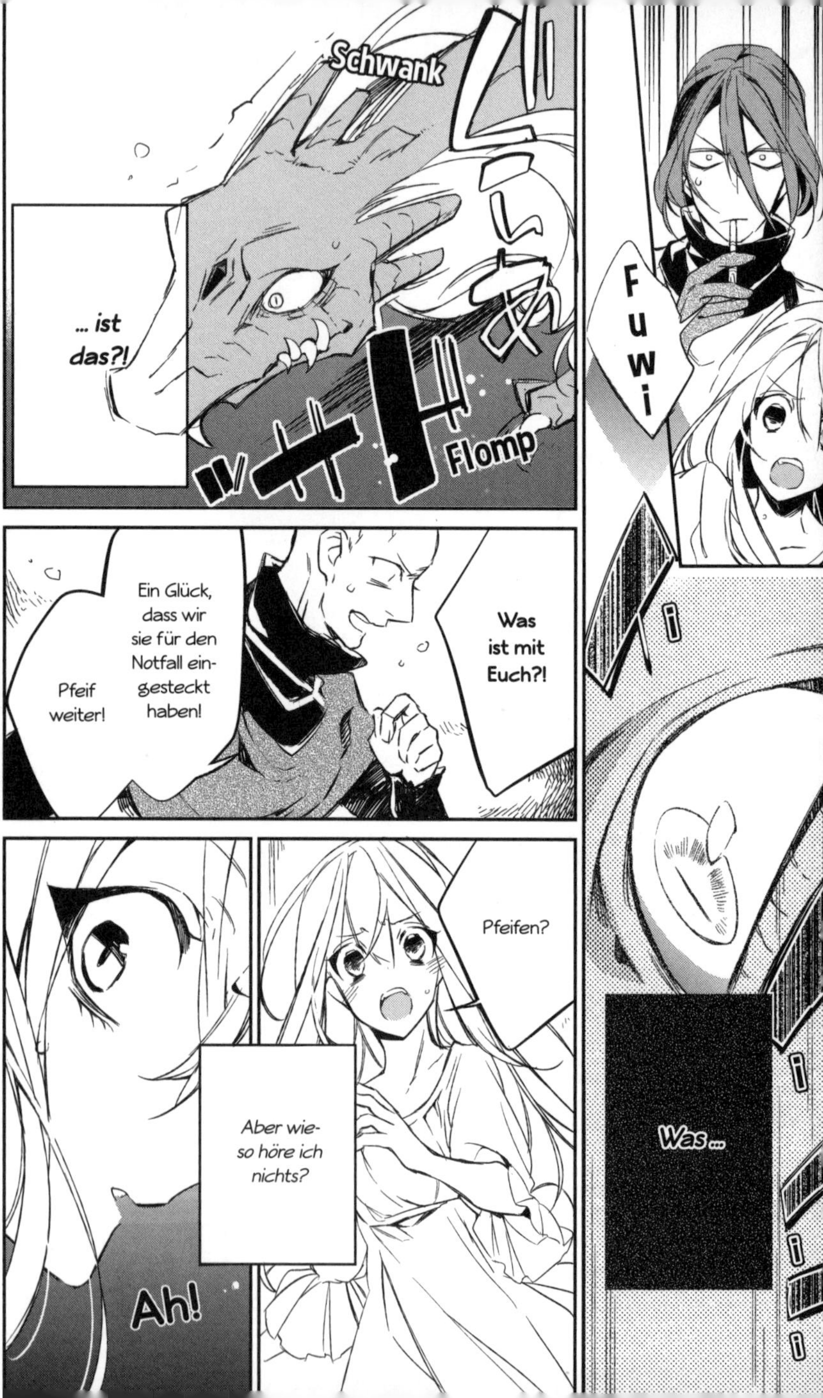

Fuwi
Was ...
Schwank
... ist das?!
Flomp
Was ist mit Euch?!
Ein Glück, dass wir sie für den Notfall eingesteckt haben!
Pfeif weiter!
Pfeifen?
Aber wieso höre ich nichts?
Ah!

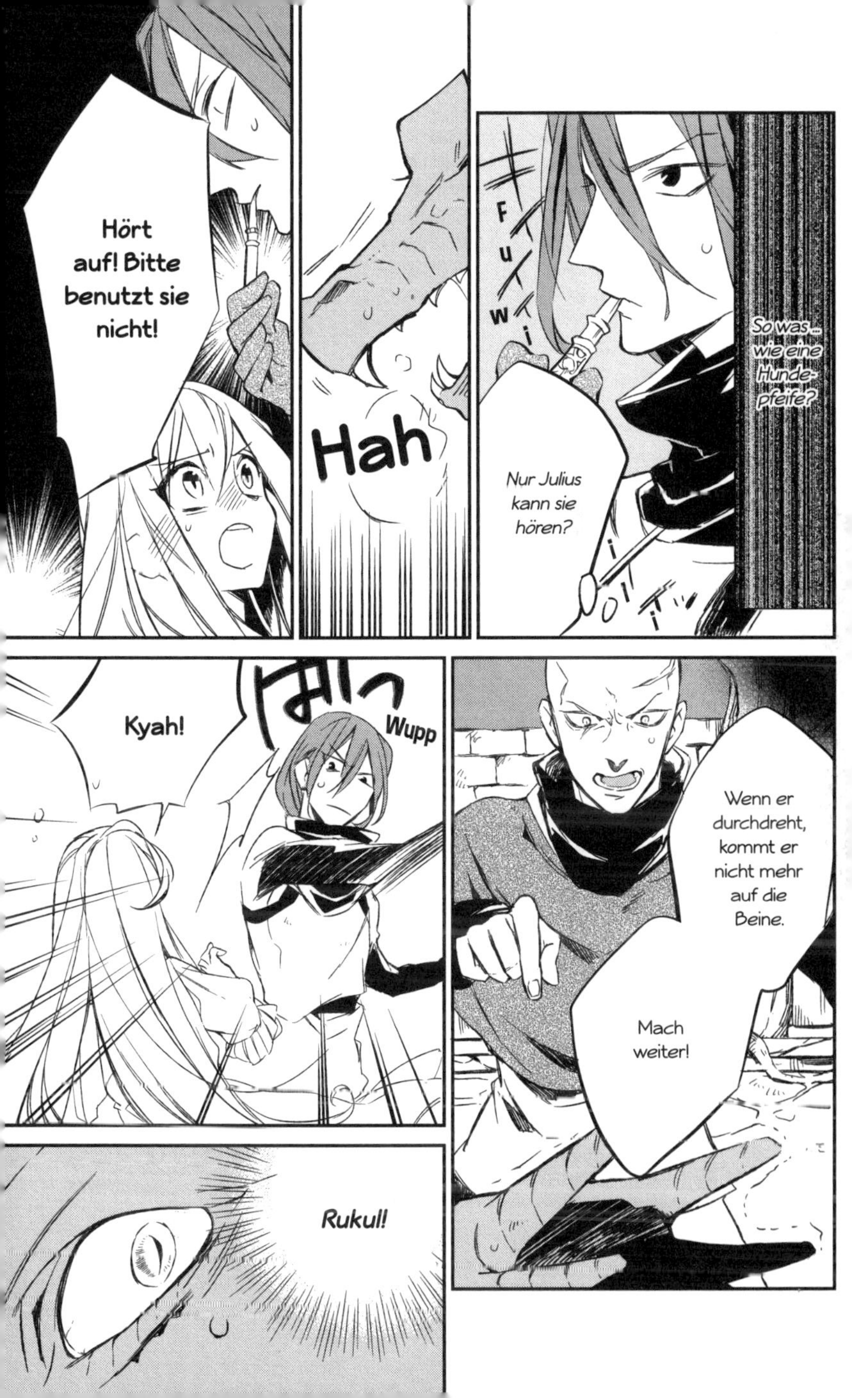
So was ... wie eine Hunde-pfeife?
Fuwi
Nur Julius kann sie hören?
Hah
Hört auf! Bitte benutzt sie nicht!
Wenn er durchdreht, kommt er nicht mehr auf die Beine.
Mach weiter!
Wupp
Kyah!
Rukul!

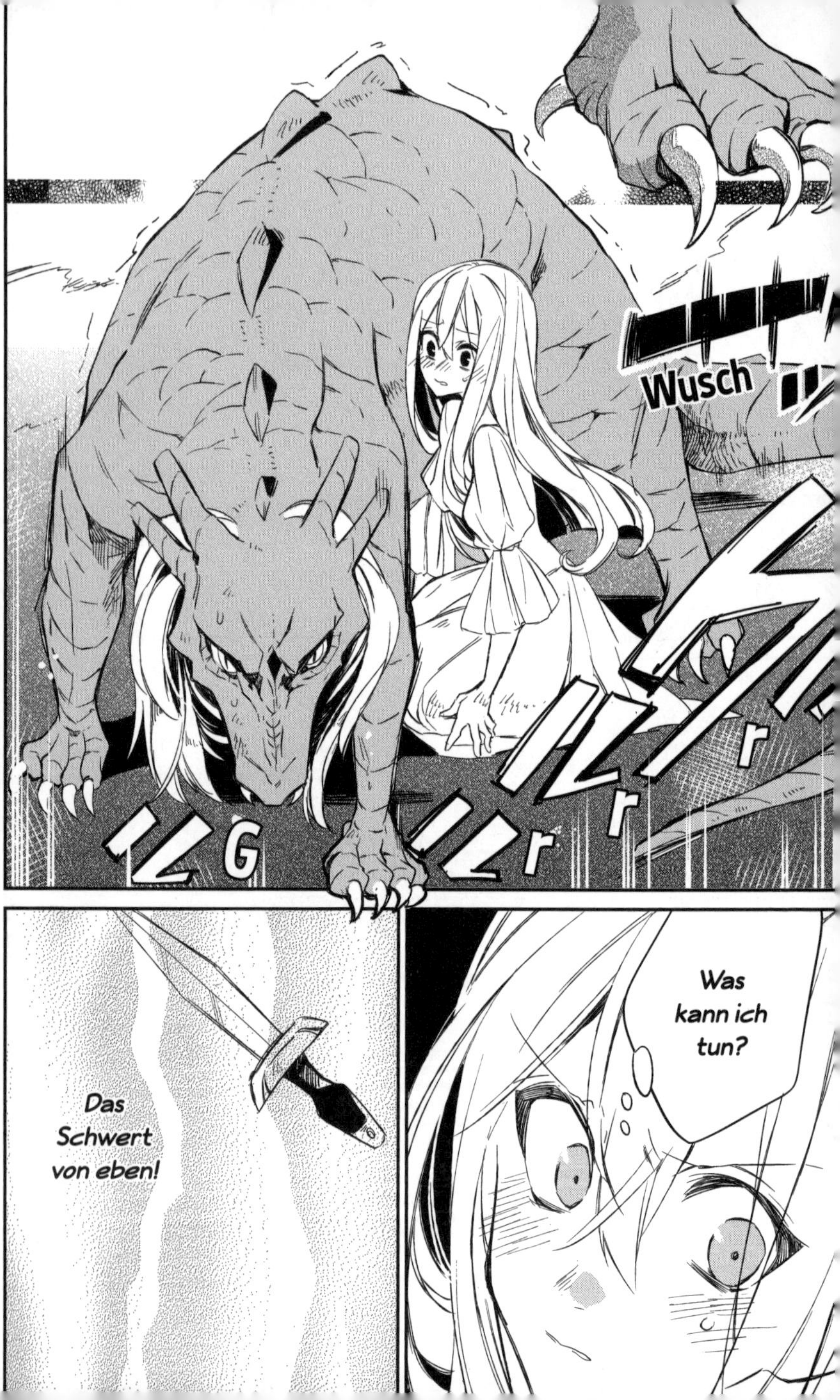
Wusch
Grrrr
Was kann ich tun?
Das Schwert von eben!

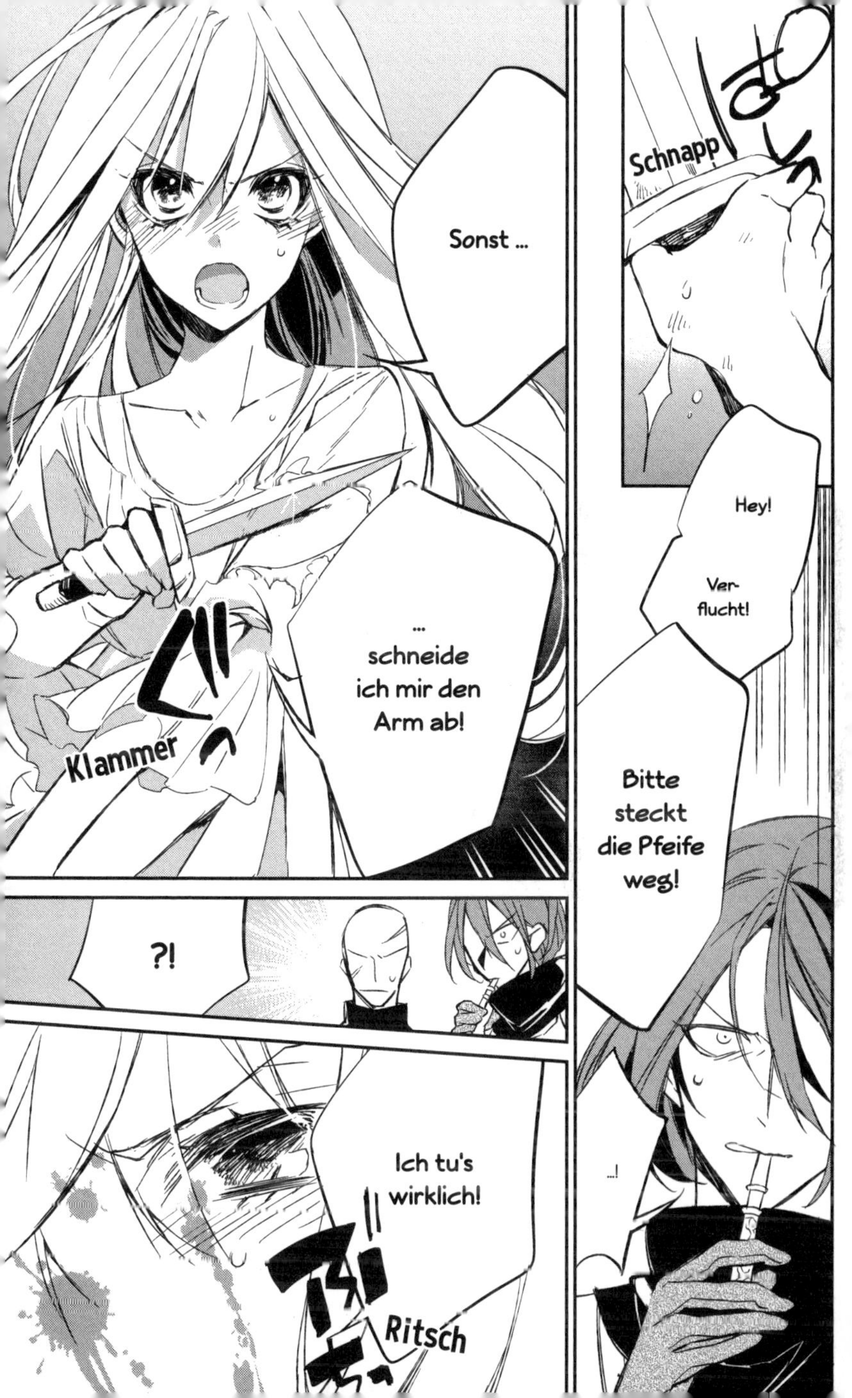
Schnapp
Sonst ...
Hey!
Ver-
flucht!
... schneide ich mir den Arm ab!
Klammer
Bitte steckt die Pfeife weg!
?!
...!
Ich tu's wirklich!
Ritsch

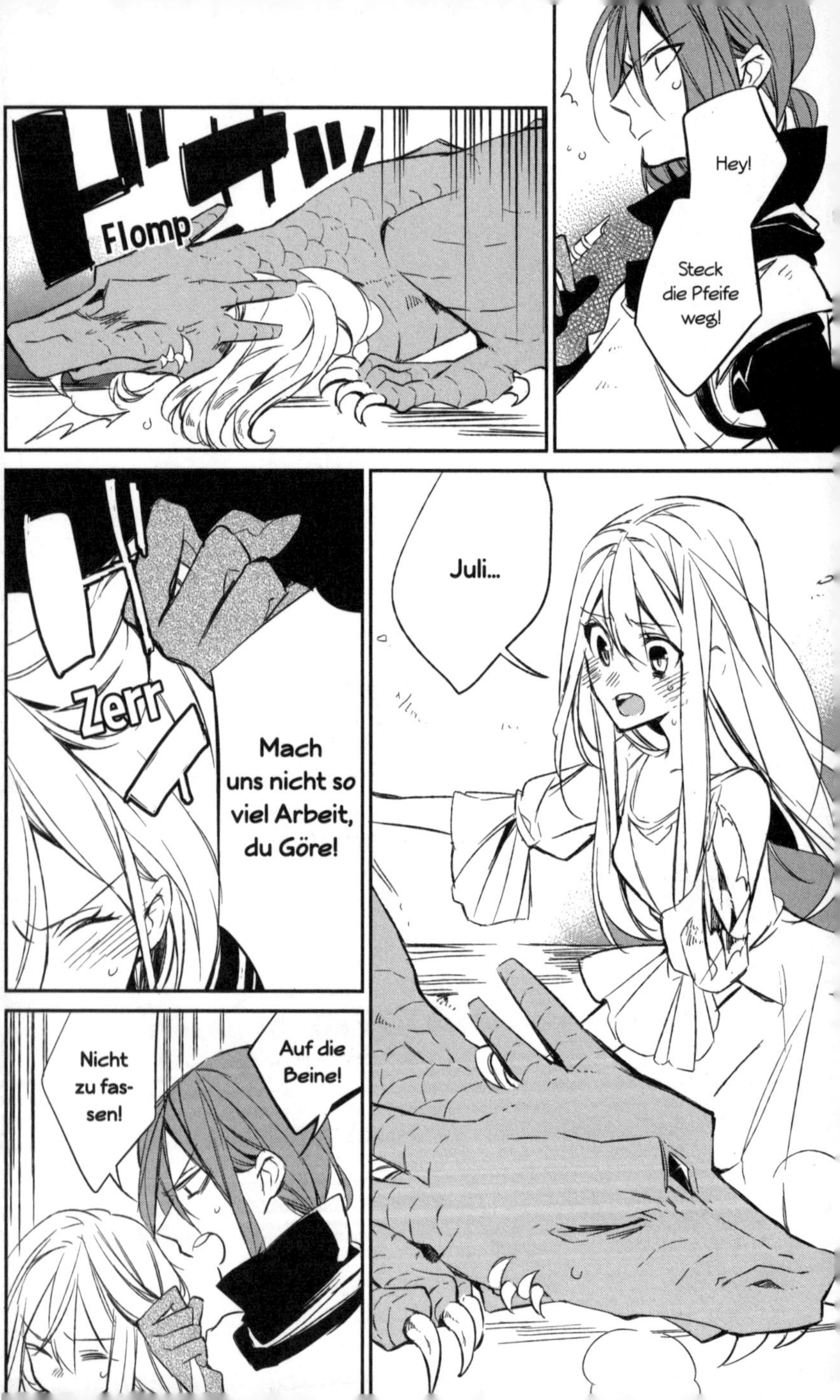
Hey!
Steck die Pfeife weg!
Flomp
Juli...
Zerr
Mach uns nicht so viel Arbeit, du Göre!
Auf die Beine!
Nicht zu fassen!

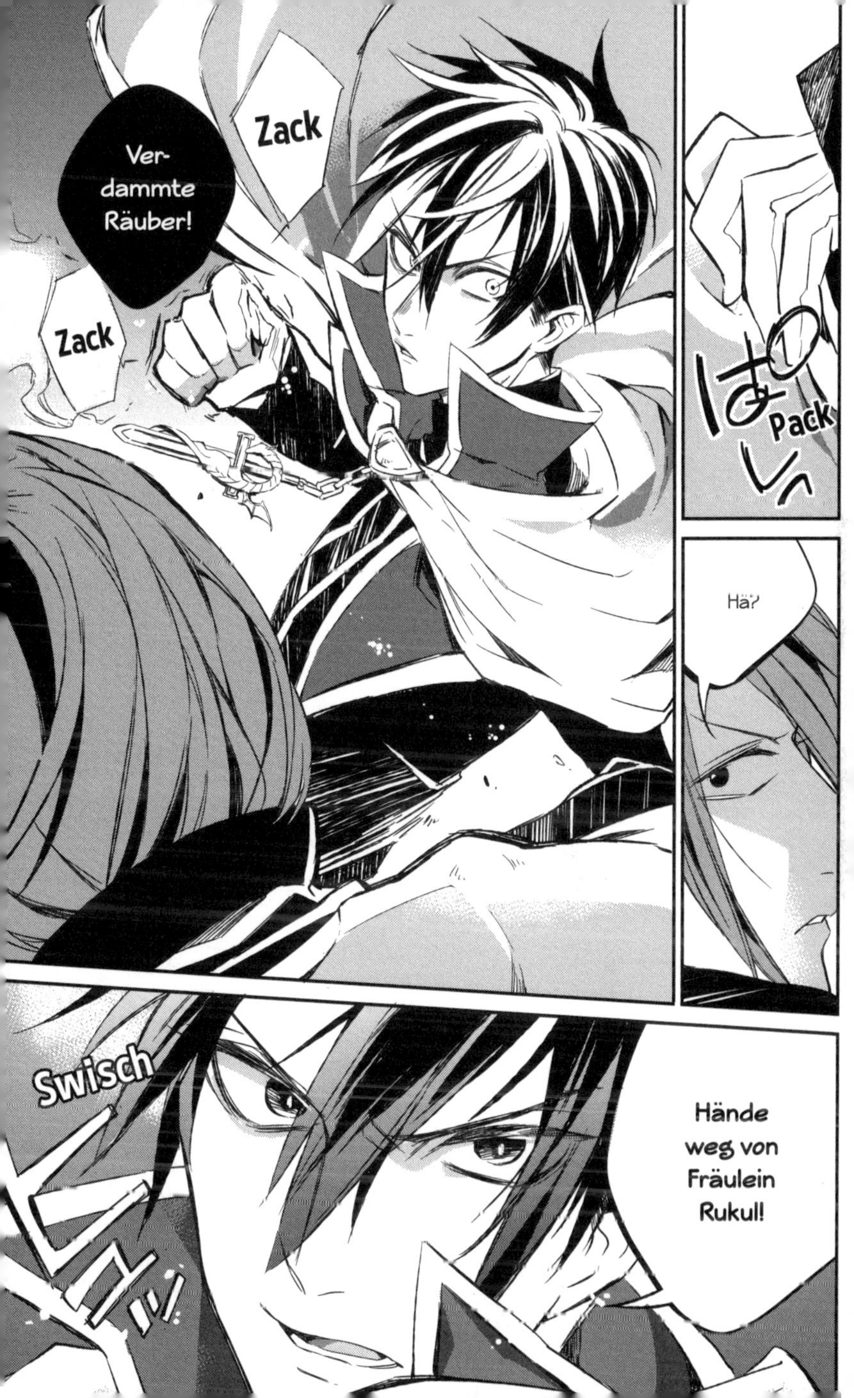

Pack
Zack
Verdammte Räuber!
Zack
Hä?
Swisch
Hände weg von Fräulein Rukul!

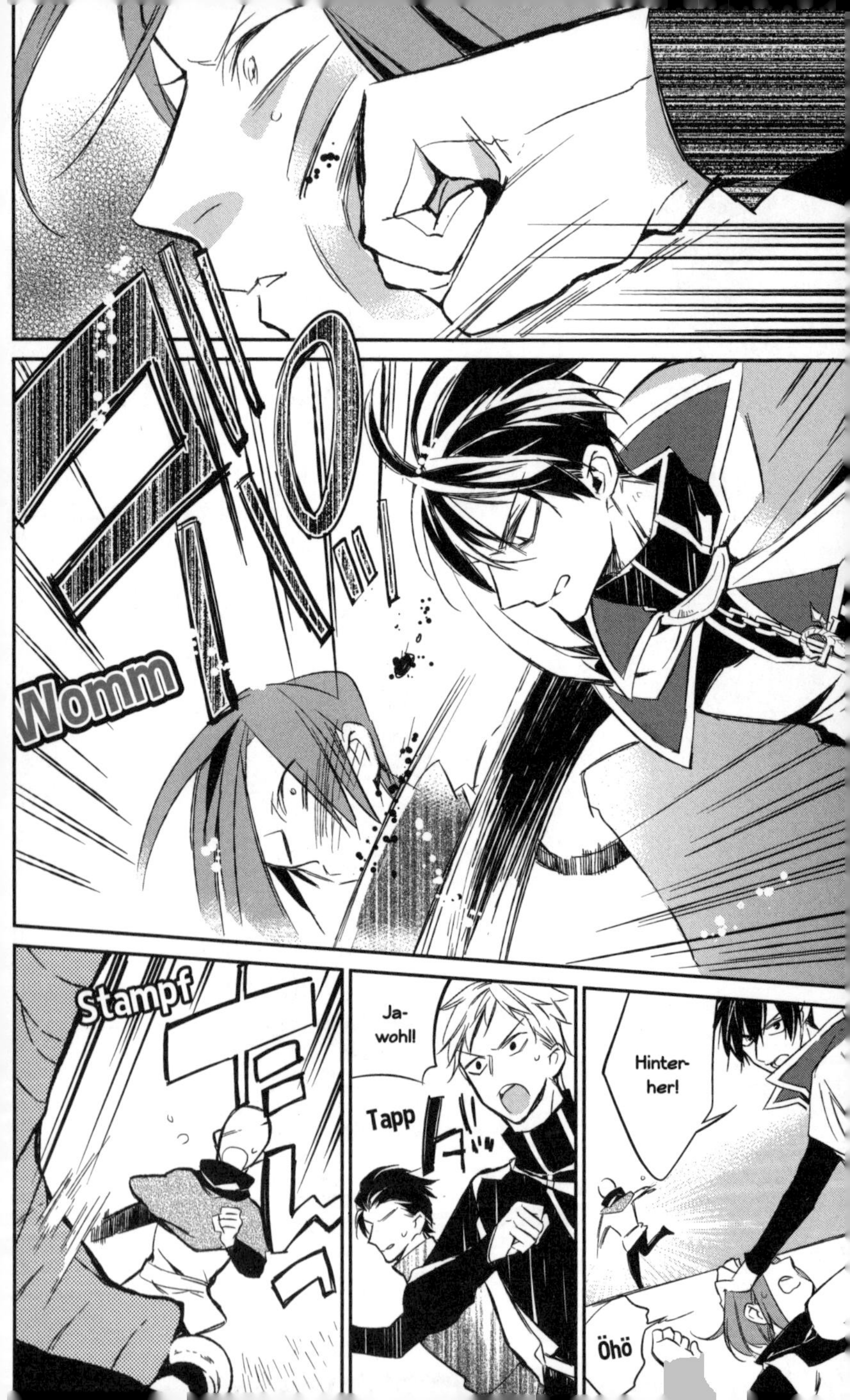

Womm
Hinter-
her!
Öhö
Ja-
wohl!
Tapp
Stampf

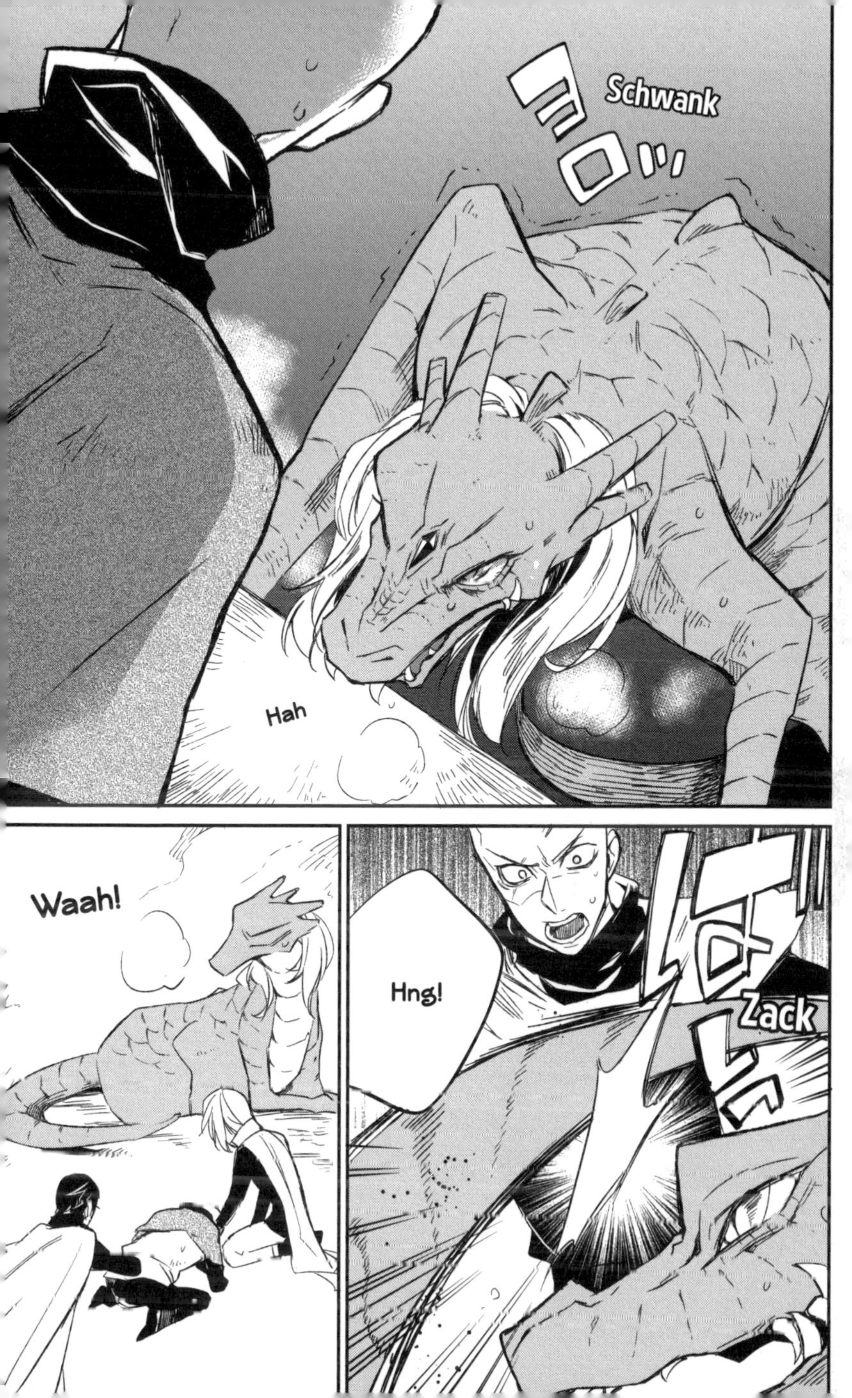

Schwank
Hah
Hng!
Zack
Waah!

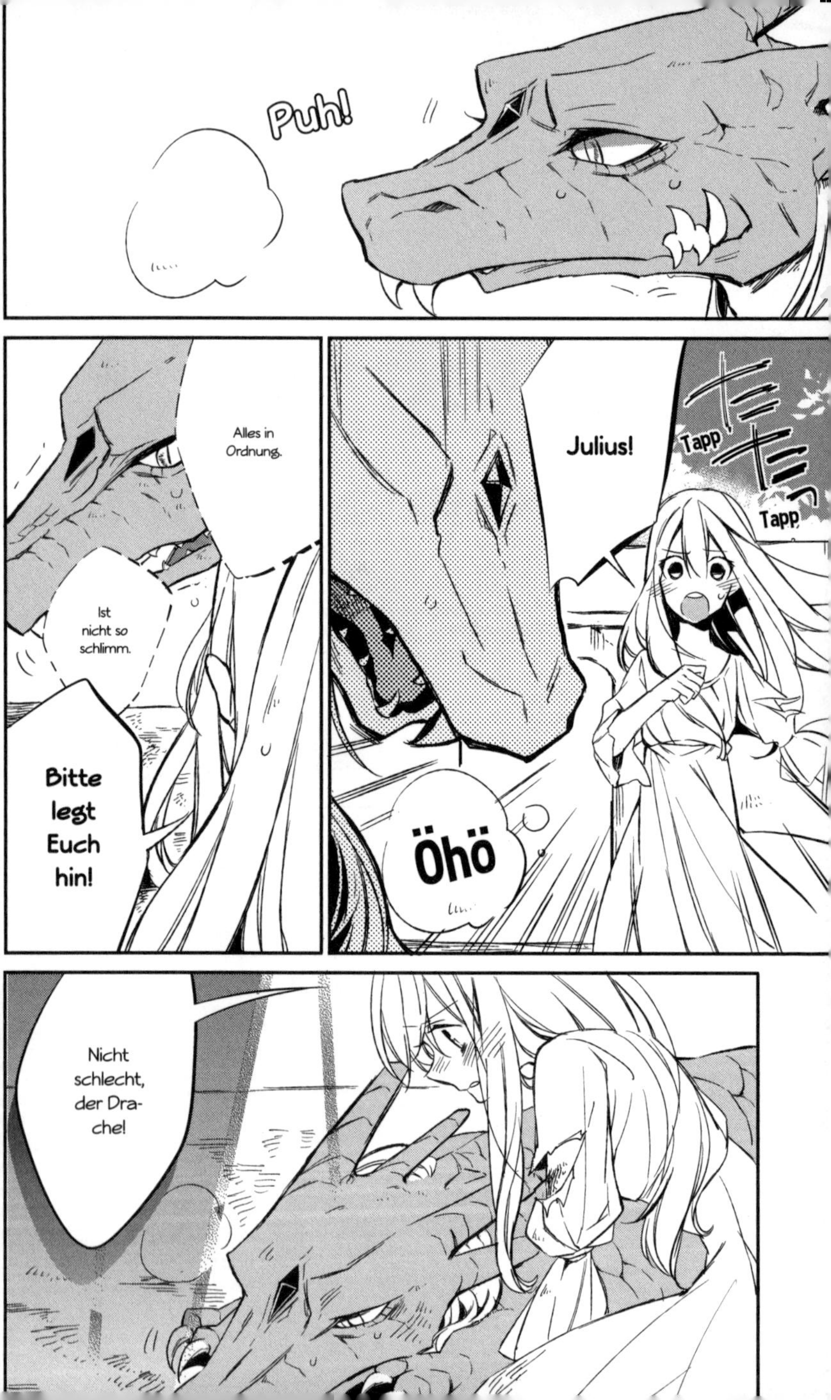
Puh!
Julius!
Tapp
Tapp
Öhö
Alles in Ordnung.
Ist nicht so schlimm.
Bitte legt Euch hin!
Nicht schlecht, der Drache!

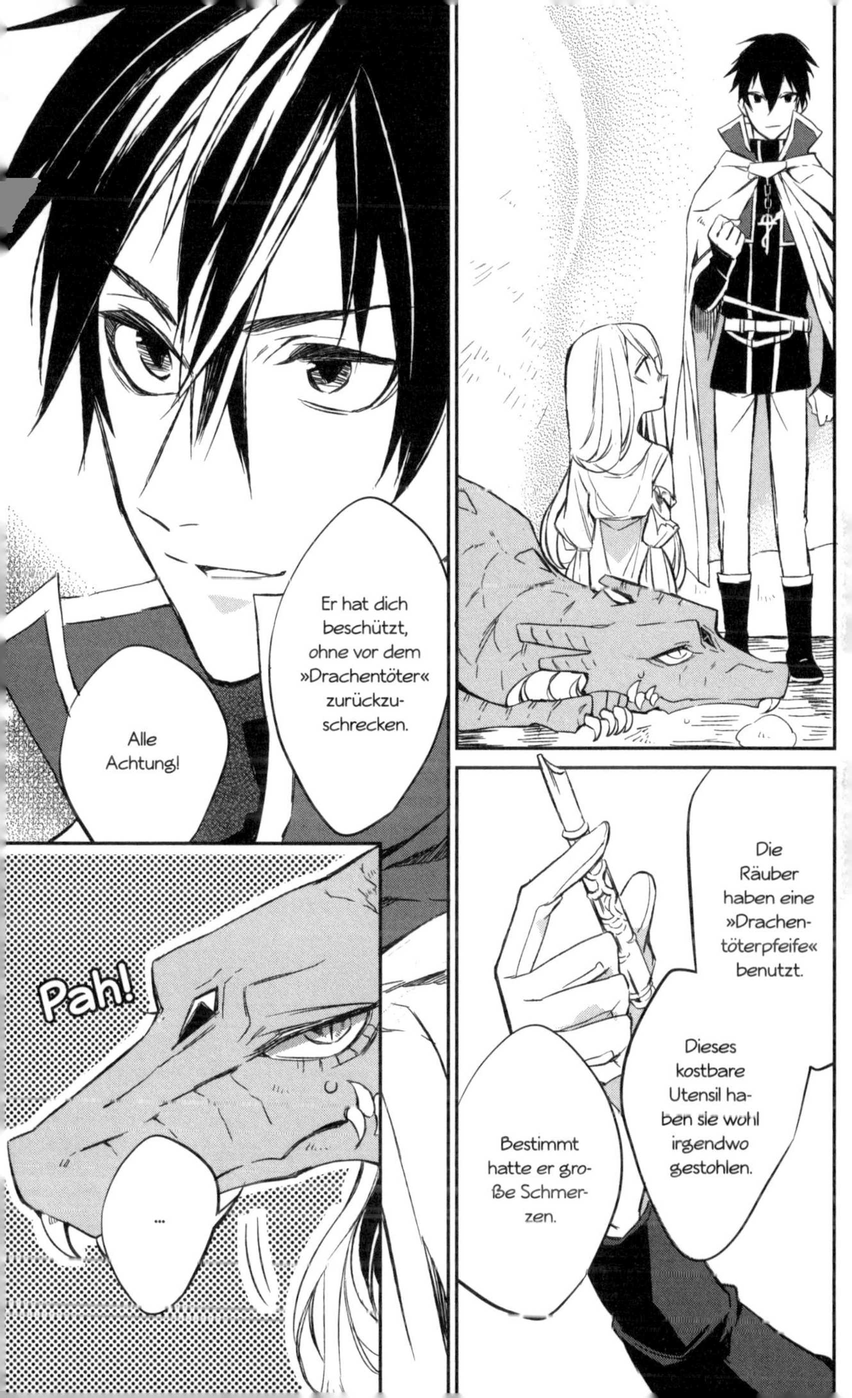

Er hat dich beschützt, ohne vor dem »Drachentöter« zurückzuschrecken.
Alle Achtung!
Die Räuber haben eine »Drachentöterpfeife« benutzt.
Dieses kostbare Utensil haben sie wohl irgendwo gestohlen.
Bestimmt hatte er große Schmerzen.
Pah!
...

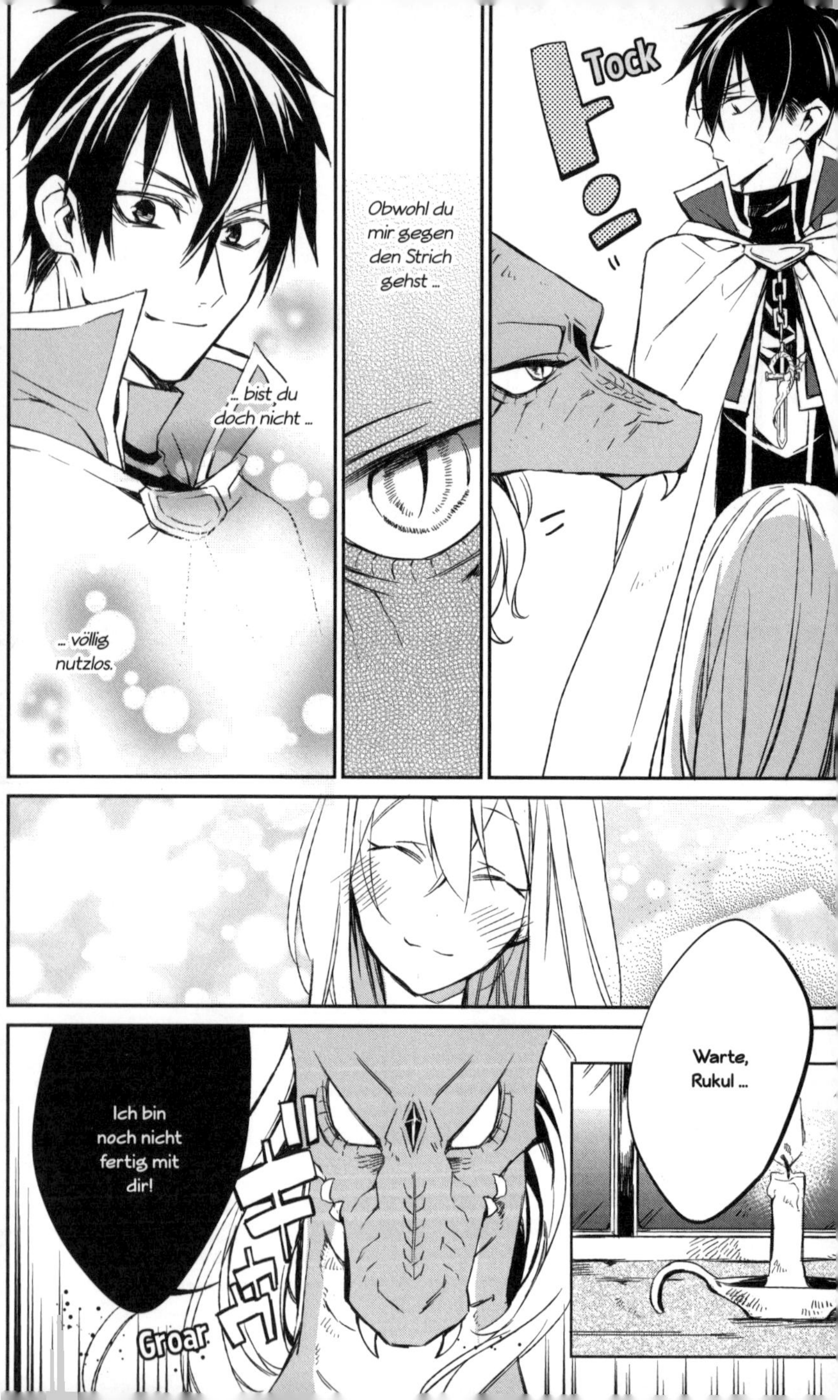
Tock
Obwohl du mir gegen den Strich gehst ...
... bist du doch nicht ...
... völlig nutzlos.
Warte, Rukul ...
Ich bin noch nicht fertig mit dir!
Groar

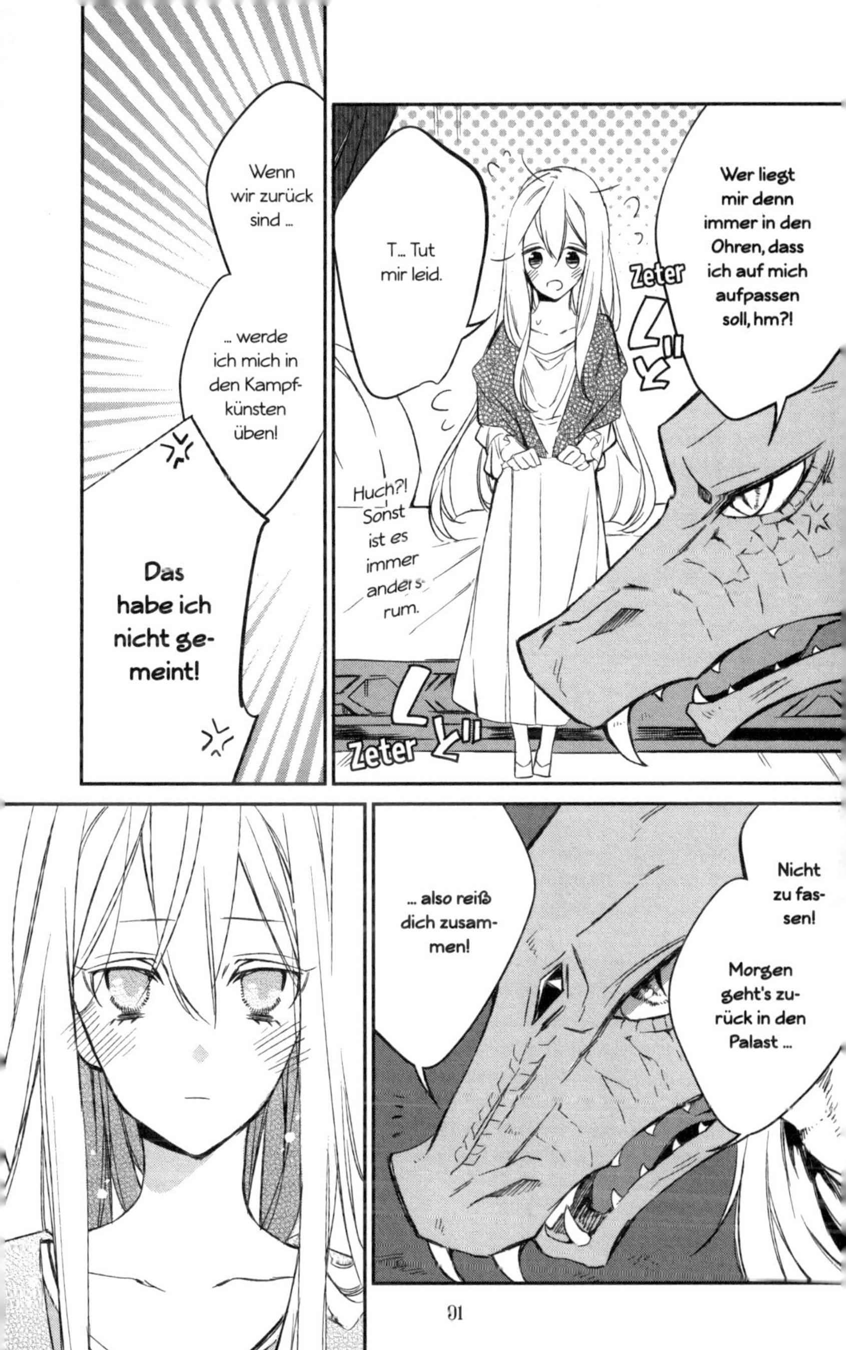
Wer liegt mir denn immer in den Ohren, dass ich auf mich aufpassen soll, hm?!
Zeter
Zeter
T... Tut mir leid.
Huch?! Sonst ist es immer andersrum.
Wenn wir zurück sind ...
... werde ich mich in den Kampf-künsten üben!
Das habe ich nicht ge-meint!
Nicht zu fas-sen!
Morgen geht's zu-rück in den Palast ...
... also reiß dich zusam-men!

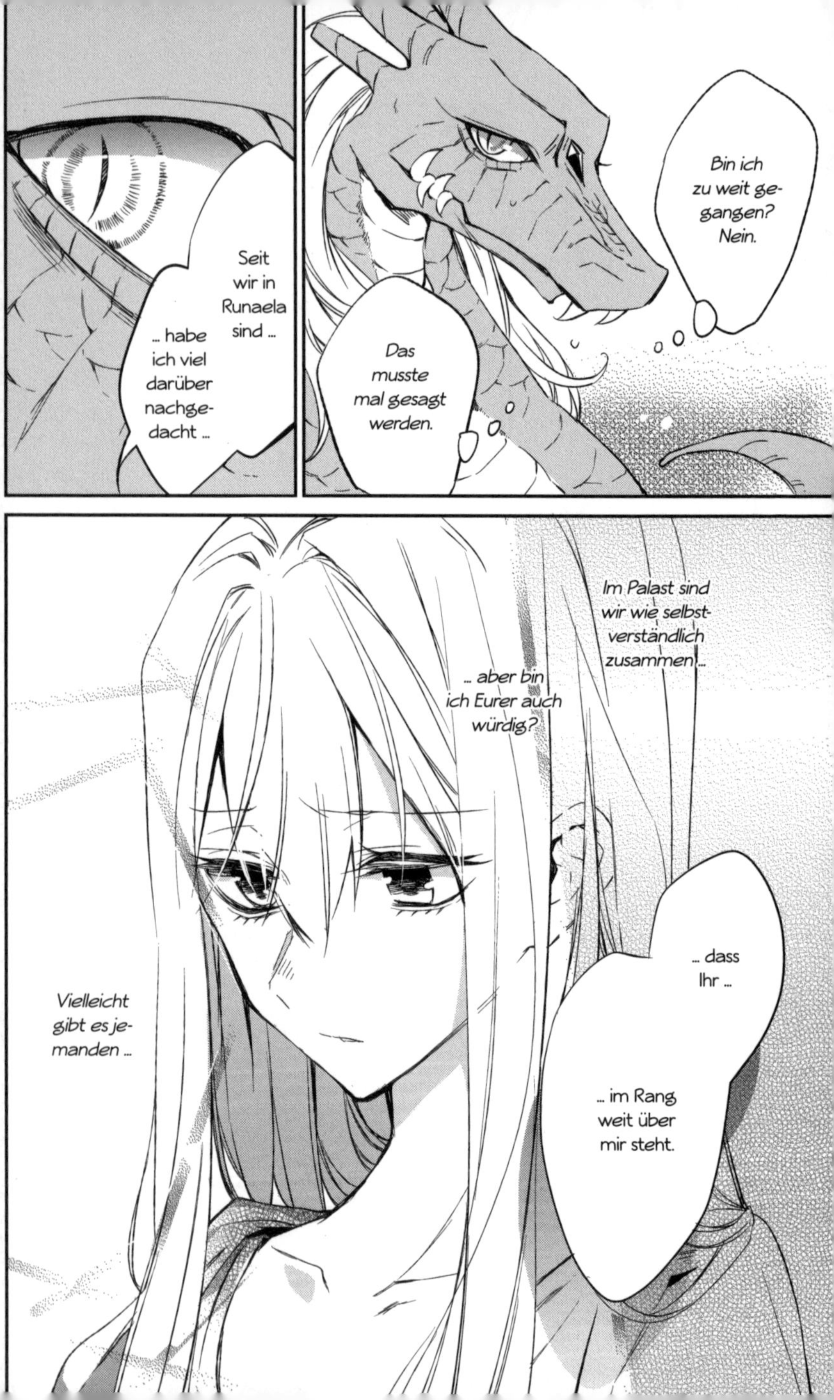

Bin ich zu weit ge-gangen? Nein.
Das musste mal gesagt werden.
Seit wir in Runaela sind ...
... habe ich viel darüber nachge-dacht ...
Im Palast sind wir wie selbst-verständlich zusammen ...
... aber bin ich Eurer auch würdig?
... dass Ihr ...
... im Rang weit über mir steht.
Vielleicht gibt es je-manden ...

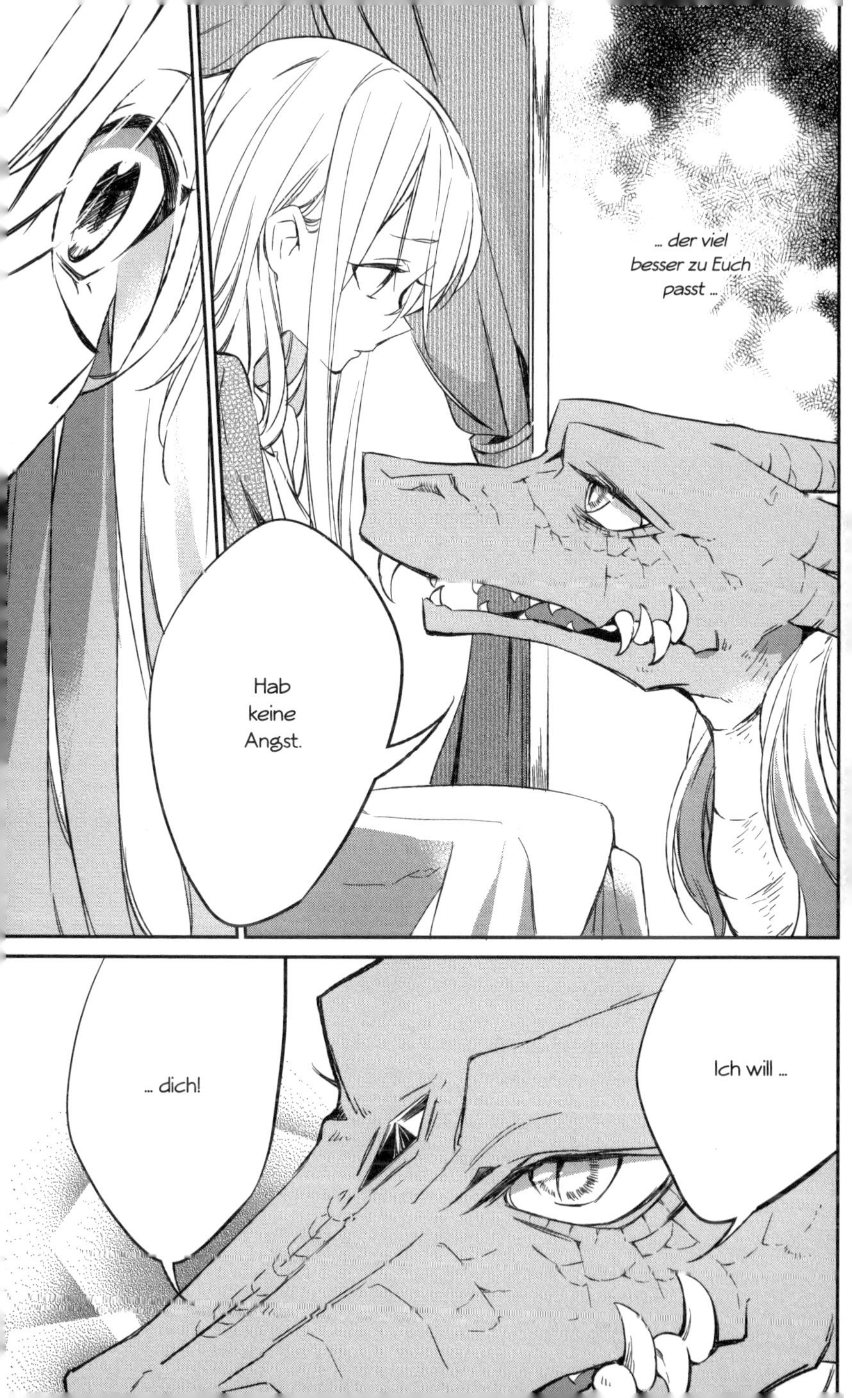
... der viel besser zu Euch passt ...
Hab keine Angst.
Ich will ...
... dich!

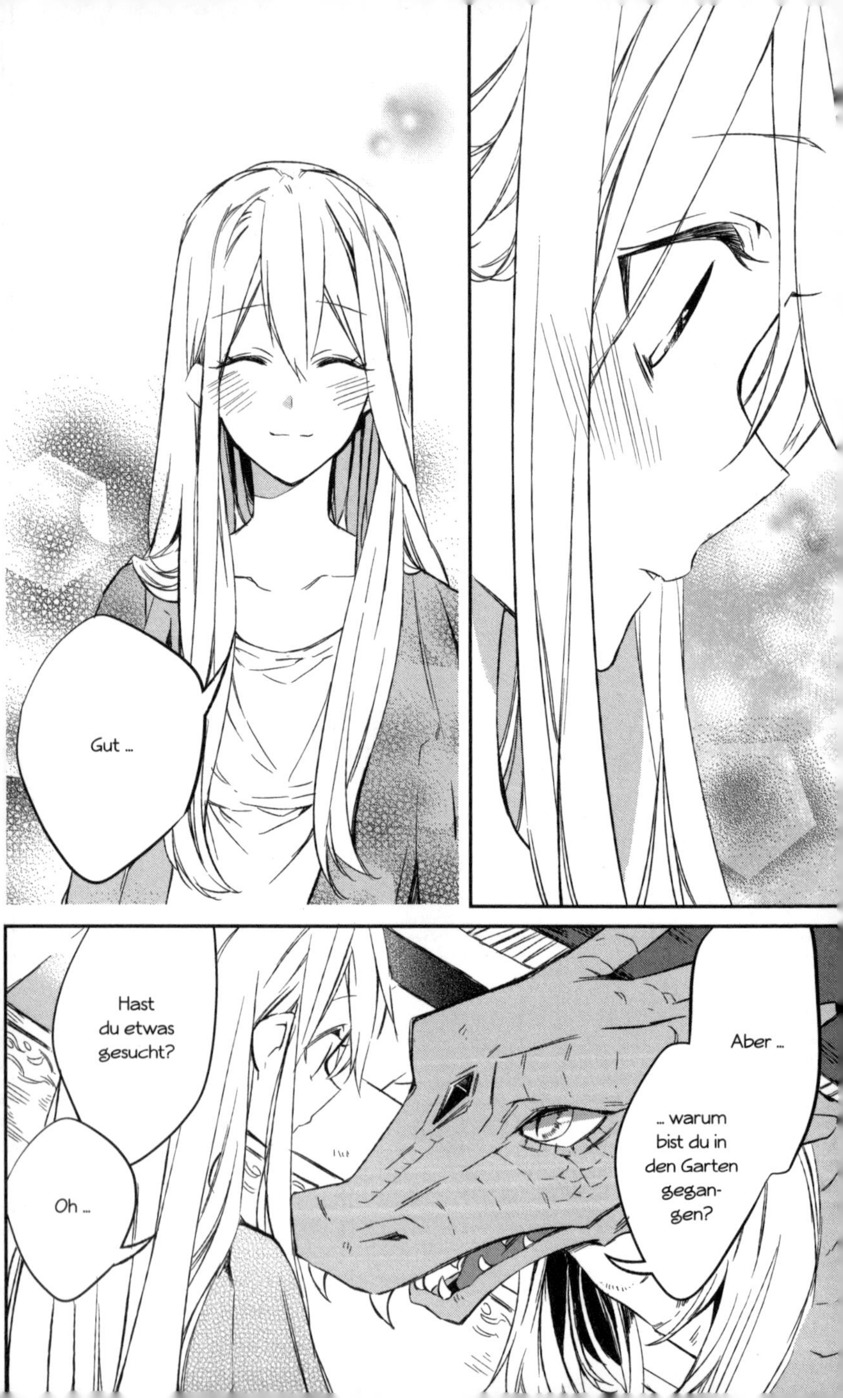
Gut ...
Aber ...
... warum bist du in den Garten gegan-gen?
Hast du etwas gesucht?
Oh ...

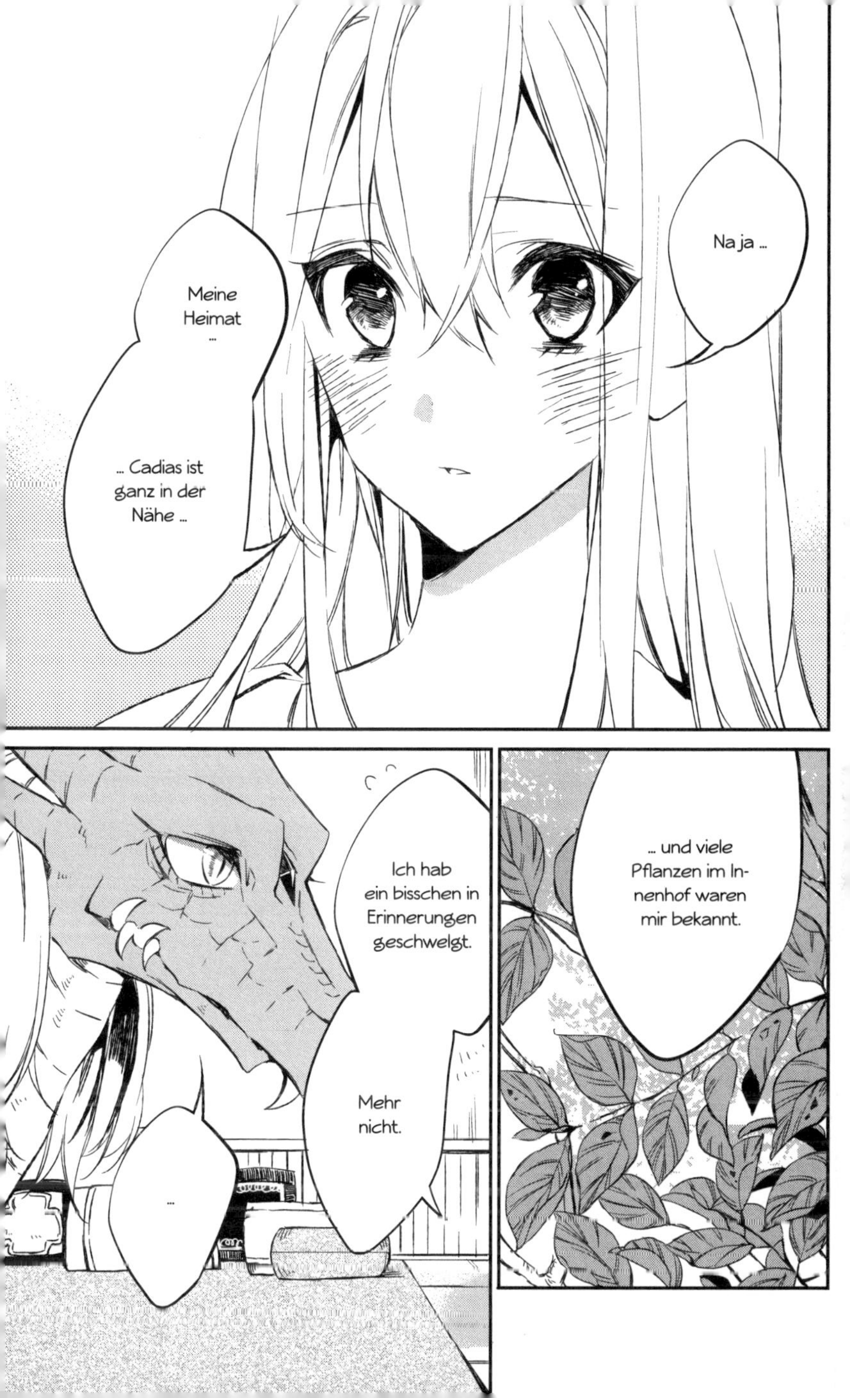
Na ja ...
Meine Heimat ...
... Cadias ist ganz in der Nähe ...
... und viele Pflanzen im Innenhof waren mir bekannt.
Ich hab ein bisschen in Erinnerungen geschwelgt.
Mehr nicht.
...

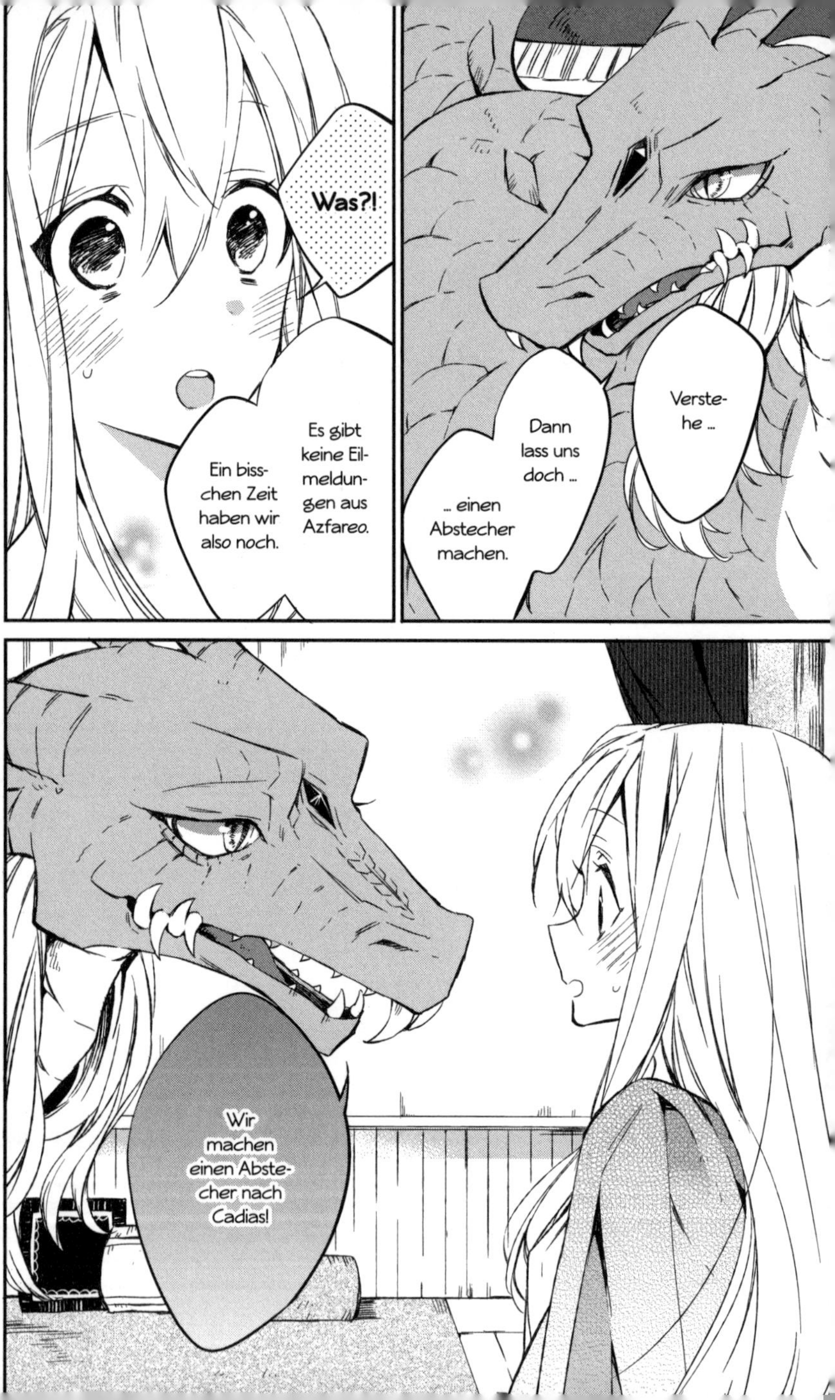

Verstehe ...
Dann lass uns doch ...
... einen Abstecher machen.
Was?!
Es gibt keine Eilmeldungen aus Azfareo.
Ein bisschen Zeit haben wir also noch.
Wir machen einen Abstecher nach Cadias!

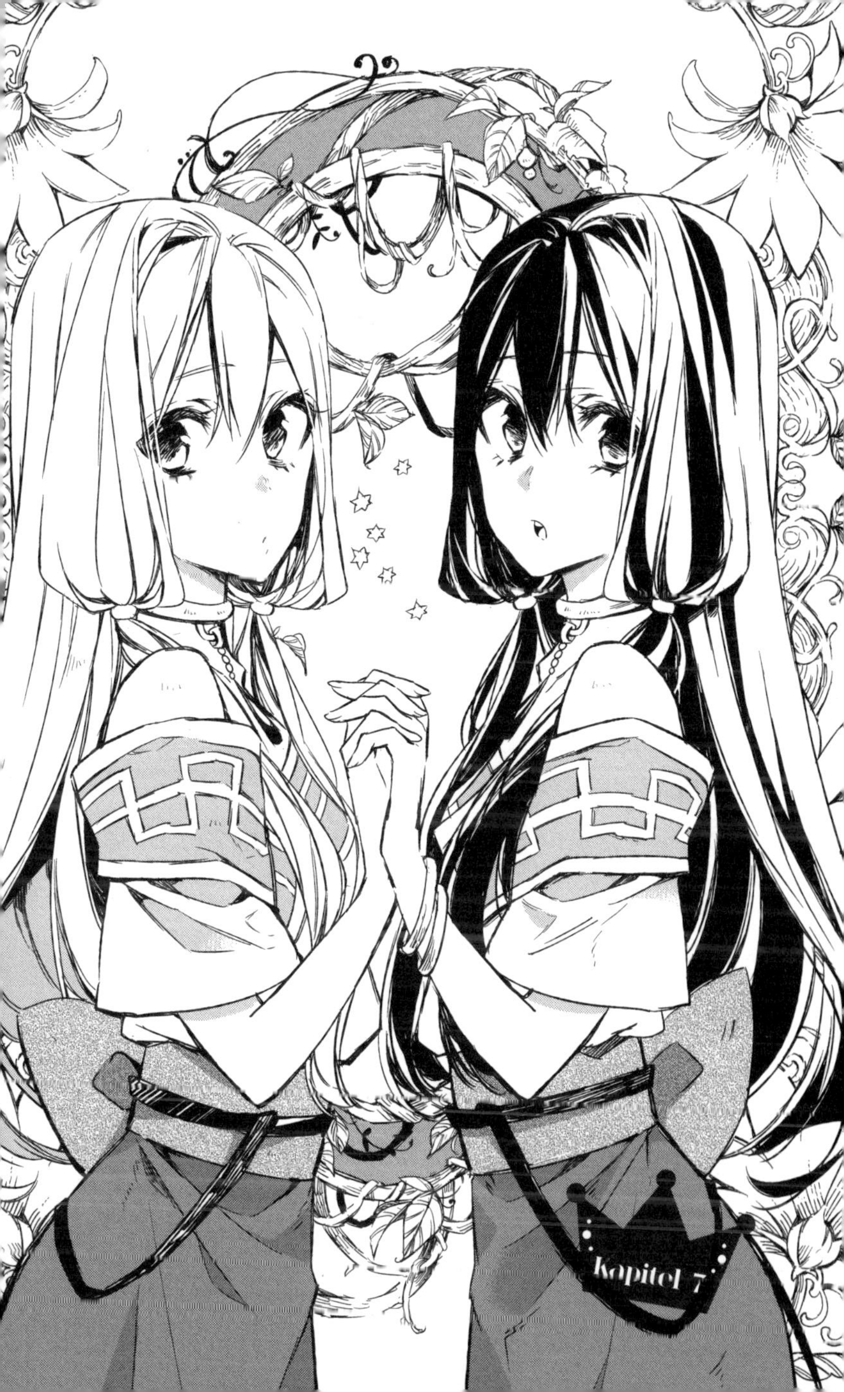
Kapitel 7

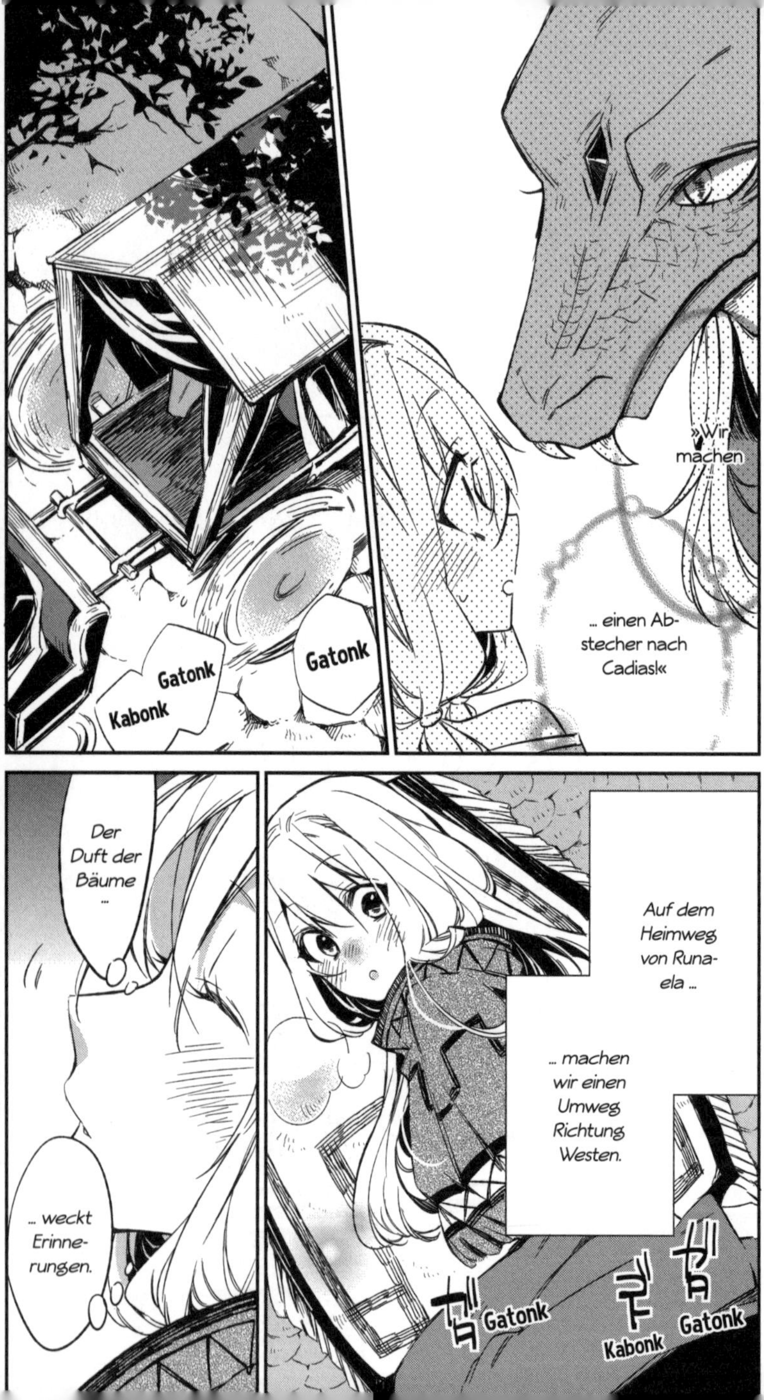
»Wir machen …
… einen Abstecher nach Cadias!«
Gatonk
Gatonk
Kabonk
Auf dem Heimweg von Runa-ela …
… machen wir einen Umweg Richtung Westen.
Gatonk
Kabonk
Gatonk
Der Duft der Bäume …
… weckt Erinne-rungen.

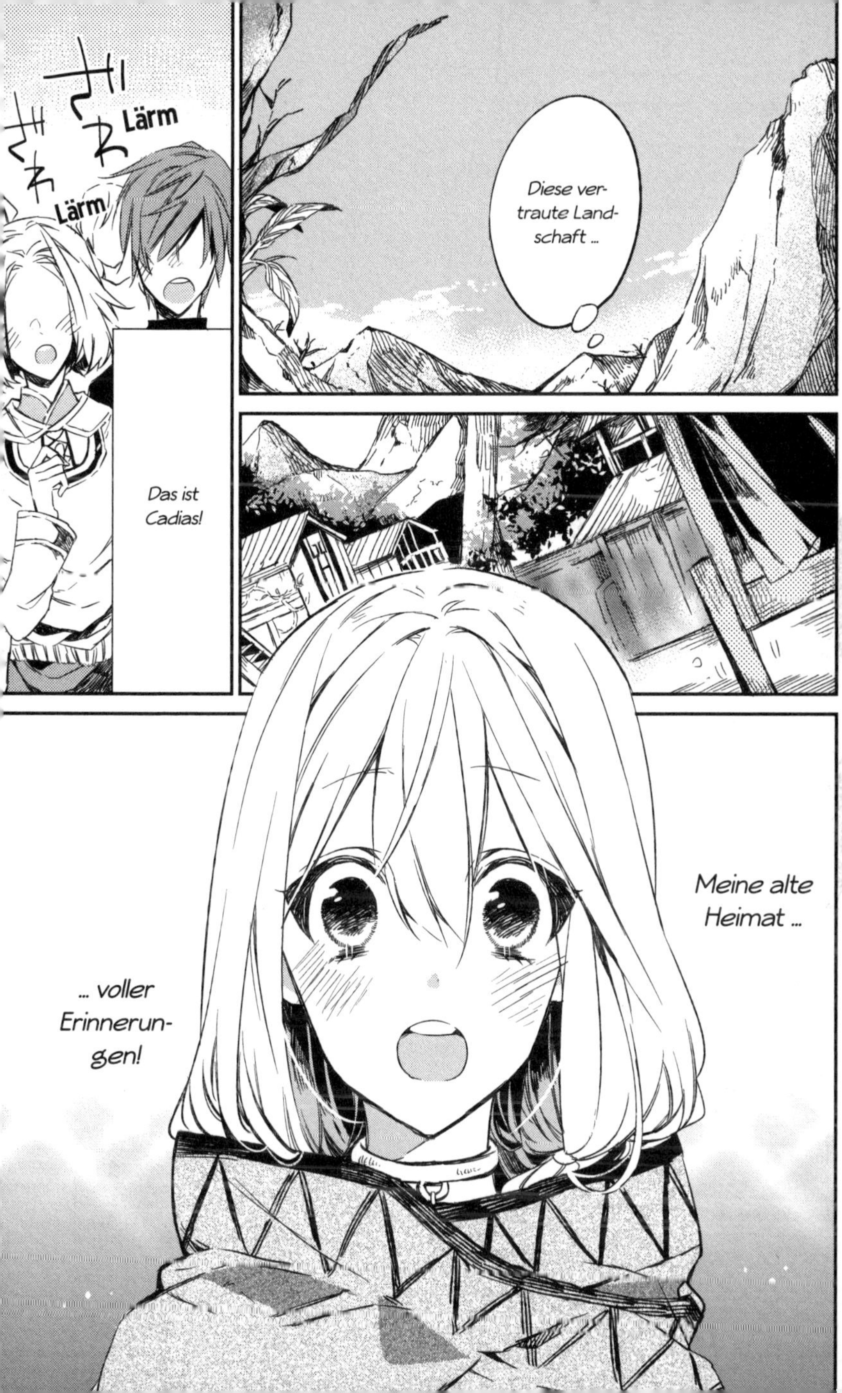
Diese vertraute Landschaft ...
ざわ Lärm
ざわ Lärm
Das ist Cadias!
Meine alte Heimat ...
... voller Erinnerungen!

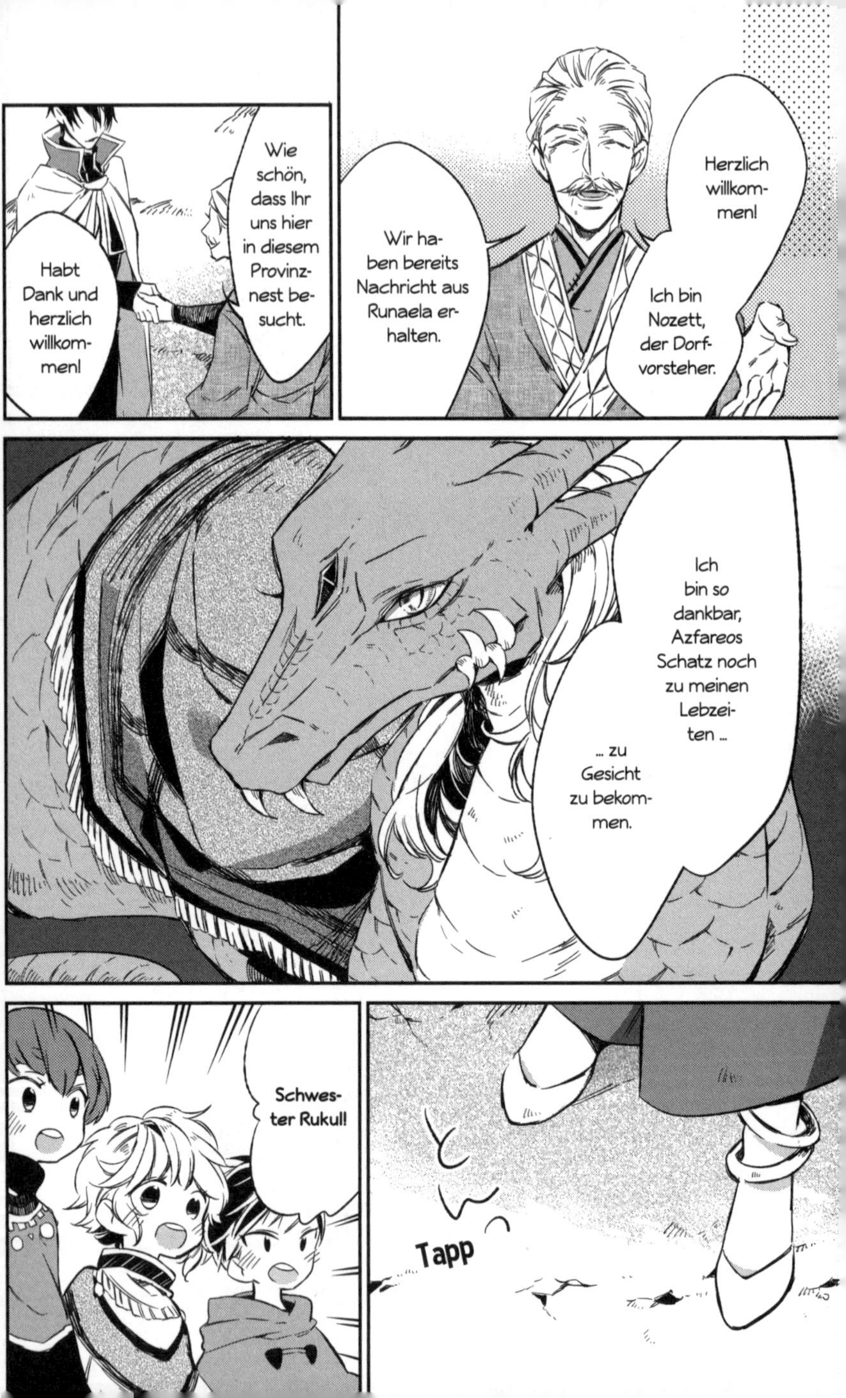
Herzlich willkommen!
Ich bin Nozett, der Dorfvorsteher.
Wir haben bereits Nachricht aus Runaela erhalten.
Wie schön, dass Ihr uns hier in diesem Provinznest besucht.
Habt Dank und herzlich willkommen!
Ich bin so dankbar, Azfareos Schatz noch zu meinen Lebzeiten ...
... zu Gesicht zu bekommen.
Tapp
Schwester Rukul!

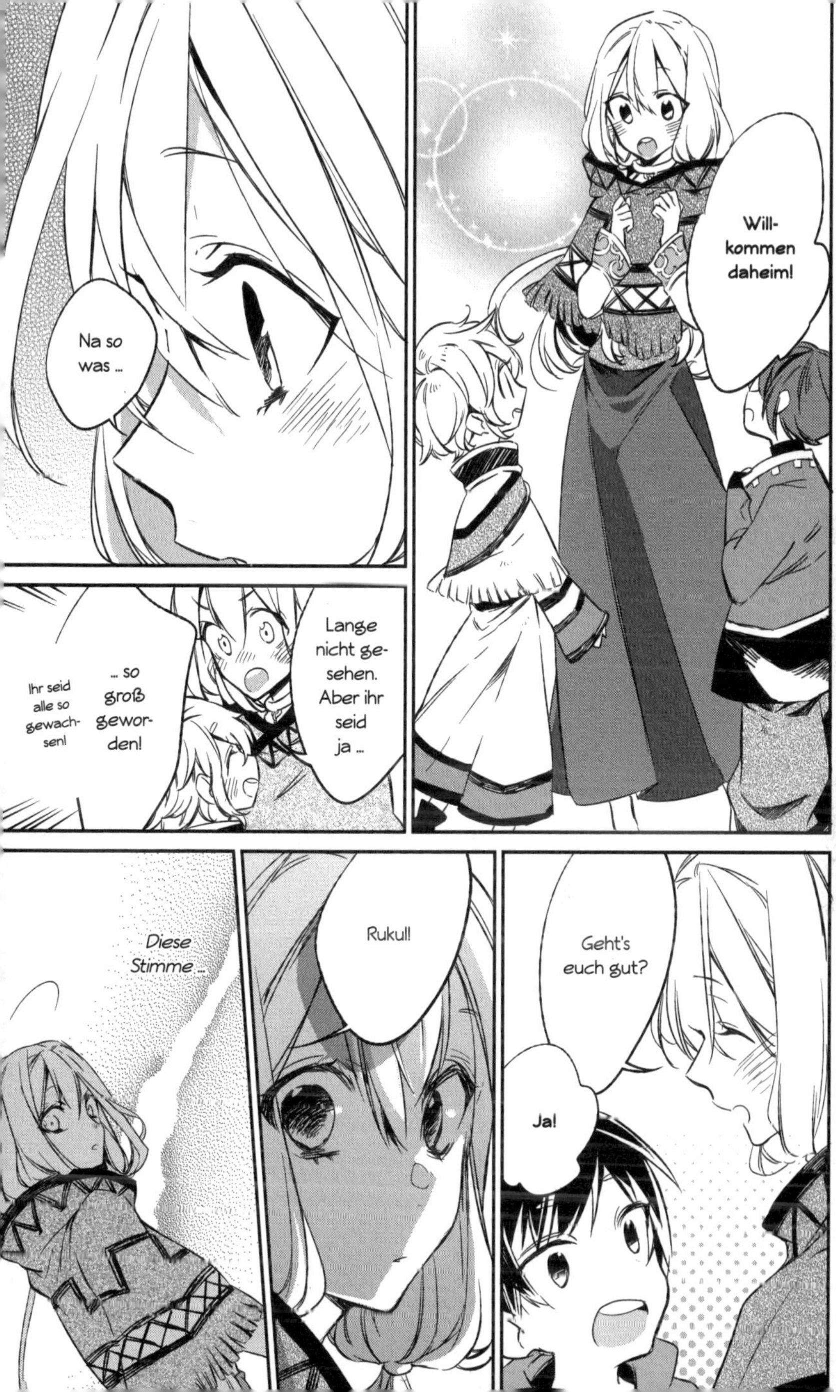
Willkommen daheim!
Na so was ...
Lange nicht gesehen. Aber ihr seid ja ...
... so groß geworden!
Ihr seid alle so gewachsen!
Geht's euch gut?
Ja!
Rukul!
Diese Stimme ...

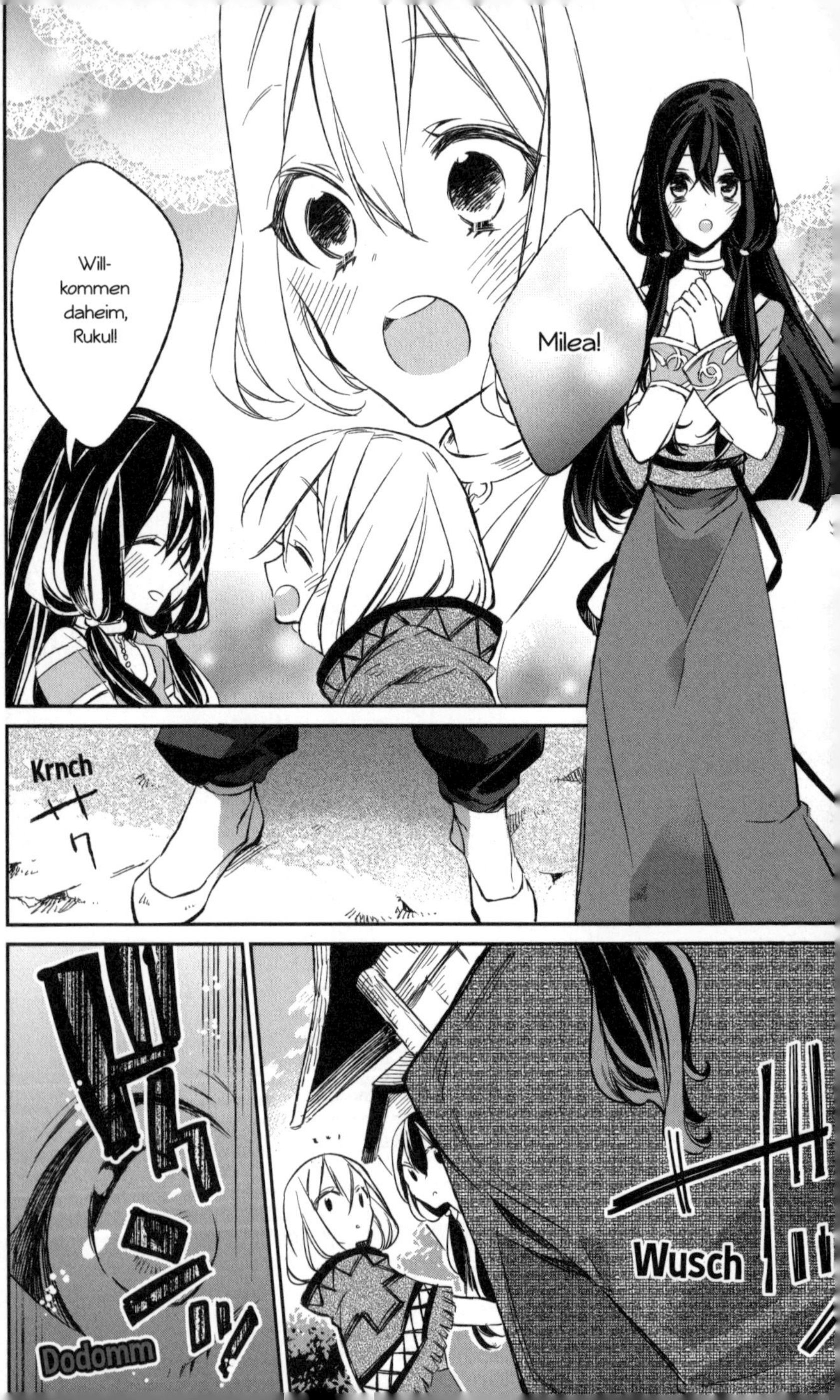
Milea!
Will-
kommen
daheim,
Rukul!
Krnch
Wusch
Dodomm

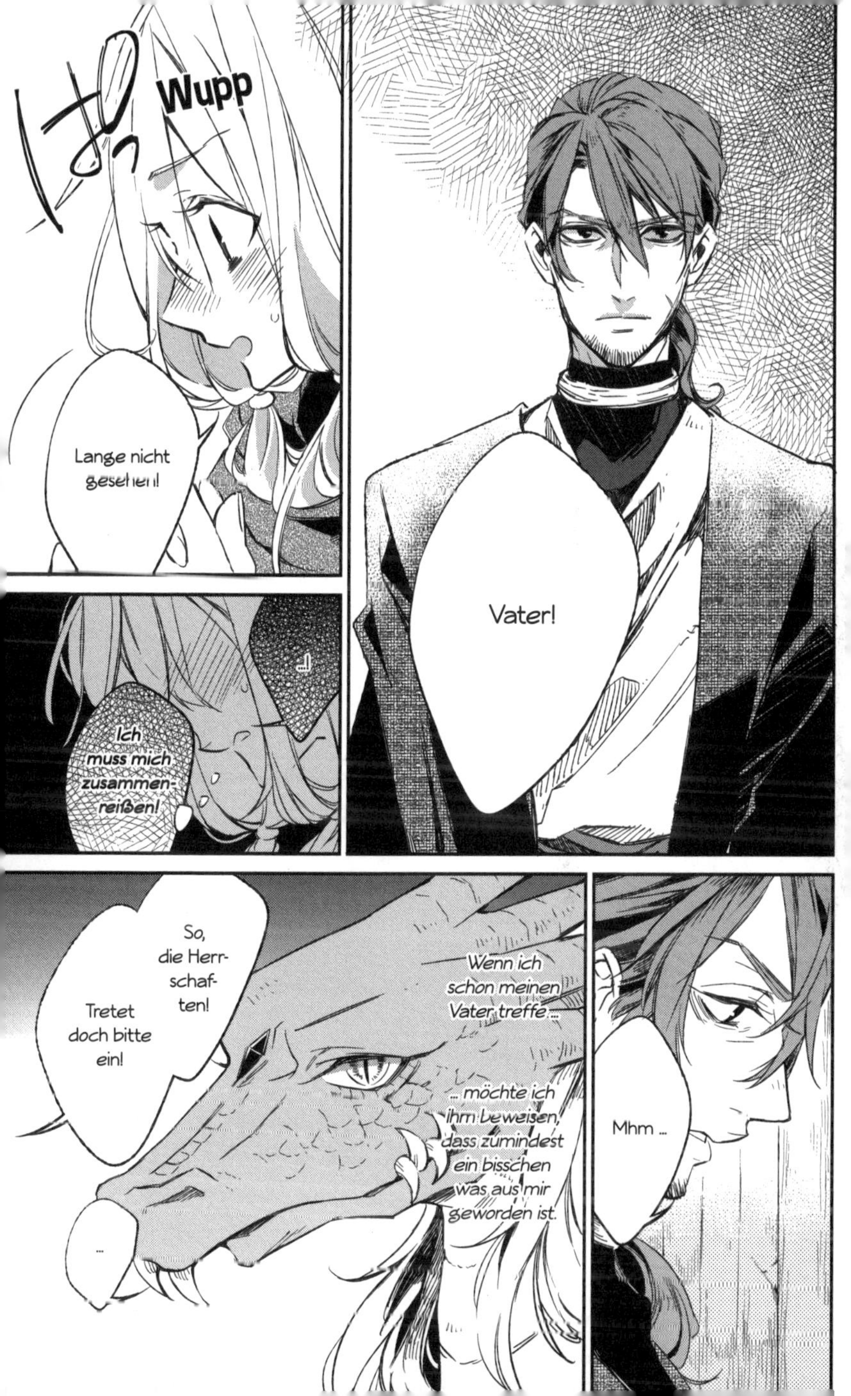
Vater!
Wupp
Lange nicht gesehen!
Ich muss mich zusammenreißen!
Mhm ...
So, die Herrschaften!
Tretet doch bitte ein!
Wenn ich schon meinen Vater treffe ...
... möchte ich ihm beweisen, dass zumindest ein bisschen was aus mir geworden ist.
...

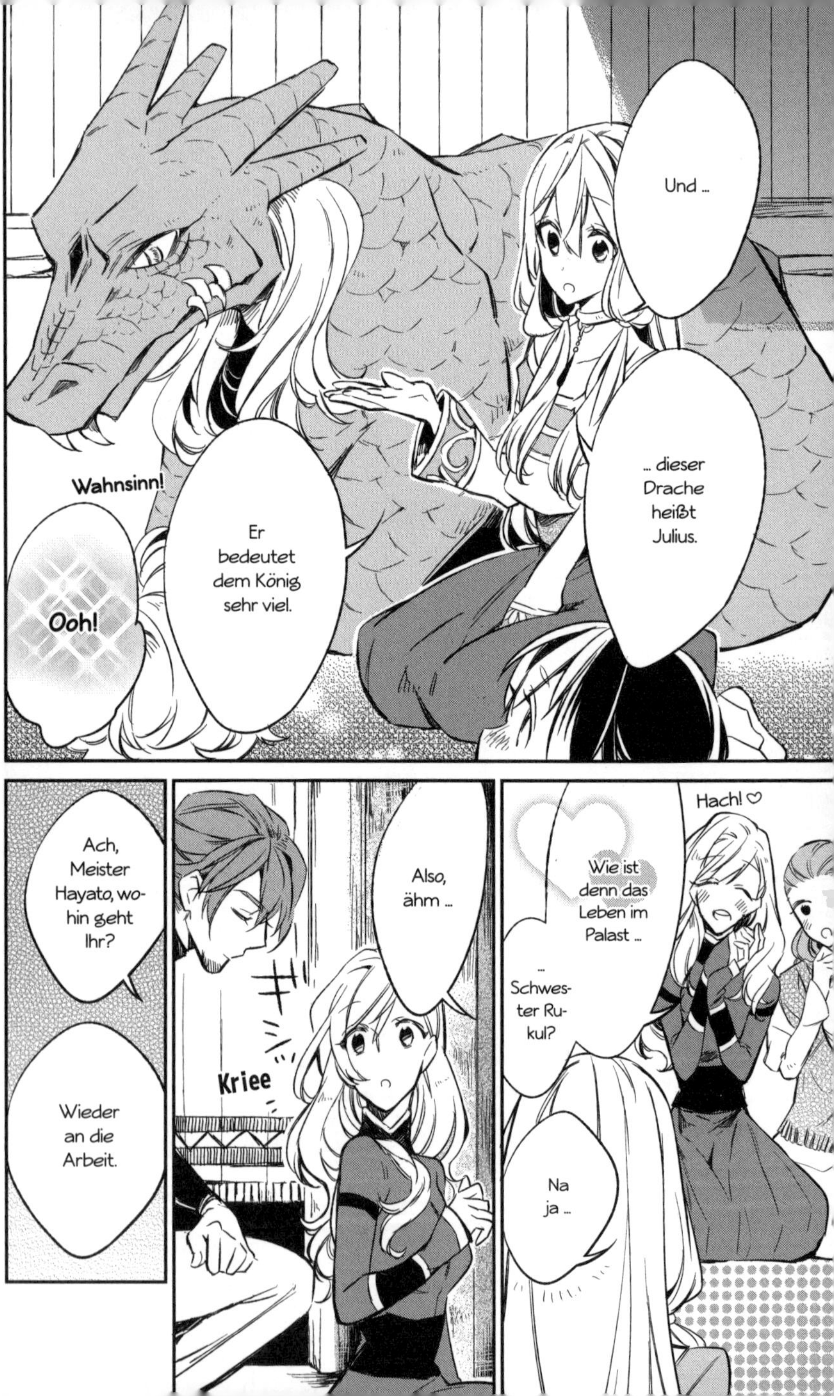
Und ...
... dieser Drache heißt Julius.
Er bedeutet dem König sehr viel.
Wahnsinn!
Ooh!
Hach! ♡
Wie ist denn das Leben im Palast ...
... Schwes-ter Ru-kul?
Na ja ...
Also, ähm ...
Kriee
Ach, Meister Hayato, wo-hin geht Ihr?
Wieder an die Arbeit.

4.

In letzter Zeit sehe ich zum Beispiel auf Twitter immer wieder Aufrufe, Werke zu unterstützen, die man mag. Und tatsächlich konnte *Die Legende von Azfareo* auf diese Weise fortgesetzt werden. Deshalb möchte auch ich mit einem Gefühl der Dankbarkeit im Herzen Werke unterstützen, die mir gefallen! Ich wünsche mir, dass auch ihr, wenn euch ein Werk gefällt, dem Schöpfer eure Meinung zukommen lasst.

Happiness!

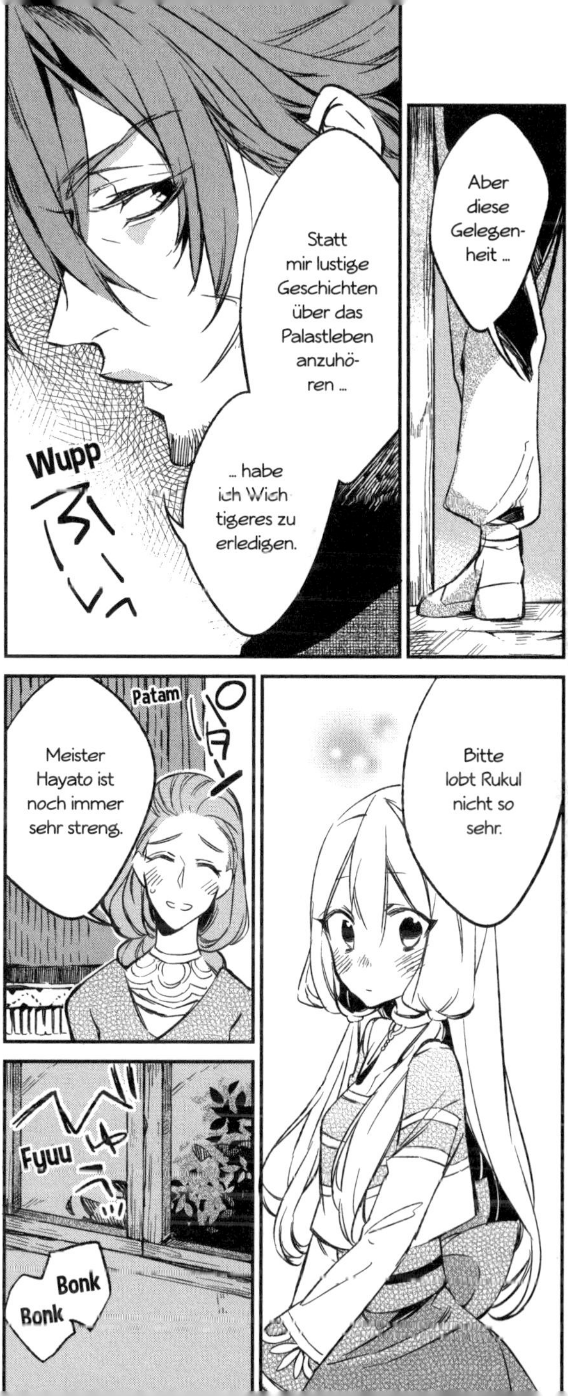

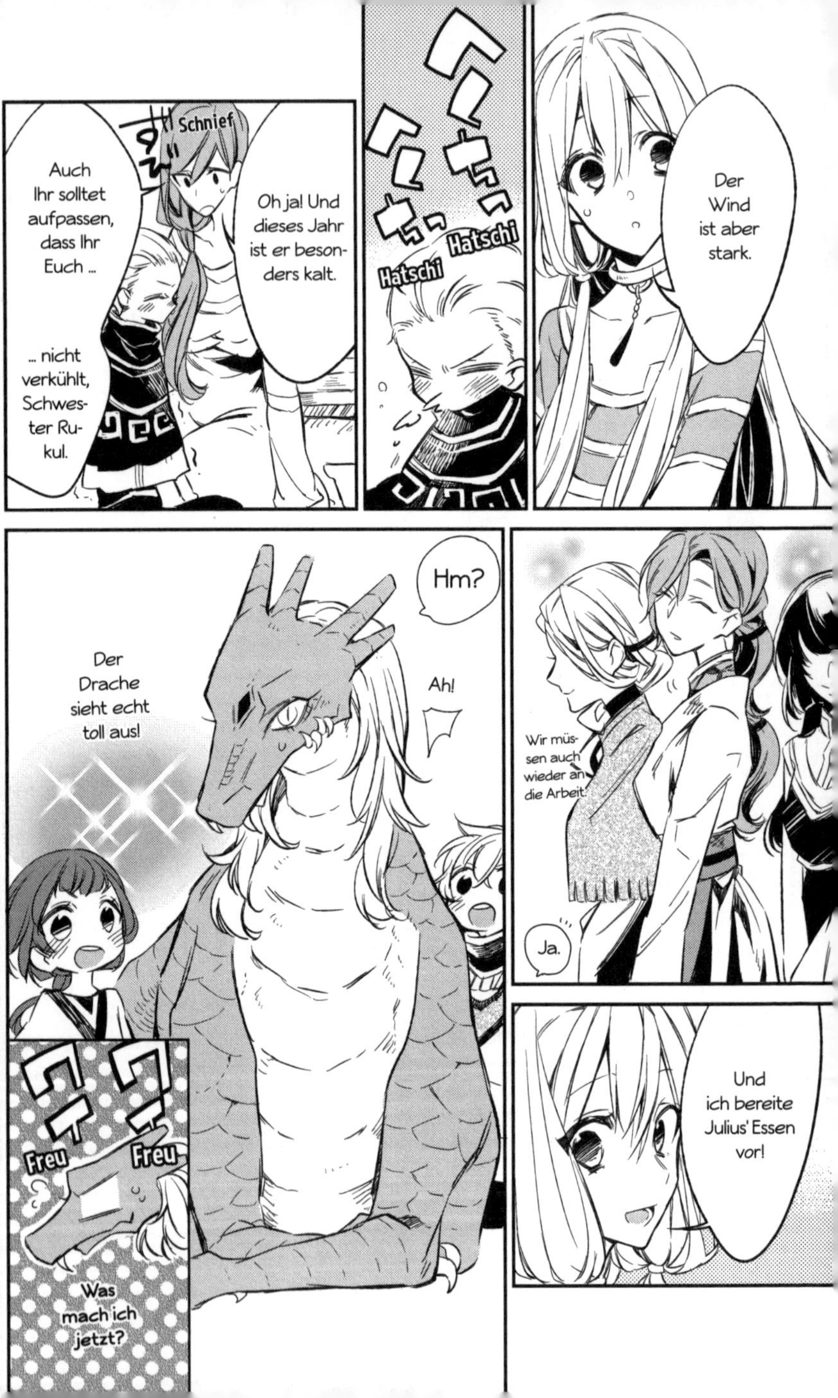
Der Wind ist aber stark.
Hatschi
Hatschi
Schnief
Oh ja! Und dieses Jahr ist er besonders kalt.
Auch Ihr solltet aufpassen, dass Ihr Euch ...
... nicht verkühlt, Schwester Rukul.
Wir müssen auch wieder an die Arbeit.
Ja.
Und ich bereite Julius' Essen vor!
Hm?
Ah!
Der Drache sieht echt toll aus!
Freu
Freu
Was mach ich jetzt?

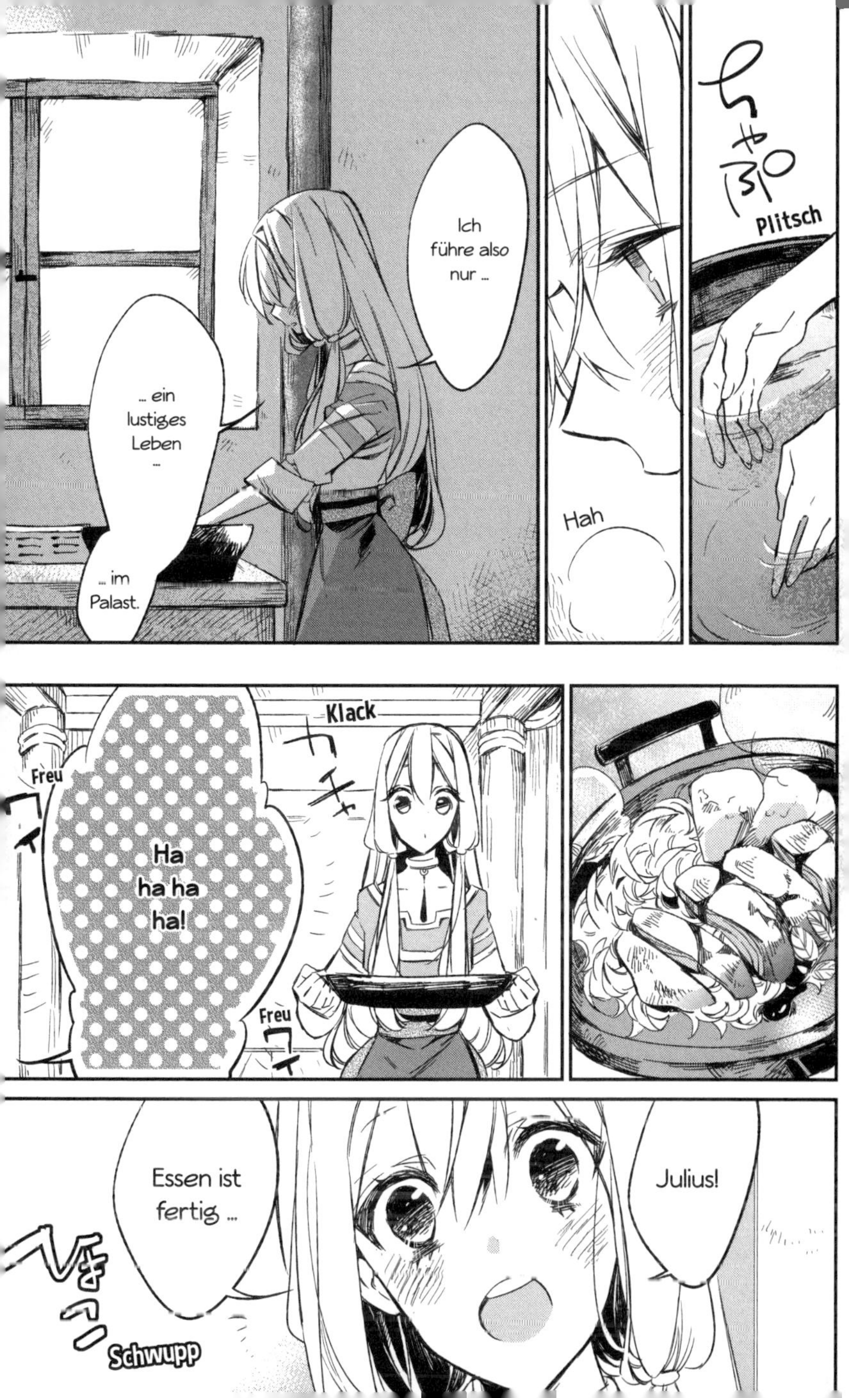
Plitsch
Hah
Ich führe also nur ...
... ein lustiges Leben ...
... im Palast.
Klack
Freu
Freu
Ha ha ha ha!
Julius!
Essen ist fertig ...
Schwupp

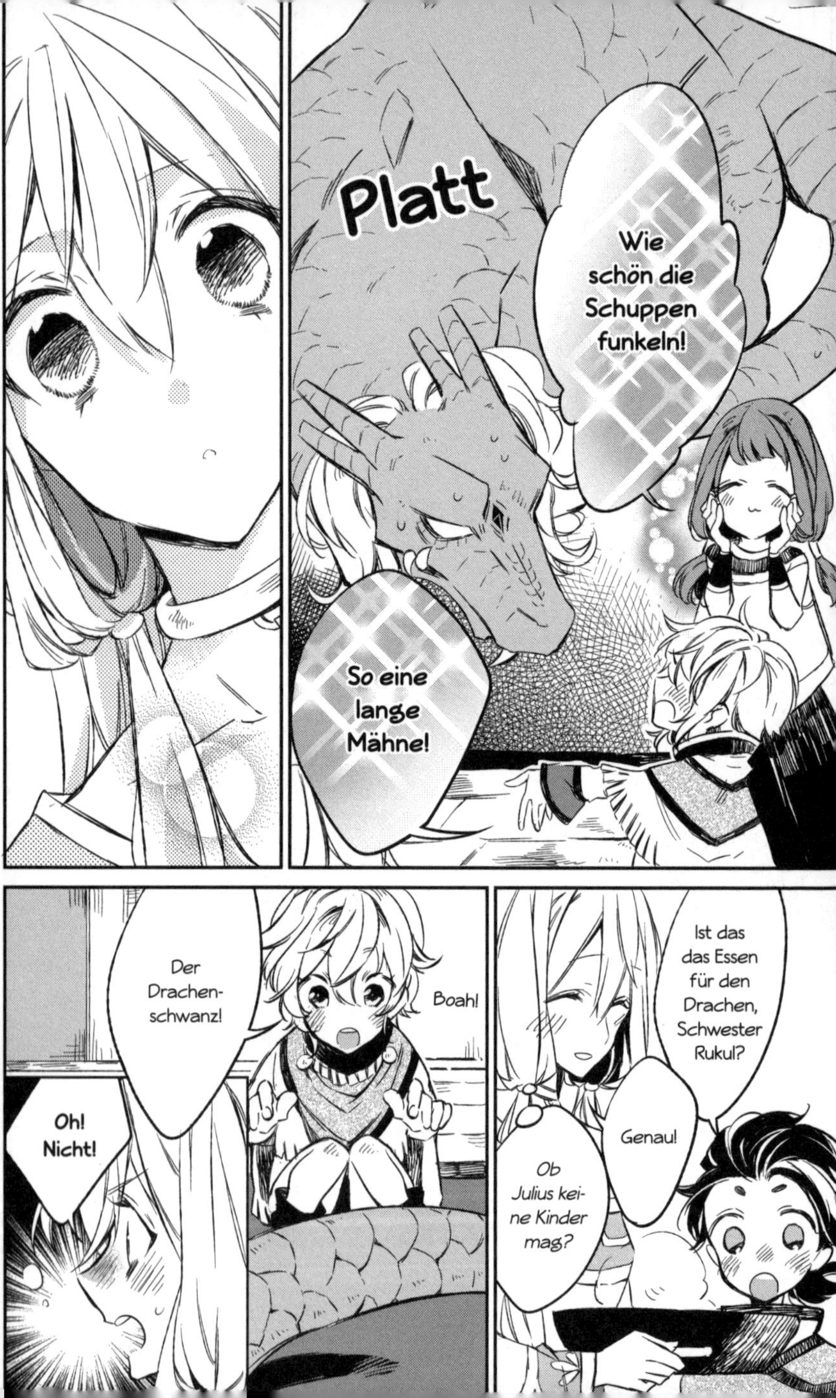
Platt
Wie schön die Schuppen funkeln!
So eine lange Mähne!
Ist das das Essen für den Drachen, Schwester Rukul?
Genau!
Ob Julius keine Kinder mag?
Boah!
Der Drachenschwanz!
Oh! Nicht!

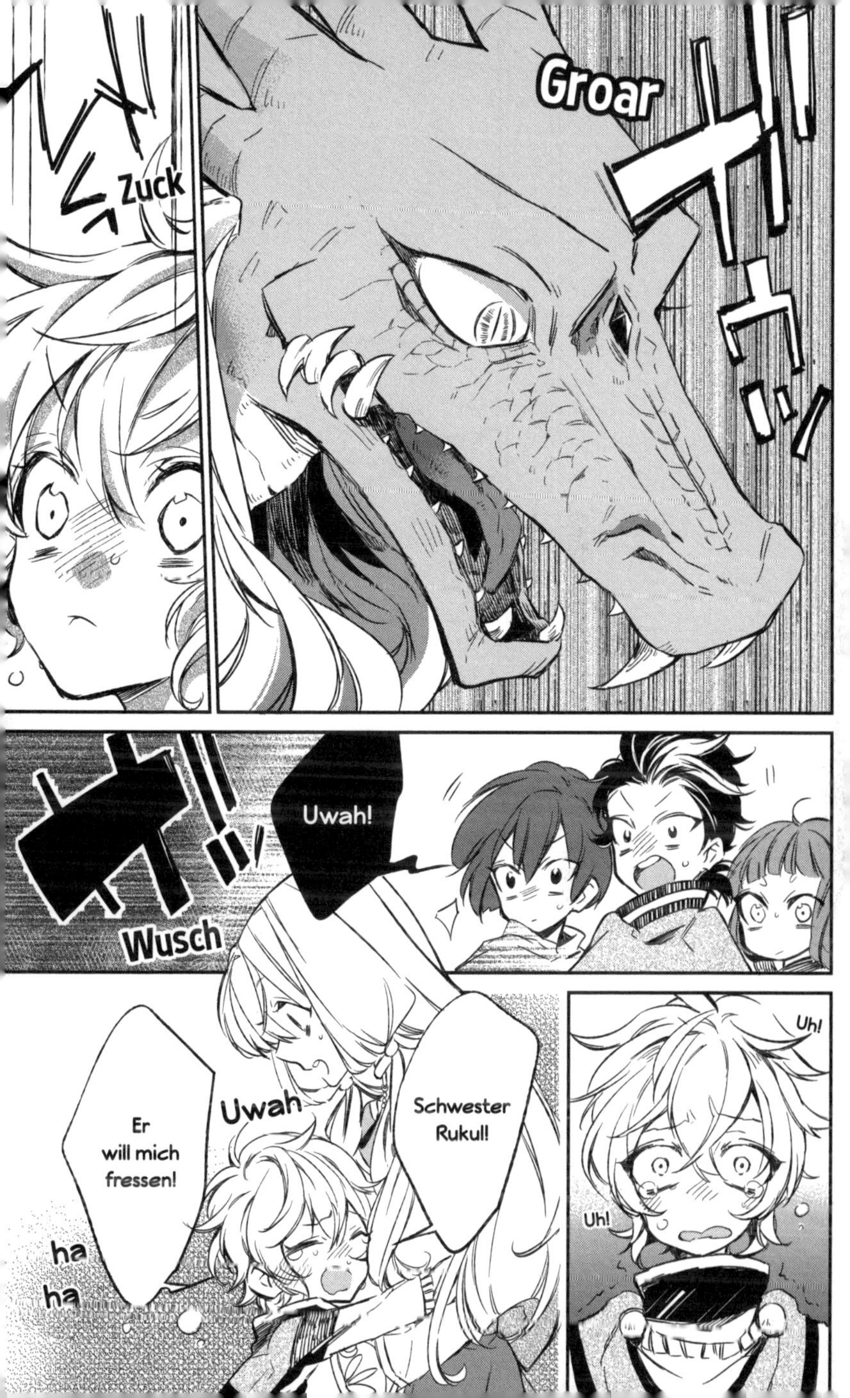
Groar
Zuck
Uwah!
Wusch
Uh!
Uh!
Schwester Rukul!
Uwah
Er will mich fressen!
ha
ha

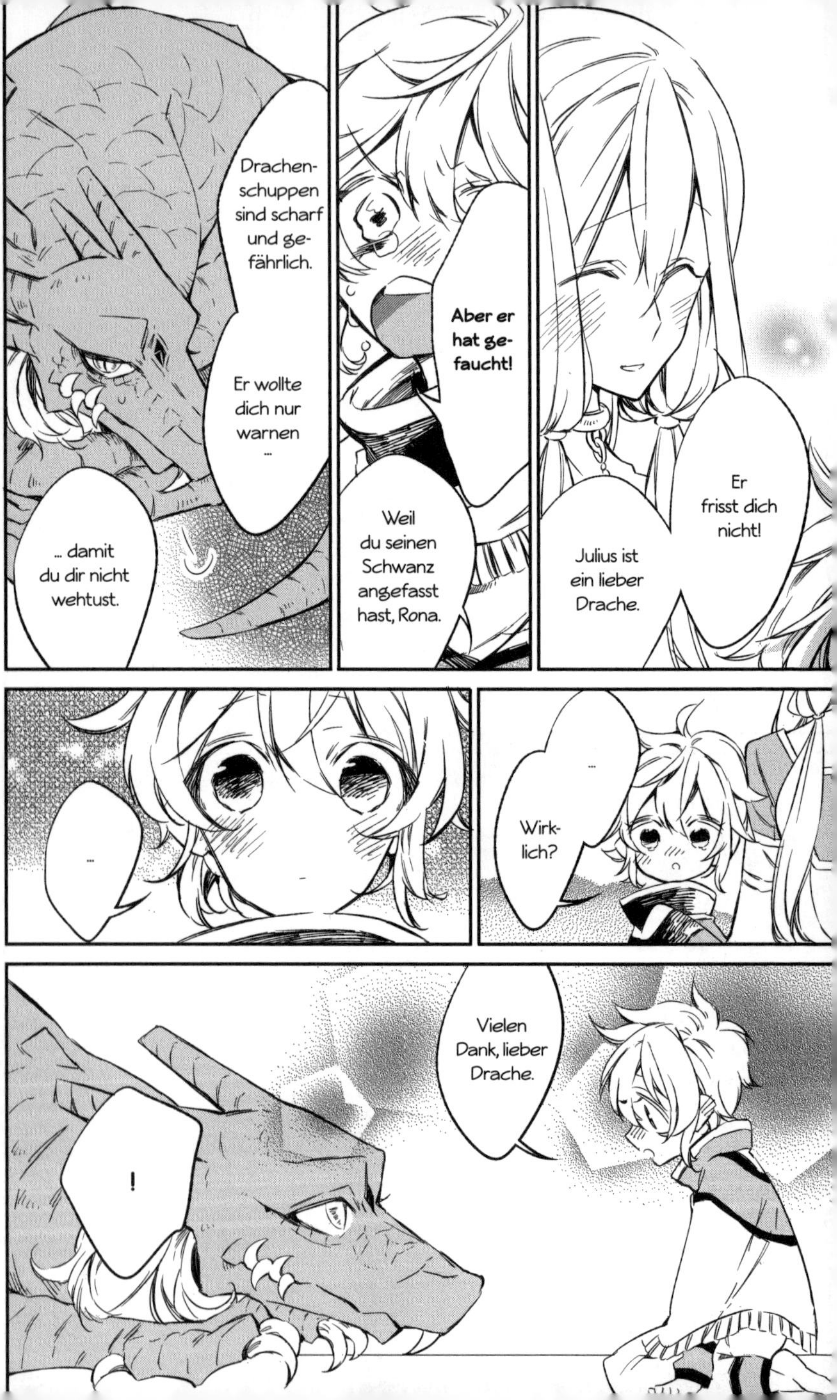
Er frisst dich nicht!
Julius ist ein lieber Drache.
Aber er hat gefaucht!
Weil du seinen Schwanz angefasst hast, Rona.
Drachenschuppen sind scharf und gefährlich.
Er wollte dich nur warnen ...
... damit du dir nicht wehtust.
...
Wirklich?
...
Vielen Dank, lieber Drache.
!

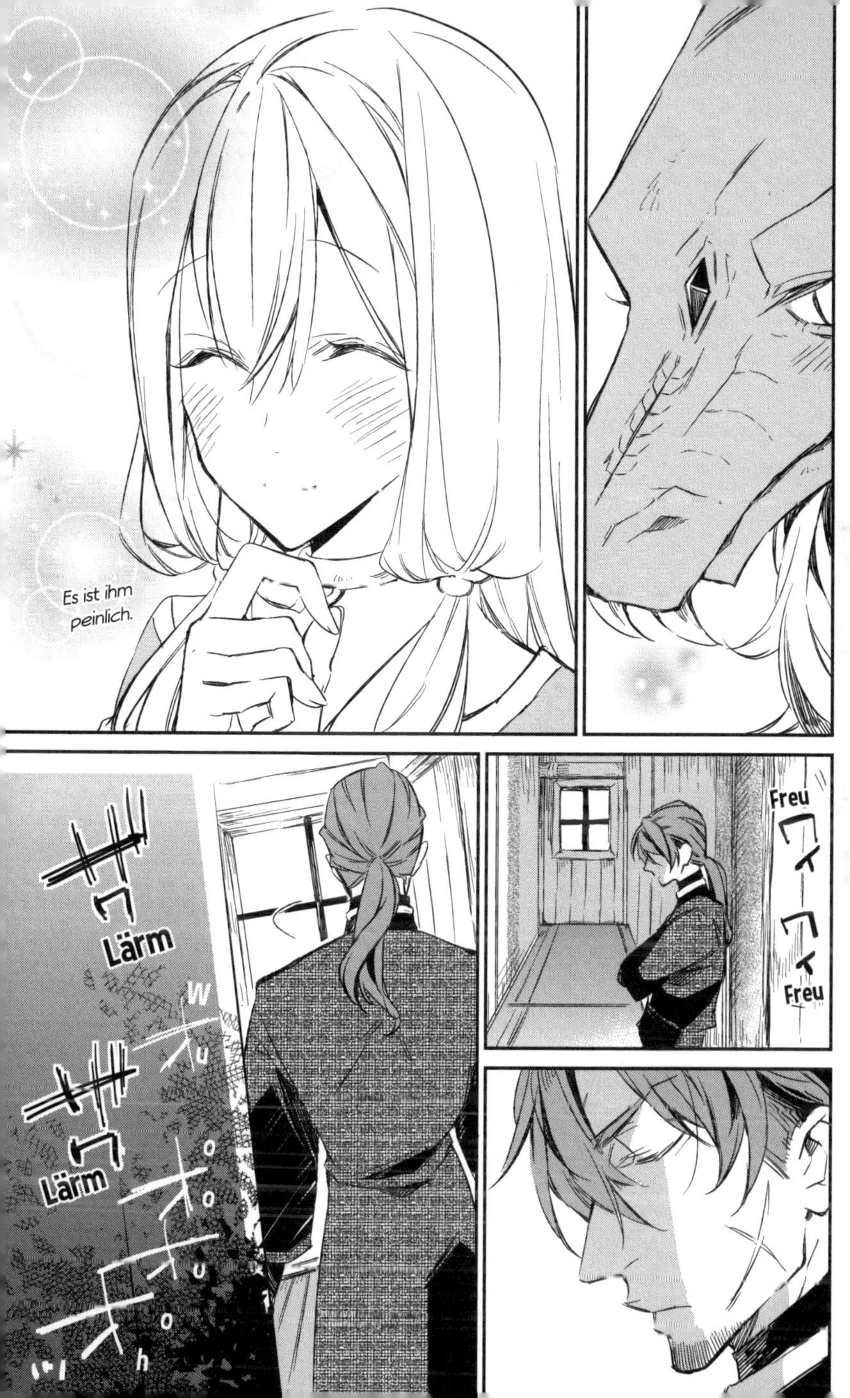
Es ist ihm peinlich.
Freu
Freu
Lärm
Lärm
W u o o u o h

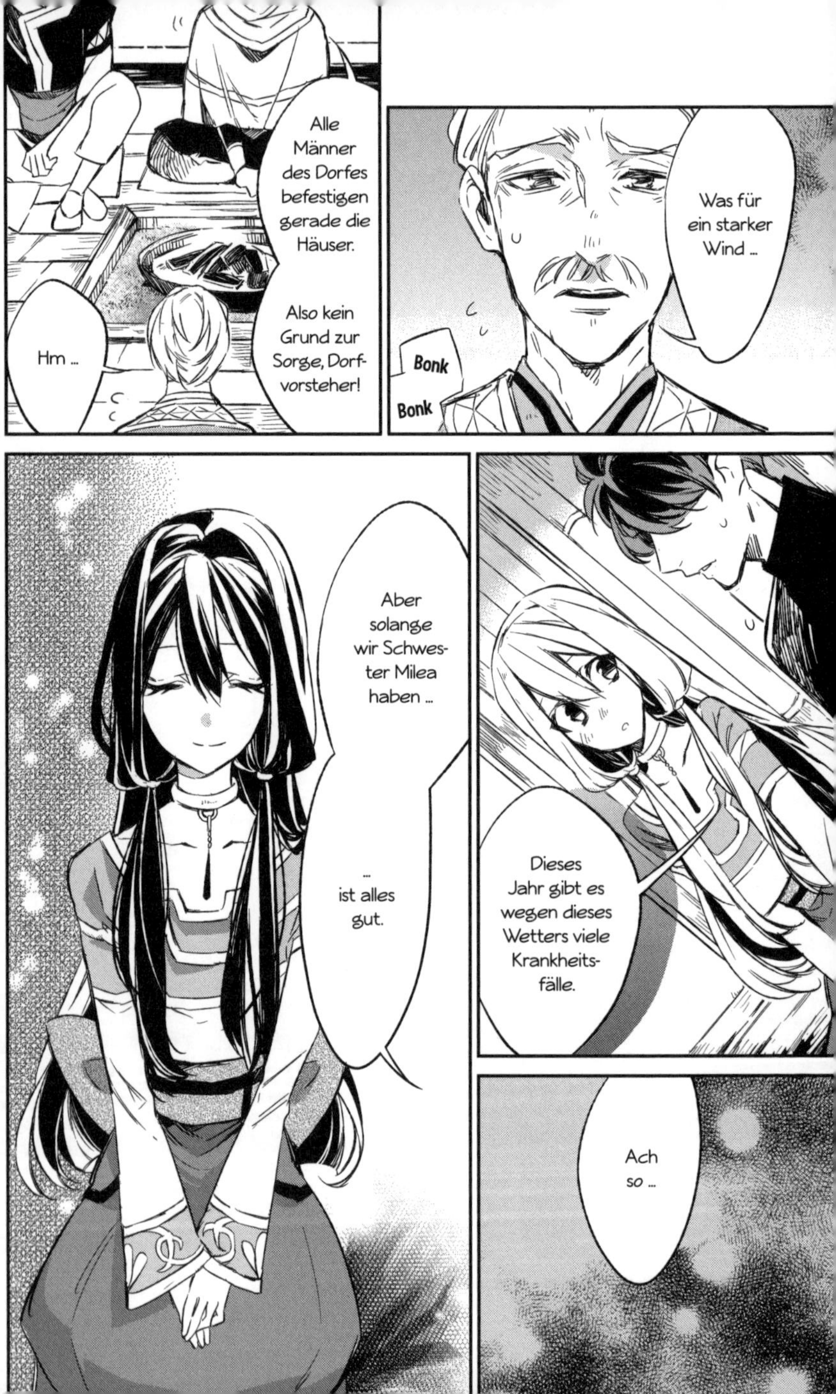
Was für ein starker Wind ...
Bonk
Bonk
Alle Männer des Dorfes befestigen gerade die Häuser.
Also kein Grund zur Sorge, Dorfvorsteher!
Hm ...
Dieses Jahr gibt es wegen dieses Wetters viele Krankheitsfälle.
Ach so ...
Aber solange wir Schwester Milea haben ...
... ist alles gut.

5.

Meine Kommentare sind ziemlich lang geworden!

Das waren in etwa die Einzelheiten, wie *Die Legende von Azfareo* fortgesetzt werden konnte.

Ein paar kurze Gedanken zu den einzelnen Kapiteln:

Zu Kapitel 5

Zum ersten Mal habe ich im Magazin Farbseiten bekommen!* Ich hab mich so gefreut! In diesem Kapitel konnte ich Rukul mit einer anderen Frisur zeichnen, was viel Spaß gemacht hat.

Ich mag die Panels, in denen Gilda Reyns' Gespräche verfolgt und genauso wie er reagiert.

* Wie auch die Bücher sind die Magazine, in denen die Serien ursprünglich erscheinen, in Schwarz-Weiß und nur die ersten Seiten sind in Farbe.

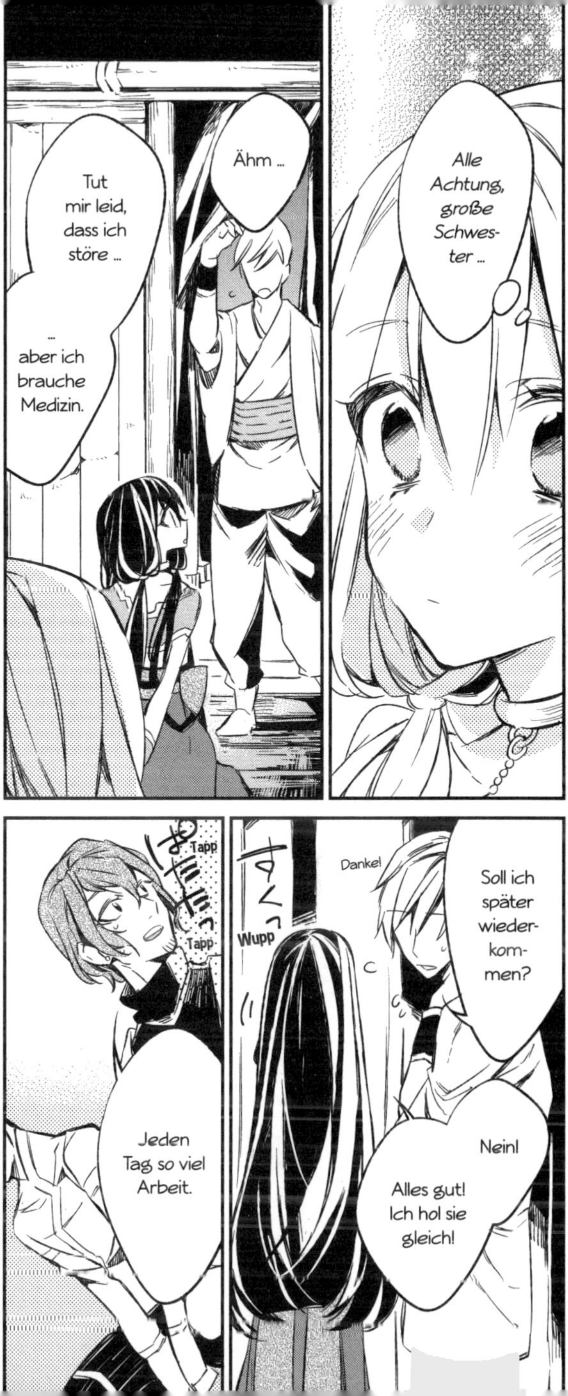

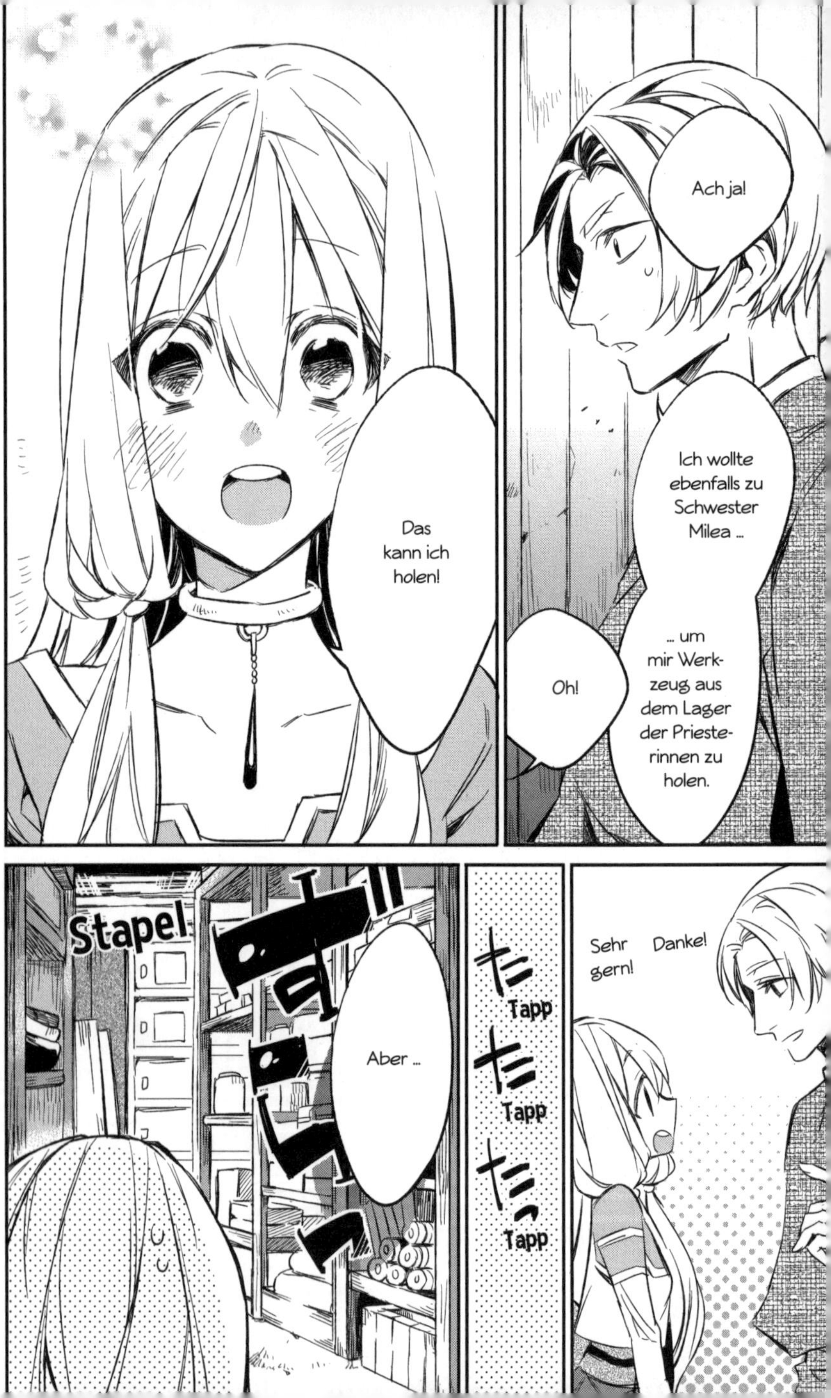
Ach ja!
Ich wollte ebenfalls zu Schwester Milea ...
... um mir Werkzeug aus dem Lager der Priesterinnen zu holen.
Oh!
Das kann ich holen!
Danke!
Sehr gern!
Tapp
Tapp
Tapp
Aber ...
Stapel

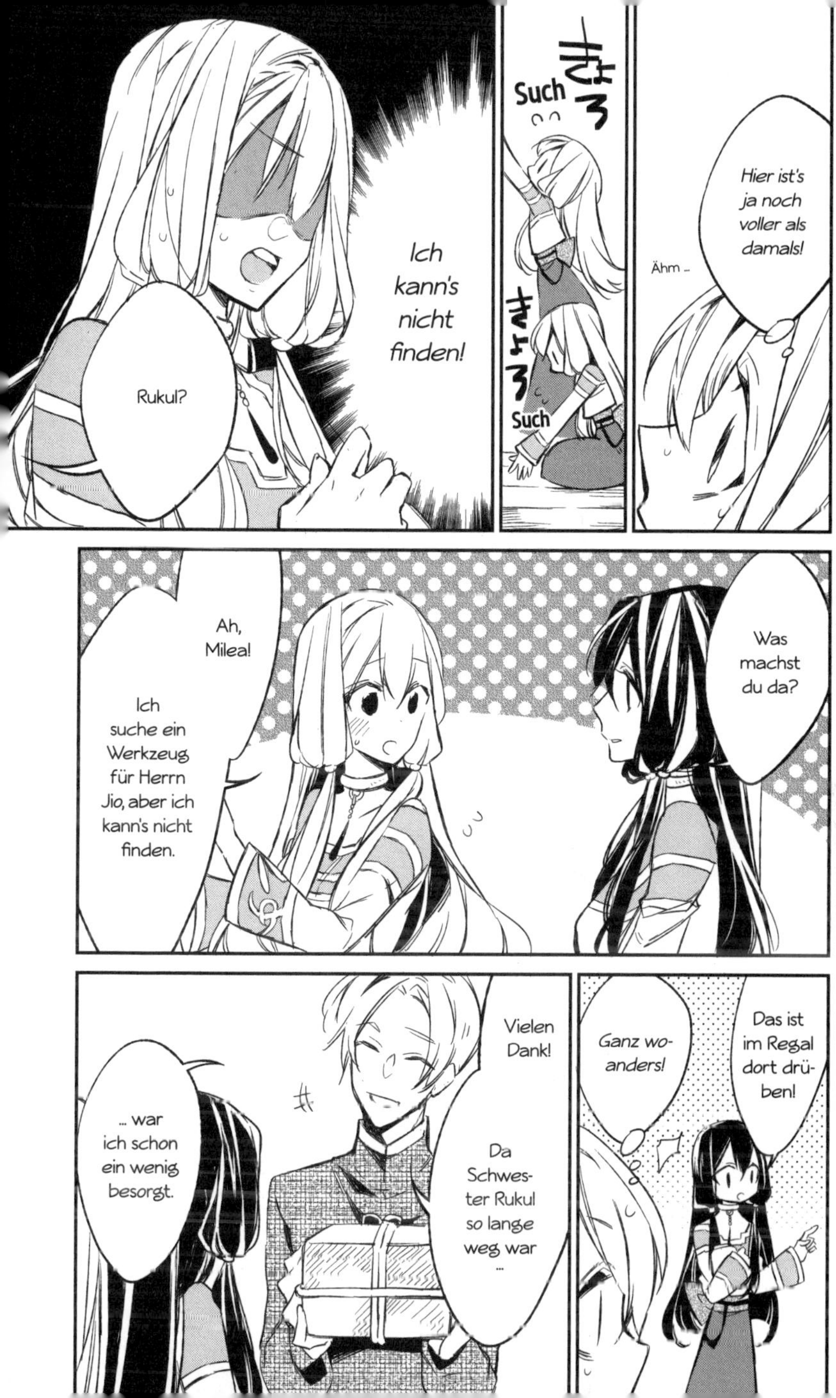
Hier ist's ja noch voller als damals!
Ähm ...
きょろ
Such
きょろ
Such
Ich kann's nicht finden!
Rukul?
Was machst du da?
Ah, Milea!
Ich suche ein Werkzeug für Herrn Jio, aber ich kann's nicht finden.
Das ist im Regal dort drü-ben!
Ganz wo-anders!
Vielen Dank!
Da Schwes-ter Rukul so lange weg war ...
... war ich schon ein wenig besorgt.

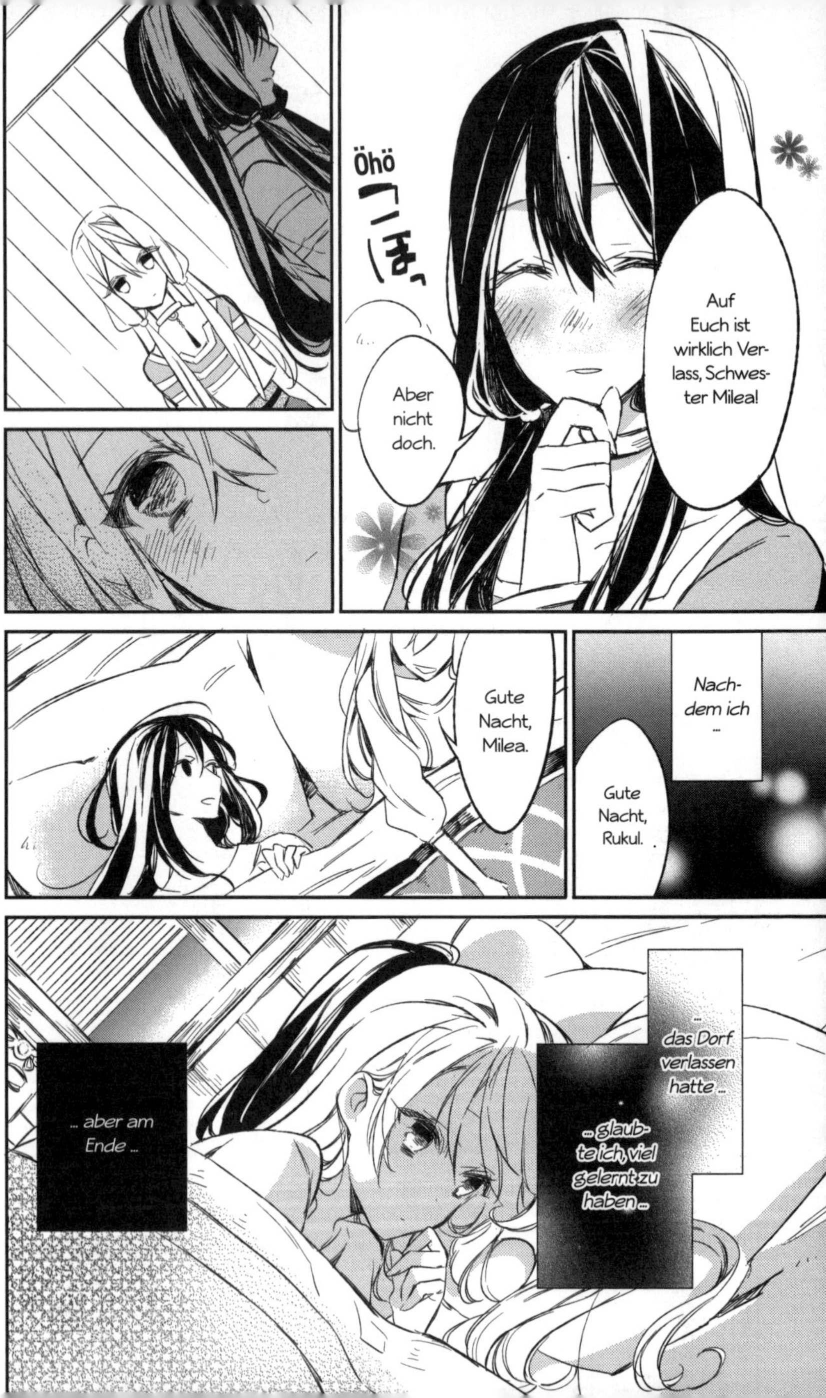
Auf Euch ist wirklich Verlass, Schwester Milea!
Öhö
Aber nicht doch.
Nachdem ich ...
Gute Nacht, Milea.
Gute Nacht, Rukul.
... das Dorf verlassen hatte ...
... glaubte ich, viel gelernt zu haben ...
... aber am Ende ...

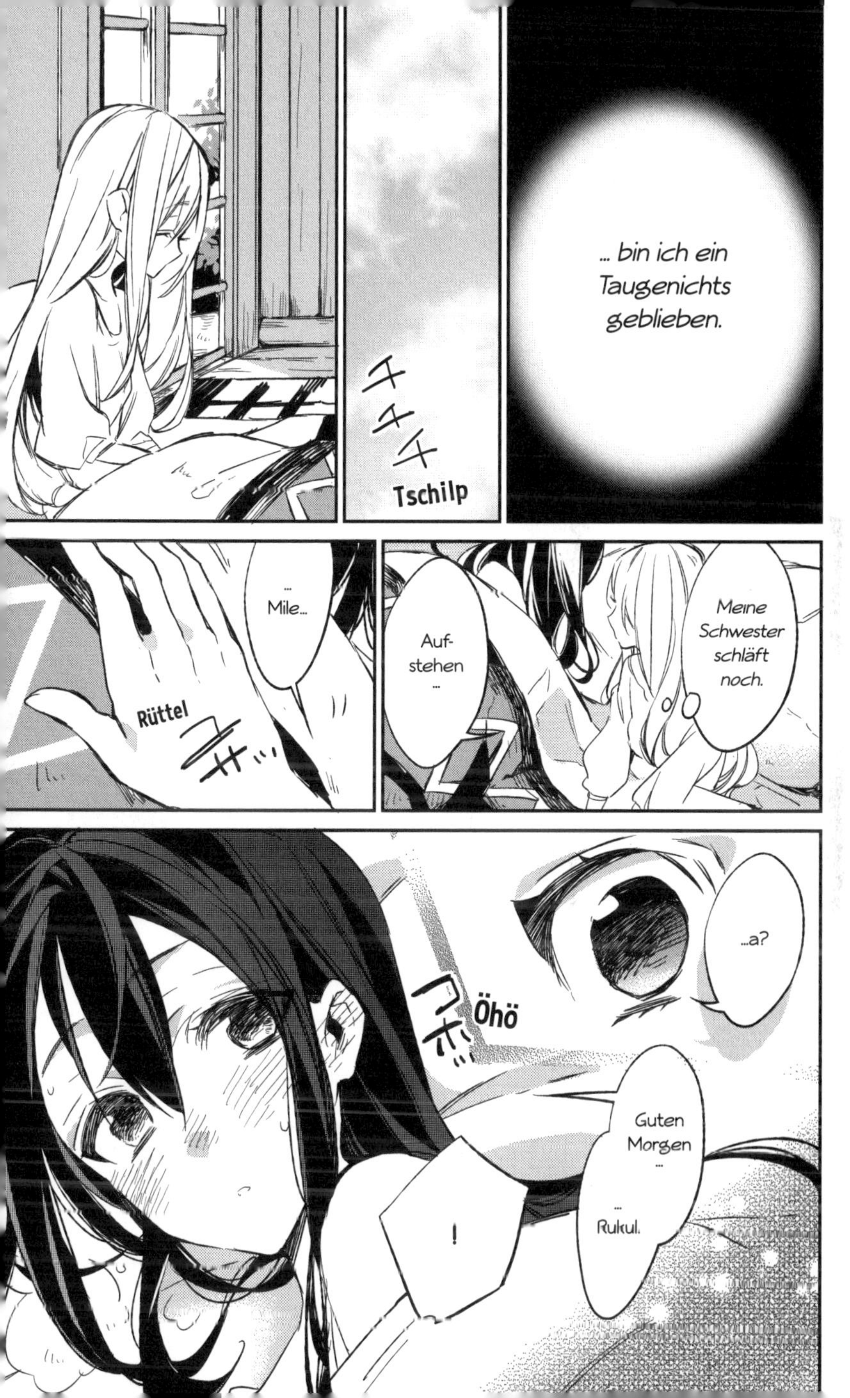

... bin ich ein Taugenichts geblieben.
Tschilp
Meine Schwester schläft noch.
Auf- stehen ...
... Mile...
Rüttel
...a?
Öhö
Guten Morgen ... ... Rukul.
!

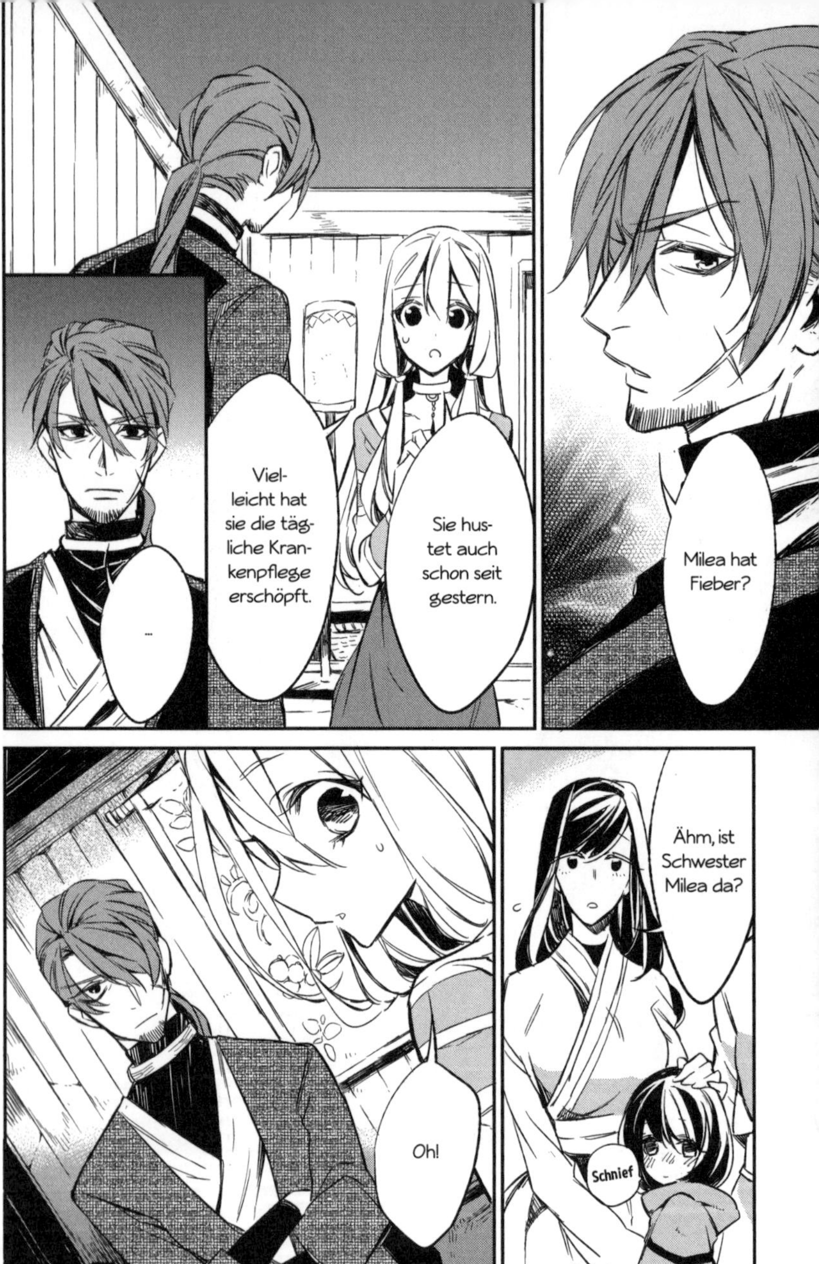
Milea hat Fieber?
Sie hus-tet auch schon seit gestern.
Viel-leicht hat sie die täg-liche Kran-kenpflege erschöpft.
...
Ähm, ist Schwester Milea da?
Schnief
Oh!

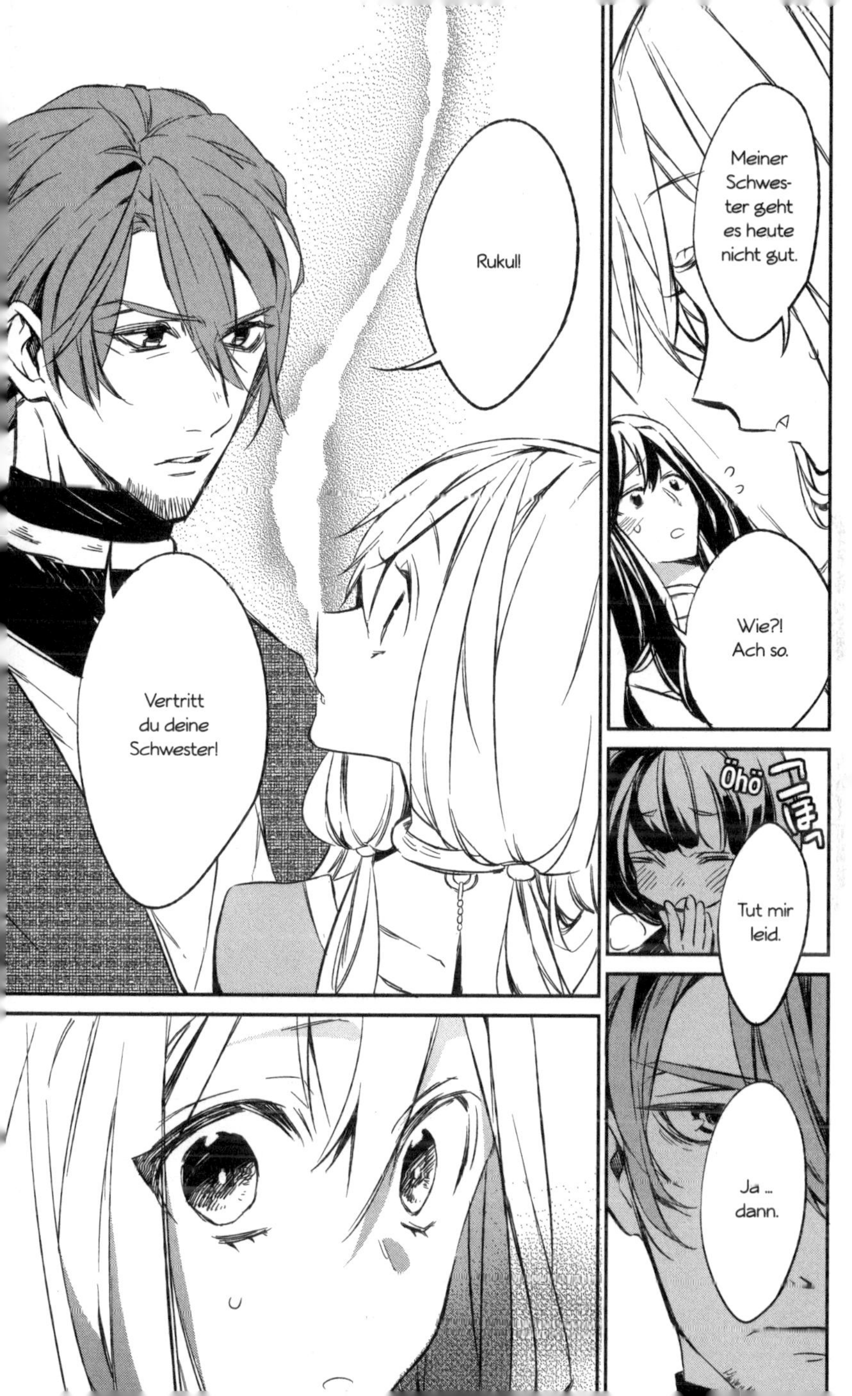
Meiner Schwester geht es heute nicht gut.
Wie?! Ach so.
Öhö
Tut mir leid.
Ja ... dann.
Rukul!
Vertritt du deine Schwester!

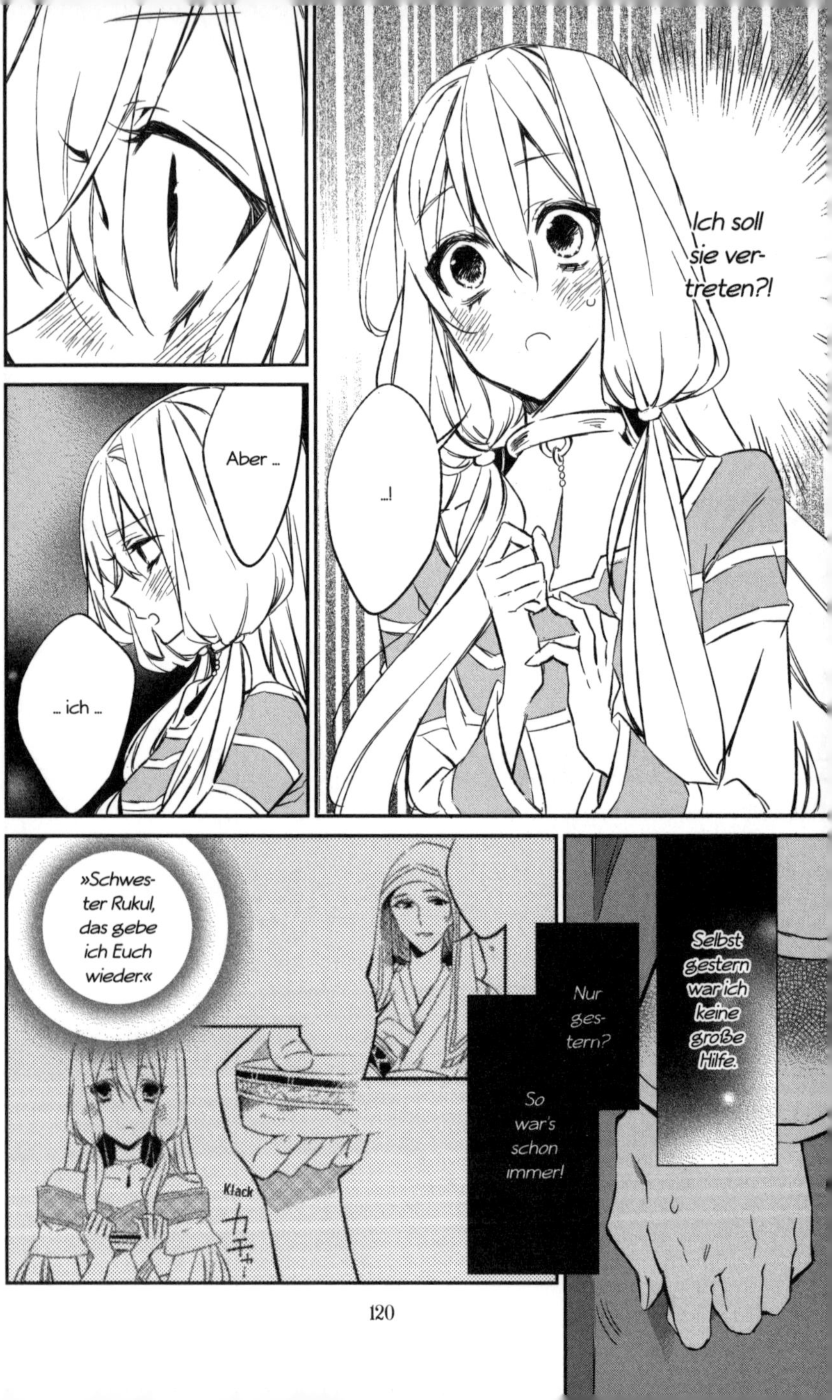
Ich soll sie vertreten?!
...!
Aber ...
... ich ...
Selbst gestern war ich keine große Hilfe.
Nur gestern?
So war's schon immer!
»Schwester Rukul, das gebe ich Euch wieder.«
Klack

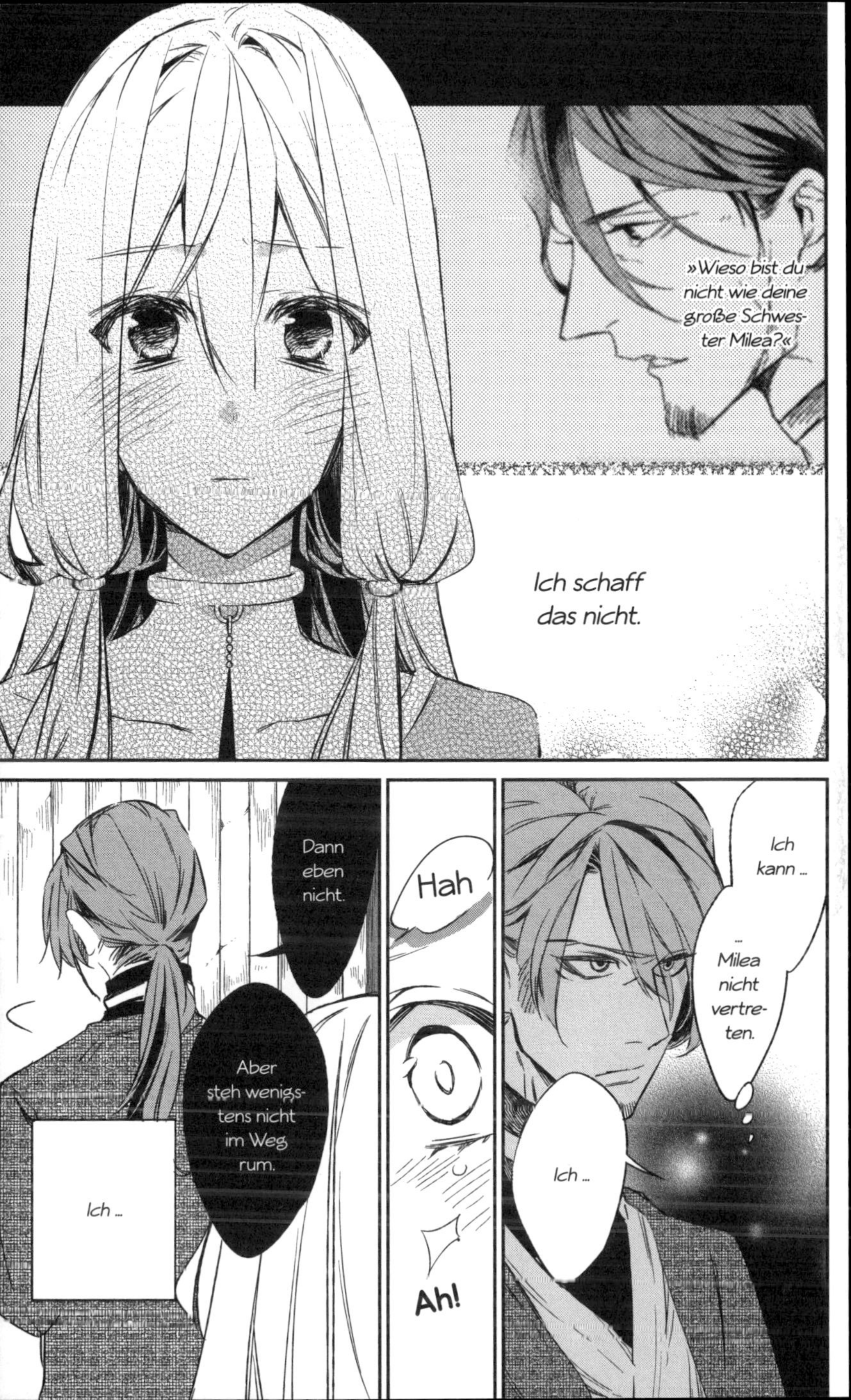
»Wieso bist du nicht wie deine große Schwester Milea?«
Ich schaff das nicht.
Ich kann ...
... Milea nicht vertreten.
Ich ...
Hah
Ah!
Dann eben nicht.
Aber steh wenigstens nicht im Weg rum.
Ich ...

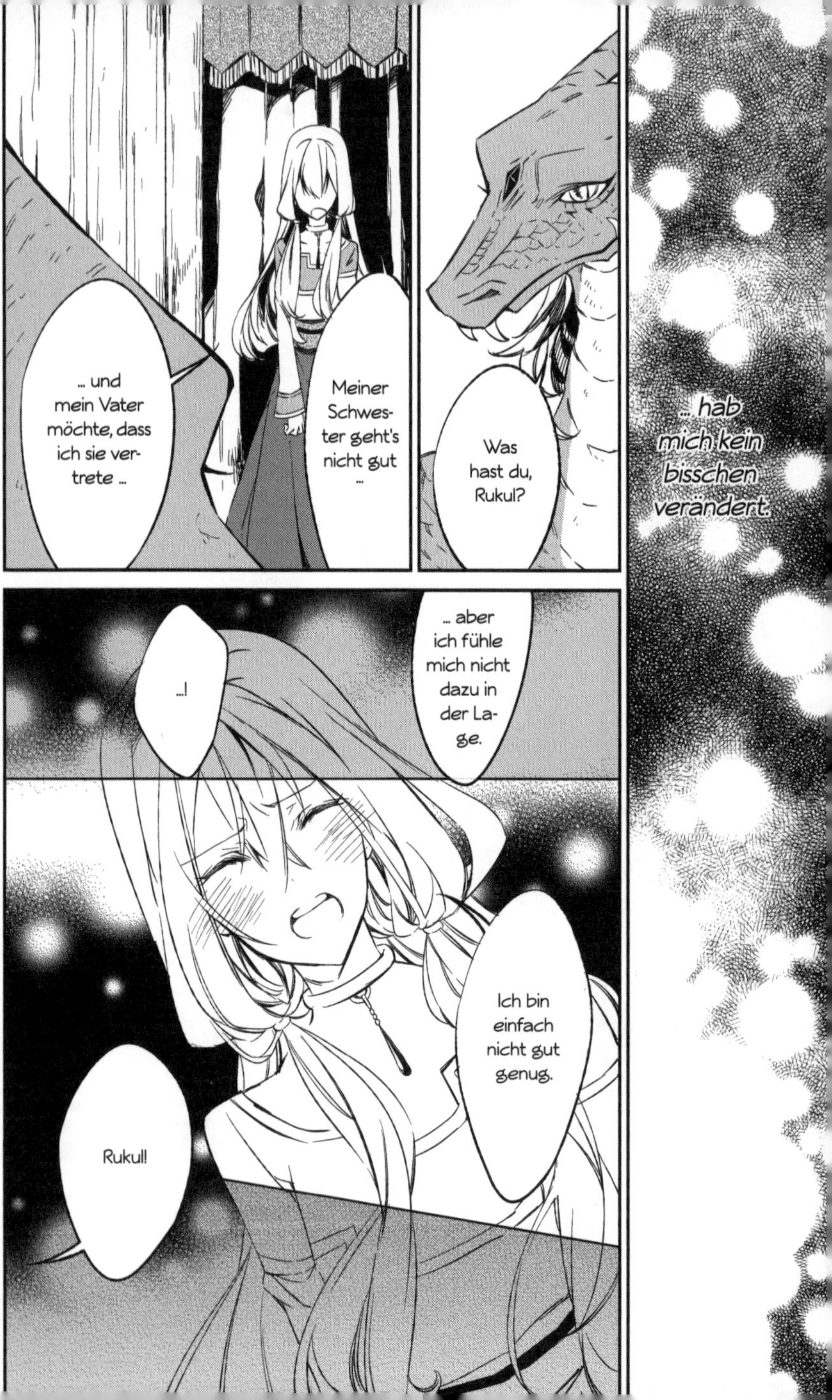
... hab mich kein bisschen verändert.
Was hast du, Rukul?
Meiner Schwester geht's nicht gut ...
... und mein Vater möchte, dass ich sie vertrete ...
... aber ich fühle mich nicht dazu in der Lage.
...!
Ich bin einfach nicht gut genug.
Rukul!

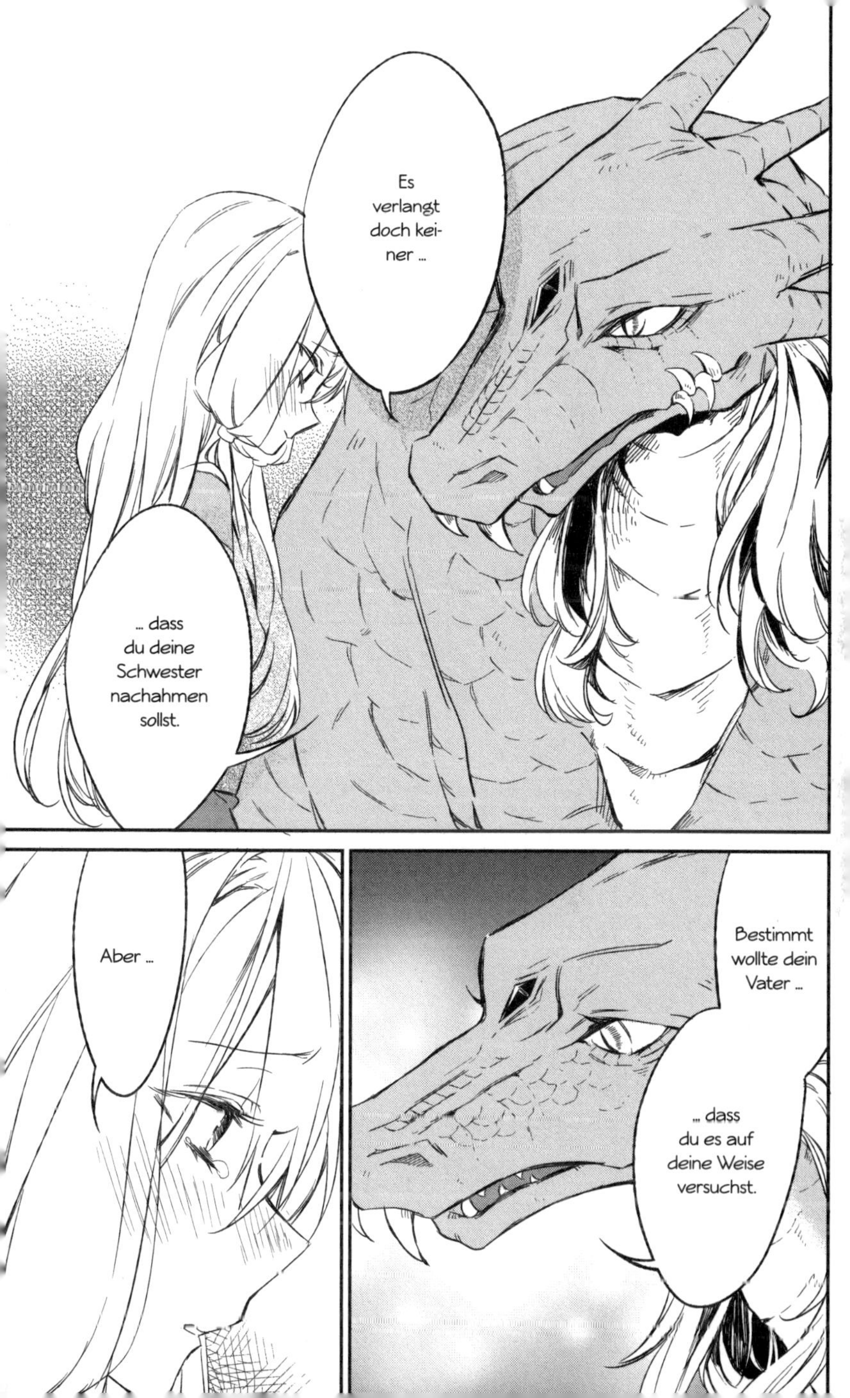
Es verlangt doch kei-ner ...
... dass du deine Schwester nachahmen sollst.
Bestimmt wollte dein Vater ...
... dass du es auf deine Weise versuchst.
Aber ...

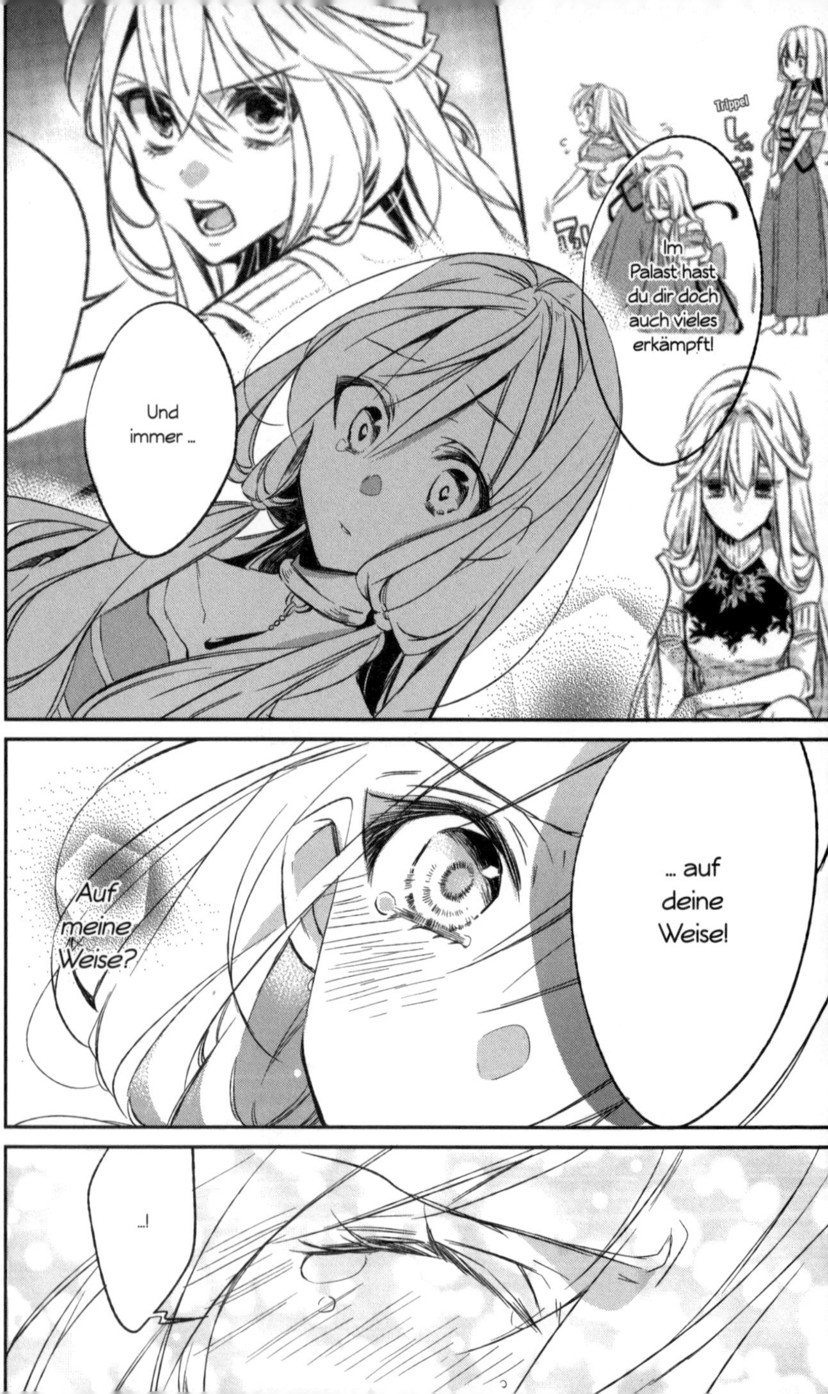
Trippel
Im Palast hast du dir doch auch vieles erkämpft!
Und immer ...
... auf deine Weise!
Auf meine Weise?
...!

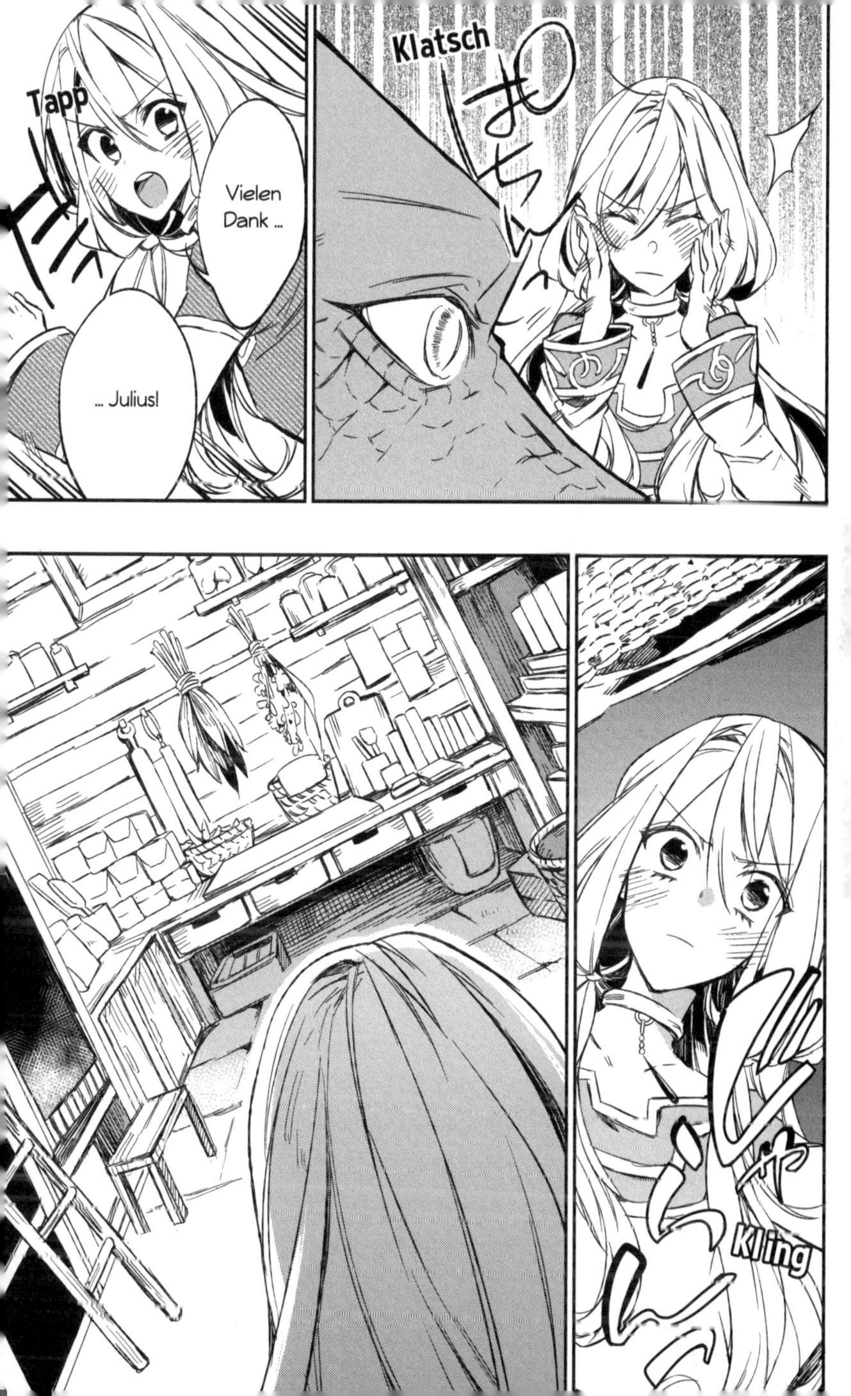
Klatsch
Tapp
Vielen Dank ...
... Julius!
Kling

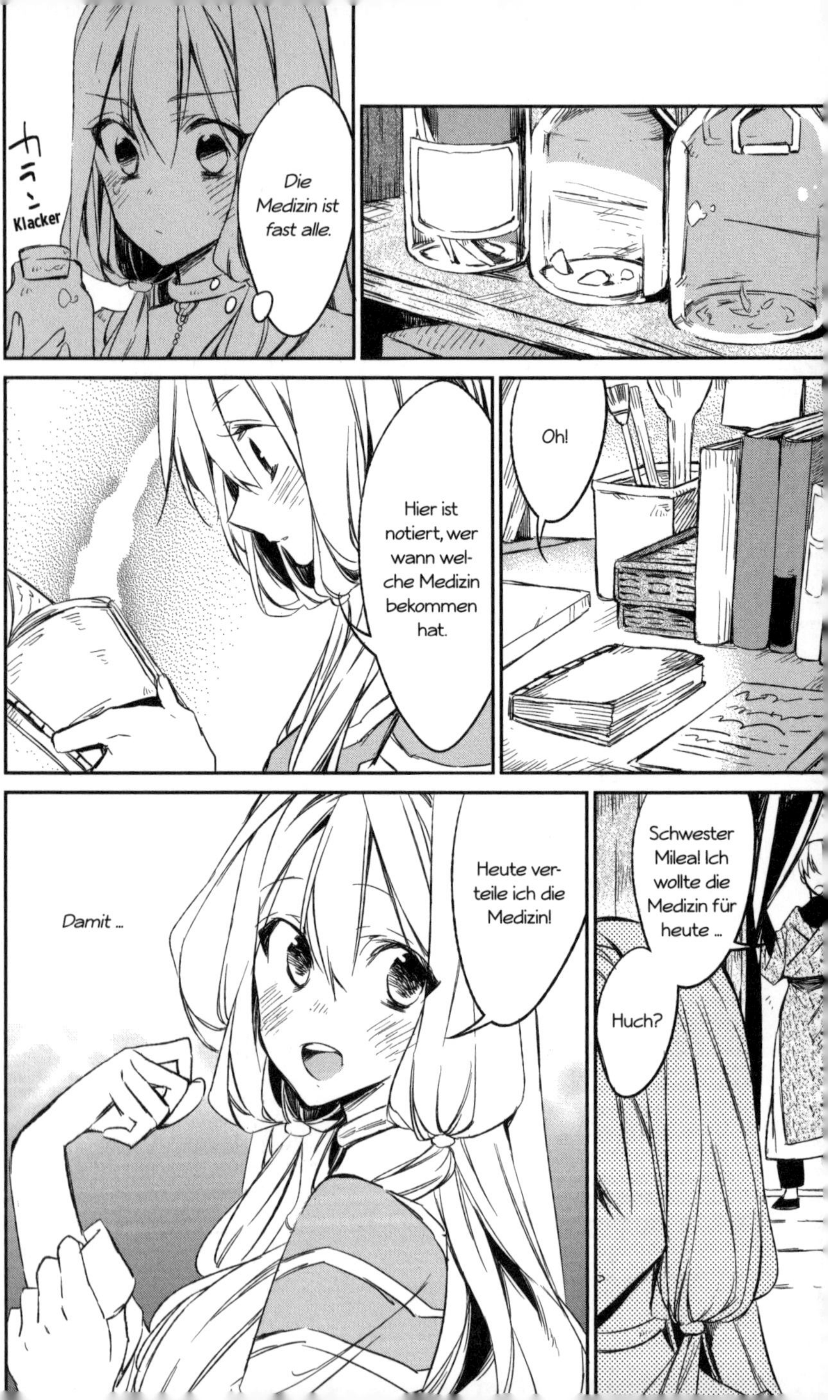
Die Medizin ist fast alle.
カラン
Klacker
Oh!
Hier ist notiert, wer wann wel-che Medizin bekommen hat.
Schwester Milea! Ich wollte die Medizin für heute ...
Huch?
Heute ver-teile ich die Medizin!
Damit ...

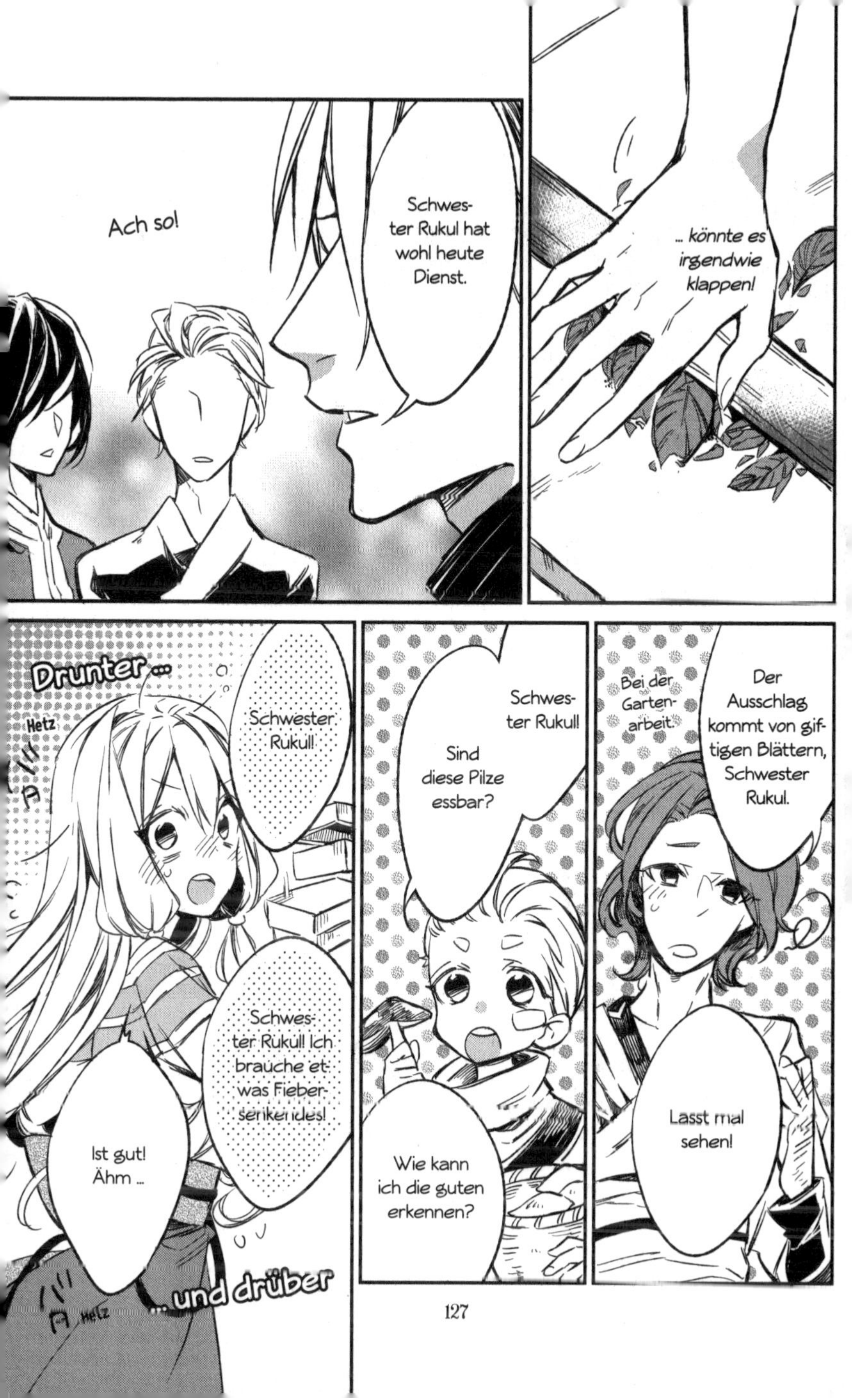

... könnte es irgendwie klappen!
Schwester Rukul hat wohl heute Dienst.
Ach so!
Der Ausschlag kommt von giftigen Blättern, Schwester Rukul.
Bei der Gartenarbeit.
Lasst mal sehen!
Schwester Rukul!
Sind diese Pilze essbar?
Wie kann ich die guten erkennen?
Schwester Rukul!
Schwester Rukul! Ich brauche etwas Fiebersenkendes!
Drunter ...
Hetz
Ist gut! Ähm ...
... und drüber
Hetz

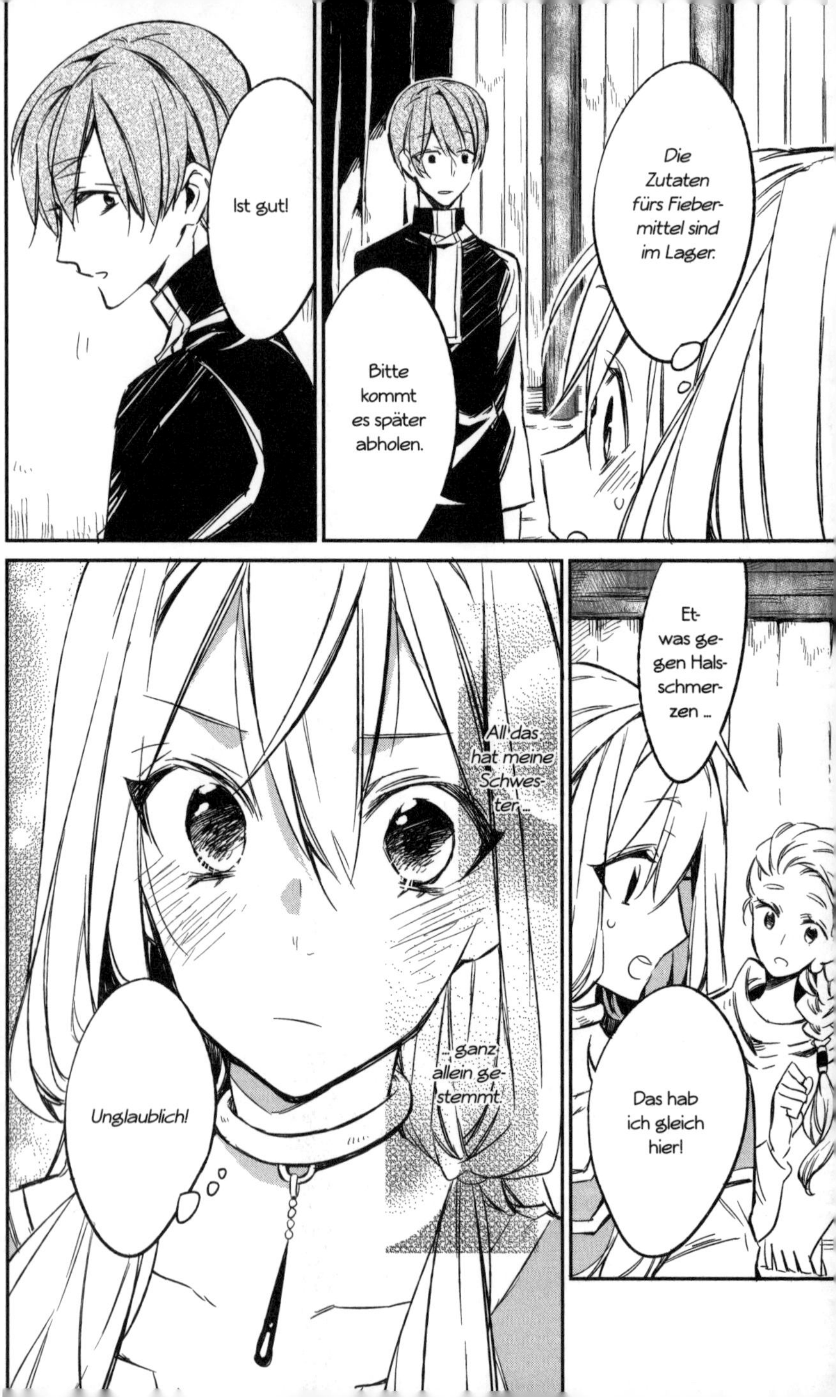
Die Zutaten fürs Fiebermittel sind im Lager.
Bitte kommt es später abholen.
Ist gut!
Etwas gegen Halsschmerzen ...
Das hab ich gleich hier!
All das hat meine Schwester ...
... ganz allein gestemmt.
Unglaublich!

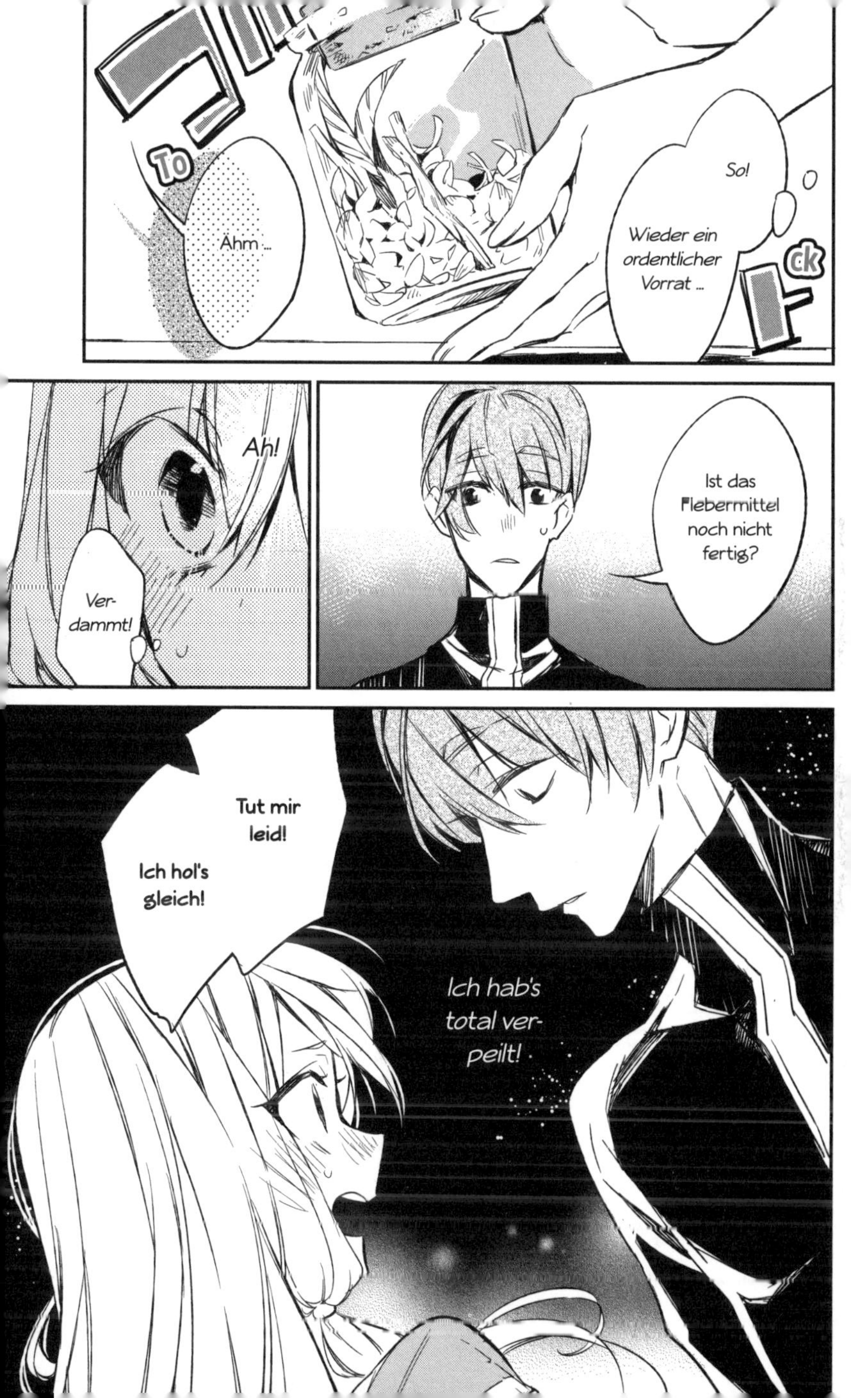

So!
Wieder ein ordentlicher Vorrat ...
ck
To
Ähm ...
Ist das Fiebermittel noch nicht fertig?
Ah!
Ver-dammt!
Tut mir leid!
Ich hol's gleich!
Ich hab's total ver-peilt!

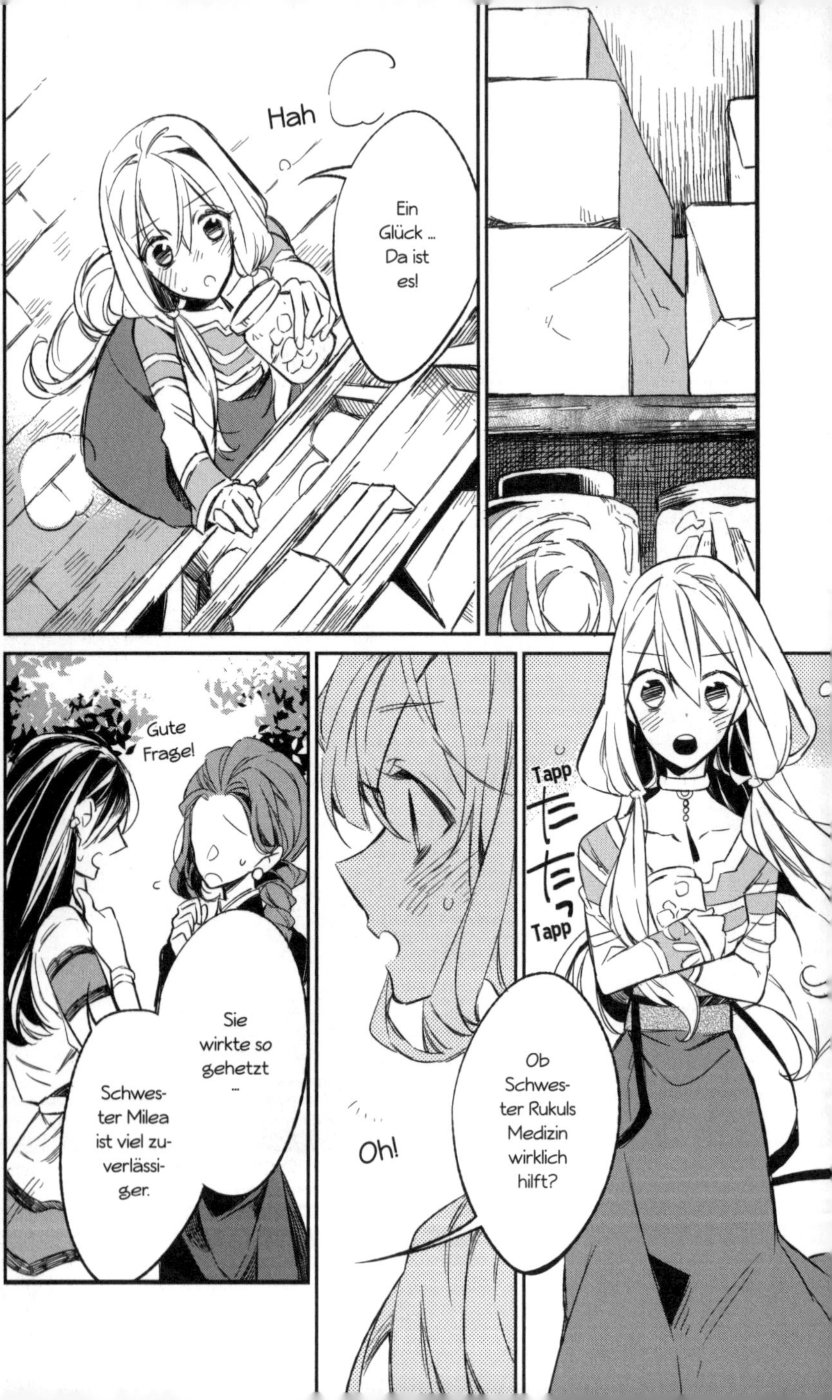
Hah
Ein Glück ... Da ist es!
Tapp Tapp
Ob Schwester Rukuls Medizin wirklich hilft?
Oh!
Gute Frage!
Sie wirkte so gehetzt ...
Schwester Milea ist viel zuverlässiger.

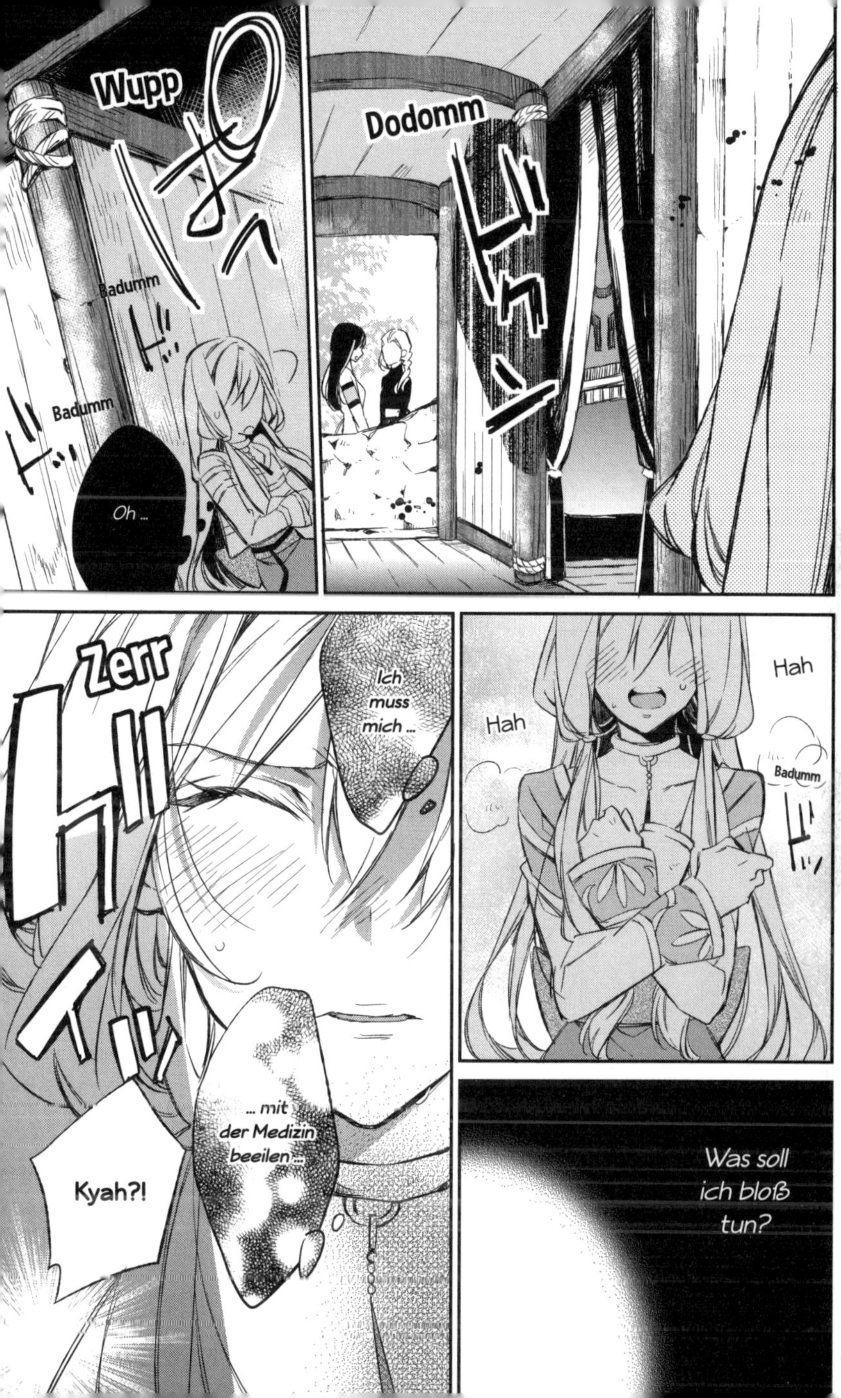

Dodomm
Wupp
Badumm
Badumm
Oh ...
Hah
Hah
Badumm
Zerr
Ich muss mich ...
... mit der Medizin beeilen ...
Kyah?!
Was soll ich bloß tun?

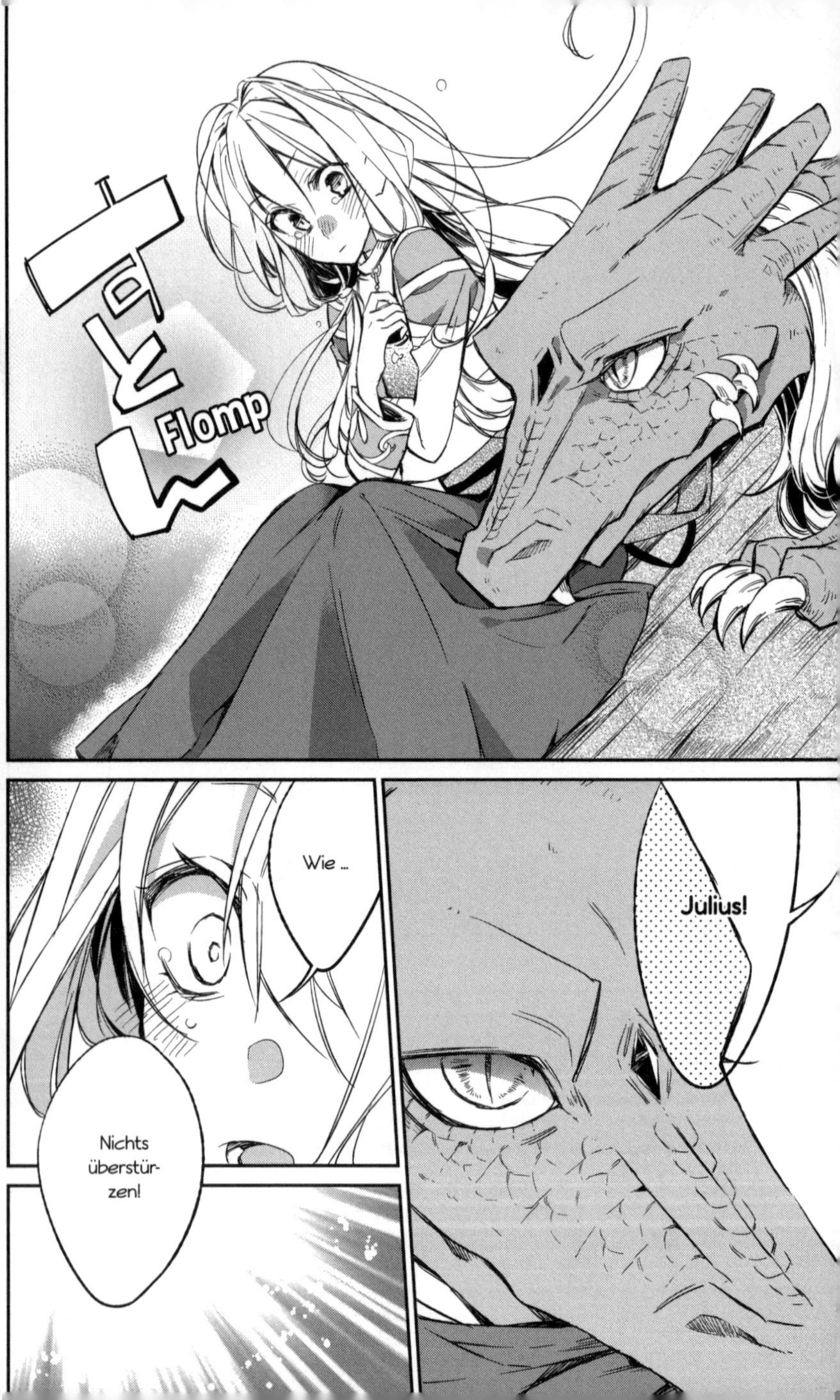
Flomp
Julius!
Wie ...
Nichts überstür-
zen!

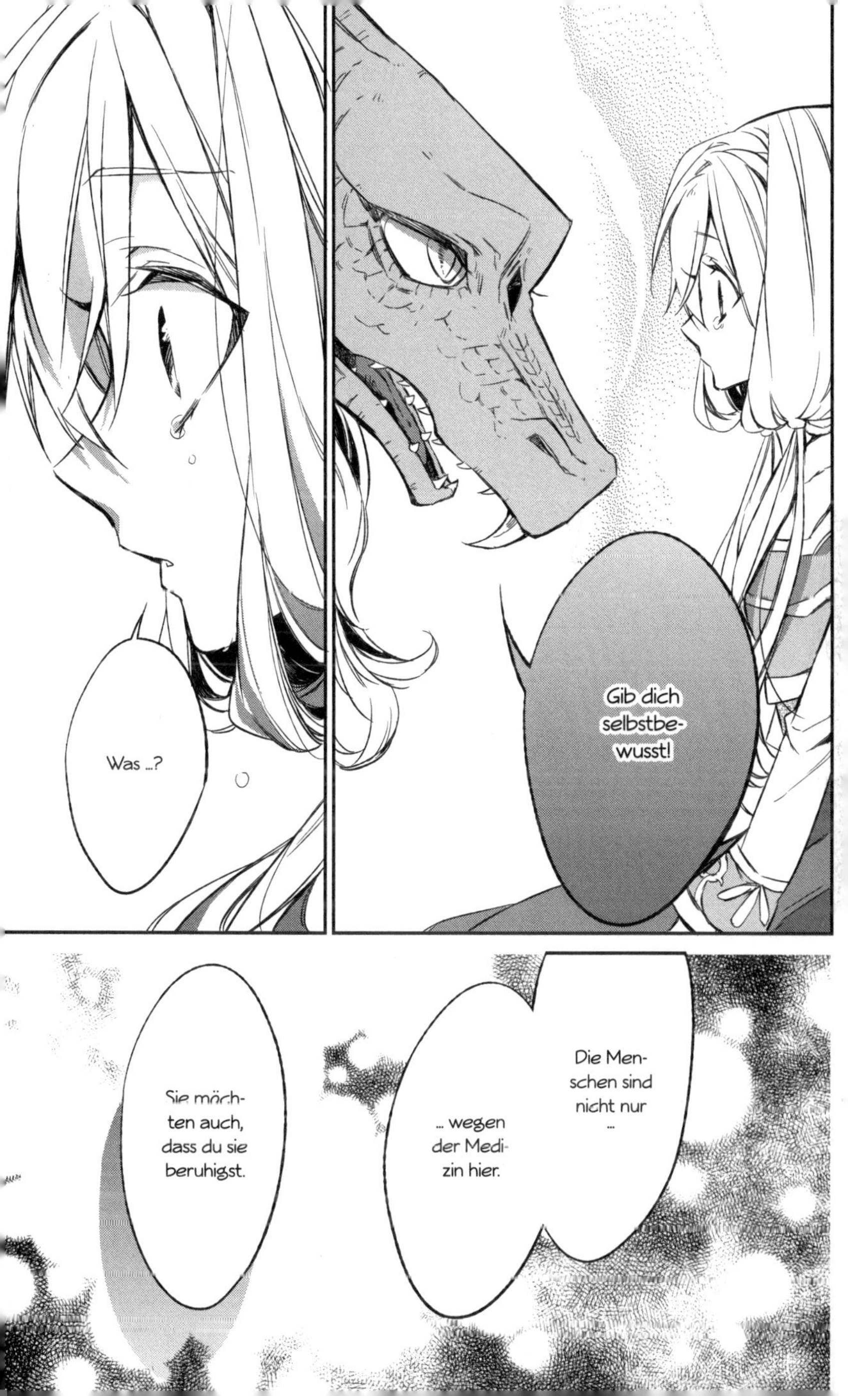
Gib dich selbstbewusst!
Was ...?
Die Menschen sind nicht nur ...
... wegen der Medizin hier.
Sie möchten auch, dass du sie beruhigst.

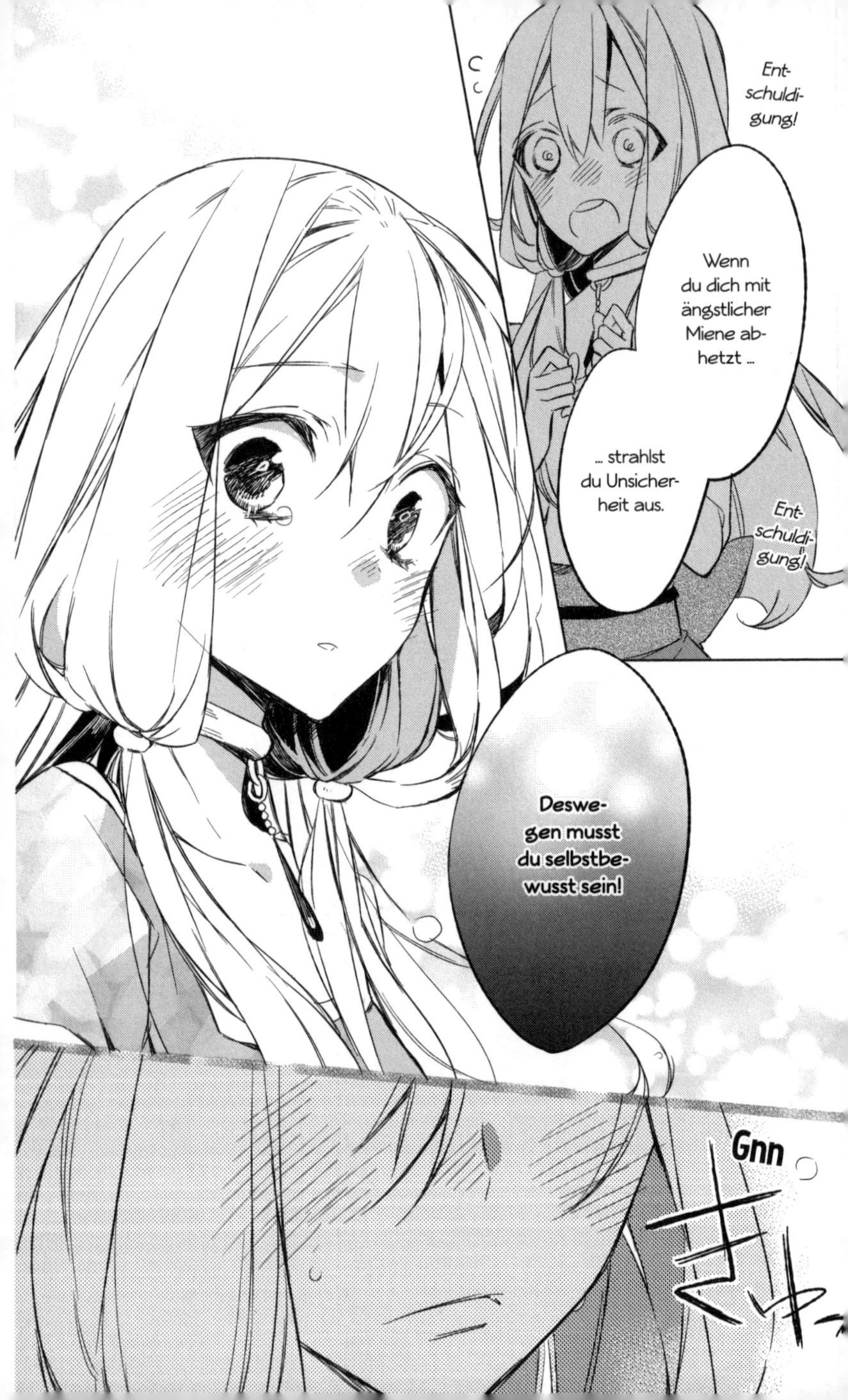
Ent-schuldi-gung!
Wenn du dich mit ängstlicher Miene ab-hetzt …
… strahlst du Unsicher-heit aus.
Ent-schuldi-gung!
Deswe-gen musst du selbstbe-wusst sein!
Gnn

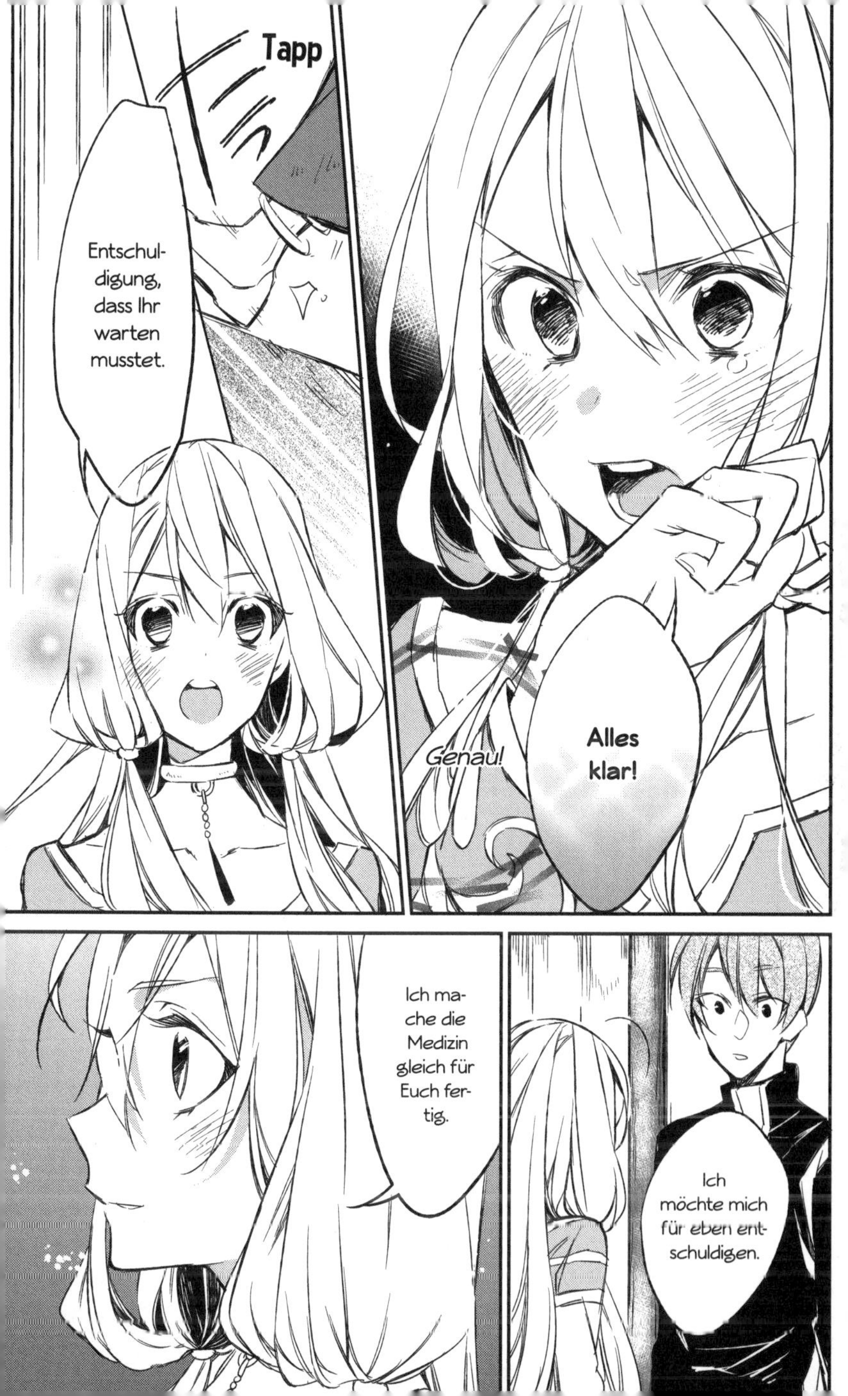
Tapp
Entschuldigung, dass Ihr warten musstet.
Alles klar!
Genau!
Ich möchte mich für eben entschuldigen.
Ich mache die Medizin gleich für Euch fertig.

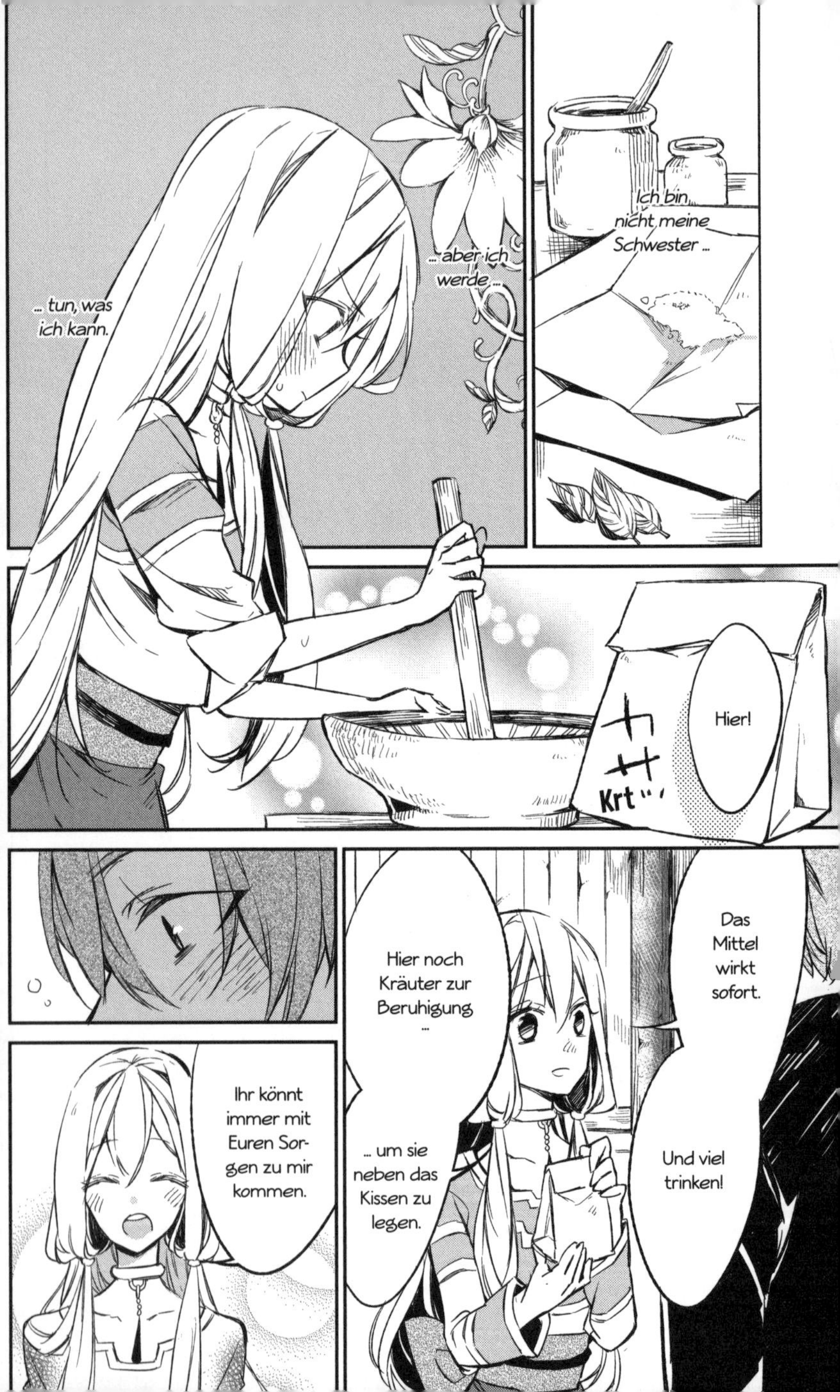
Ich bin nicht meine Schwester ...
... aber ich werde ...
... tun, was ich kann.
Hier!
Krt
Das Mittel wirkt sofort.
Und viel trinken!
Hier noch Kräuter zur Beruhigung ...
... um sie neben das Kissen zu legen.
Ihr könnt immer mit Euren Sorgen zu mir kommen.

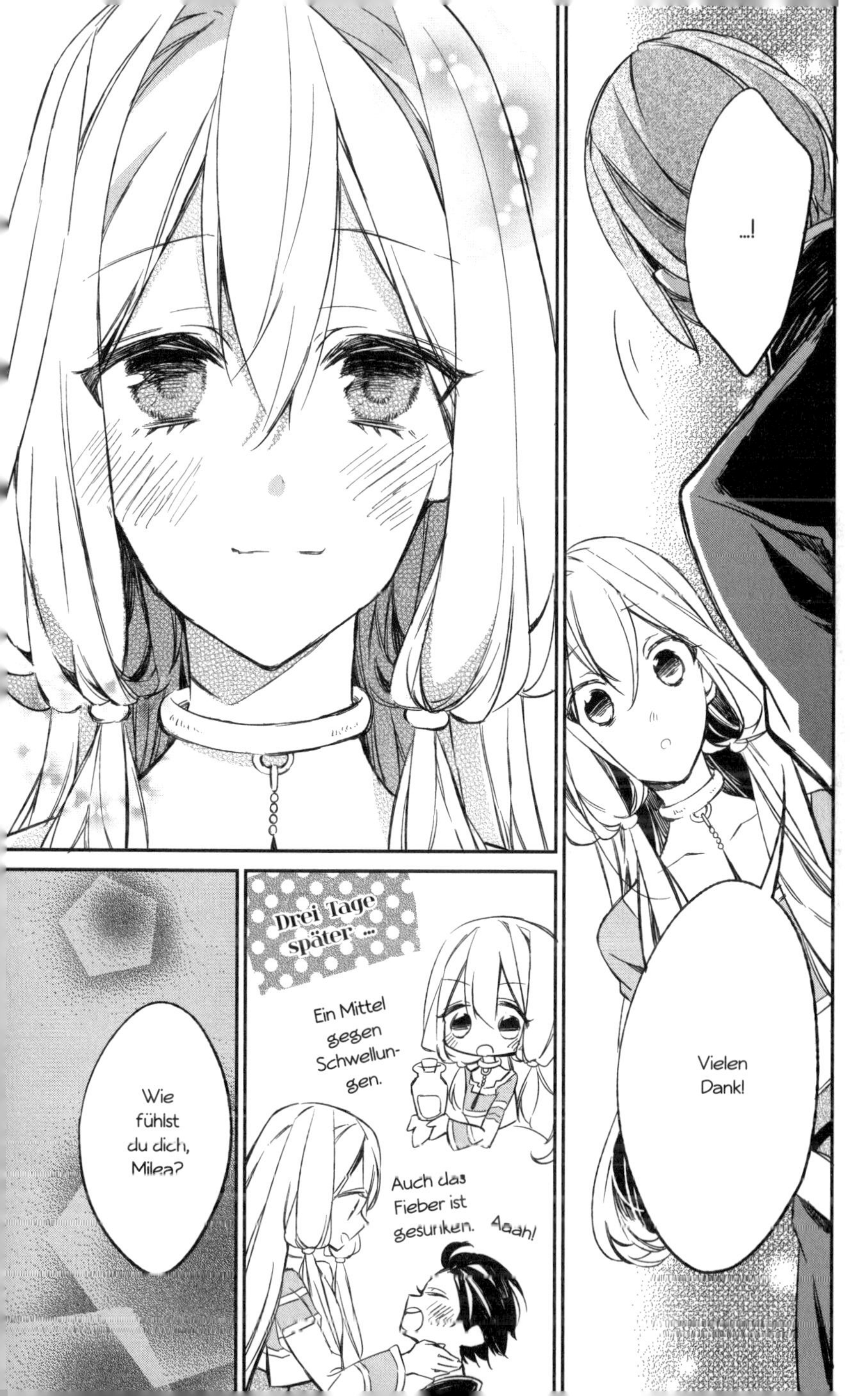
...!
Vielen Dank!
Drei Tage später ...
Ein Mittel gegen Schwellungen.
Auch das Fieber ist gesunken.
Aaah!
Wie fühlst du dich, Milea?

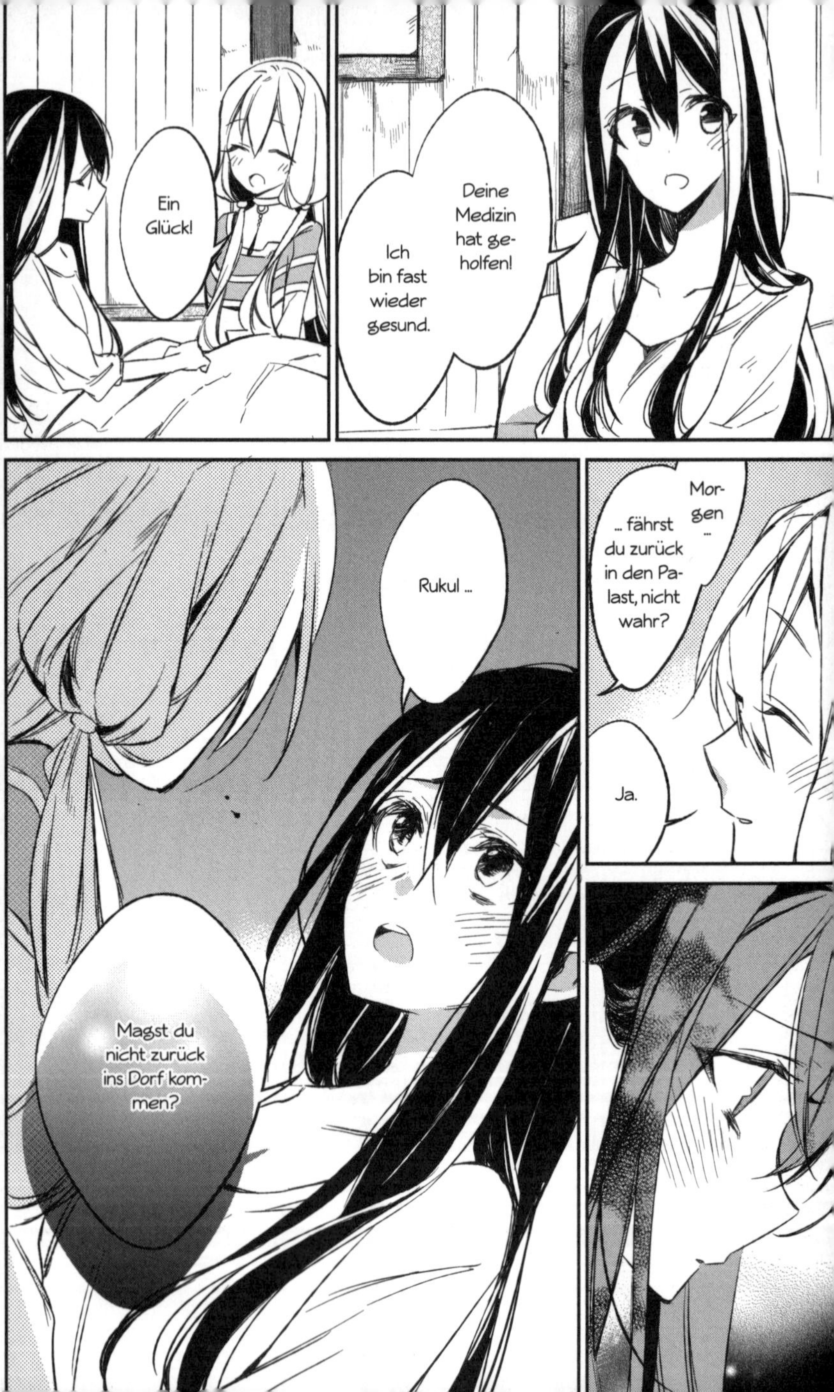
Deine Medizin hat geholfen!
Ich bin fast wieder gesund.
Ein Glück!
Morgen ...
... fährst du zurück in den Palast, nicht wahr?
Ja.
Rukul ...
Magst du nicht zurück ins Dorf kommen?

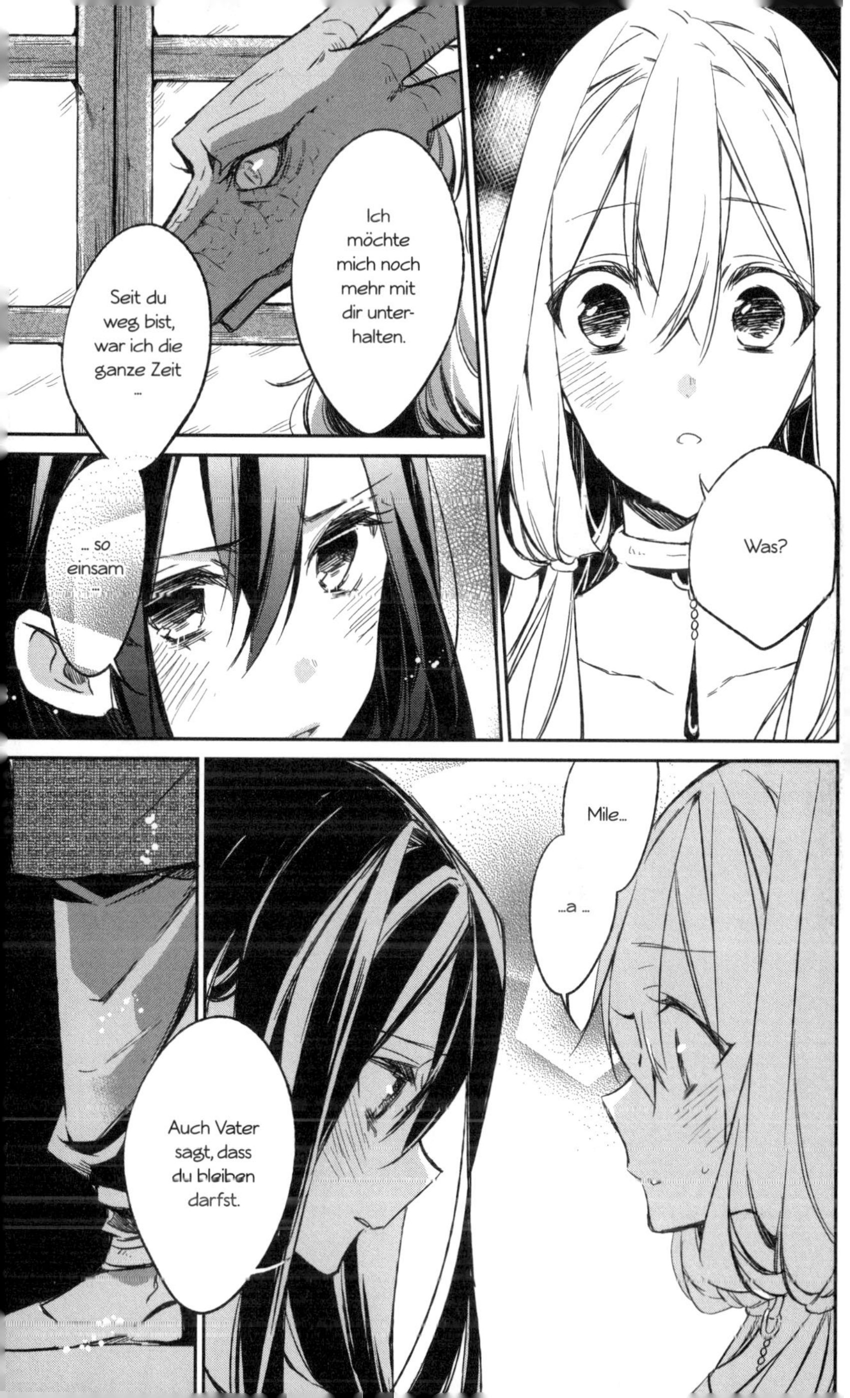
Ich möchte mich noch mehr mit dir unterhalten.
Seit du weg bist, war ich die ganze Zeit ...
... so einsam ...
Was?
Mile...
...a ...
Auch Vater sagt, dass du bleiben darfst.

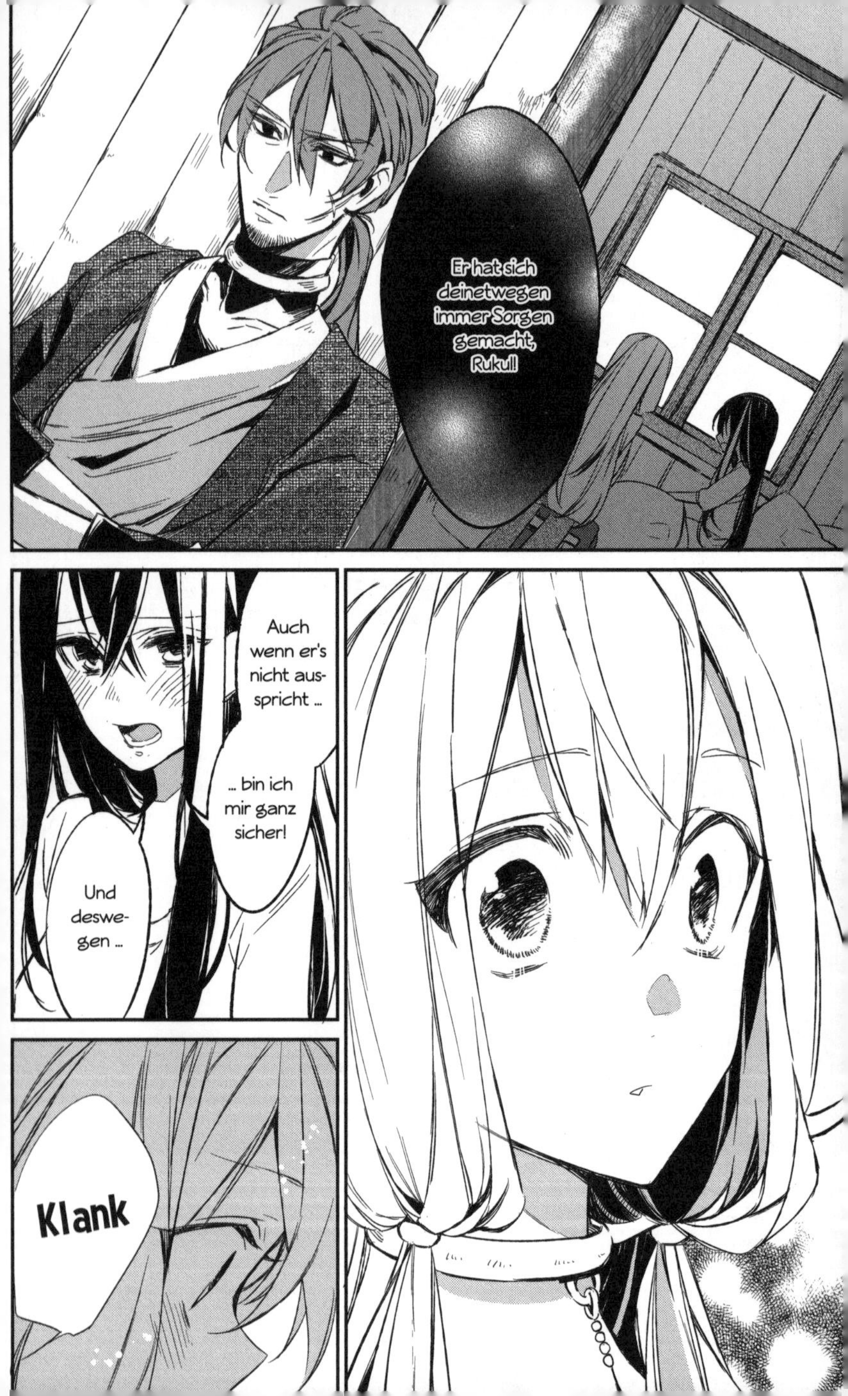
Er hat sich deinetwegen immer Sorgen gemacht, Rukul!
Auch wenn er's nicht aus-spricht ...
... bin ich mir ganz sicher!
Und deswe-gen ...
Klank

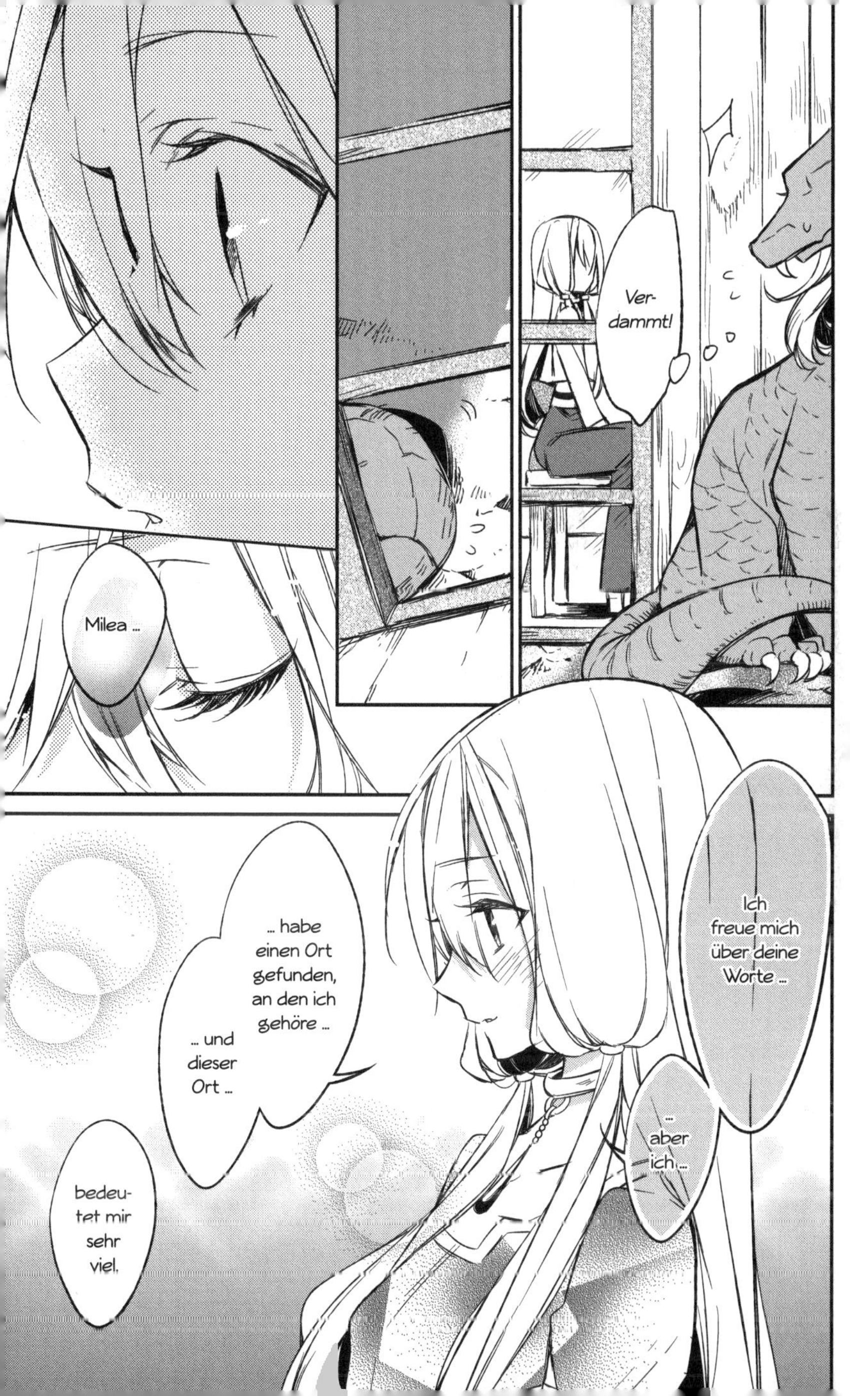
Ver- dammt!
Milea ...
Ich freue mich über deine Worte ...
... aber ich ...
... habe einen Ort gefunden, an den ich gehöre ...
... und dieser Ort ...
bedeu- tet mir sehr viel.

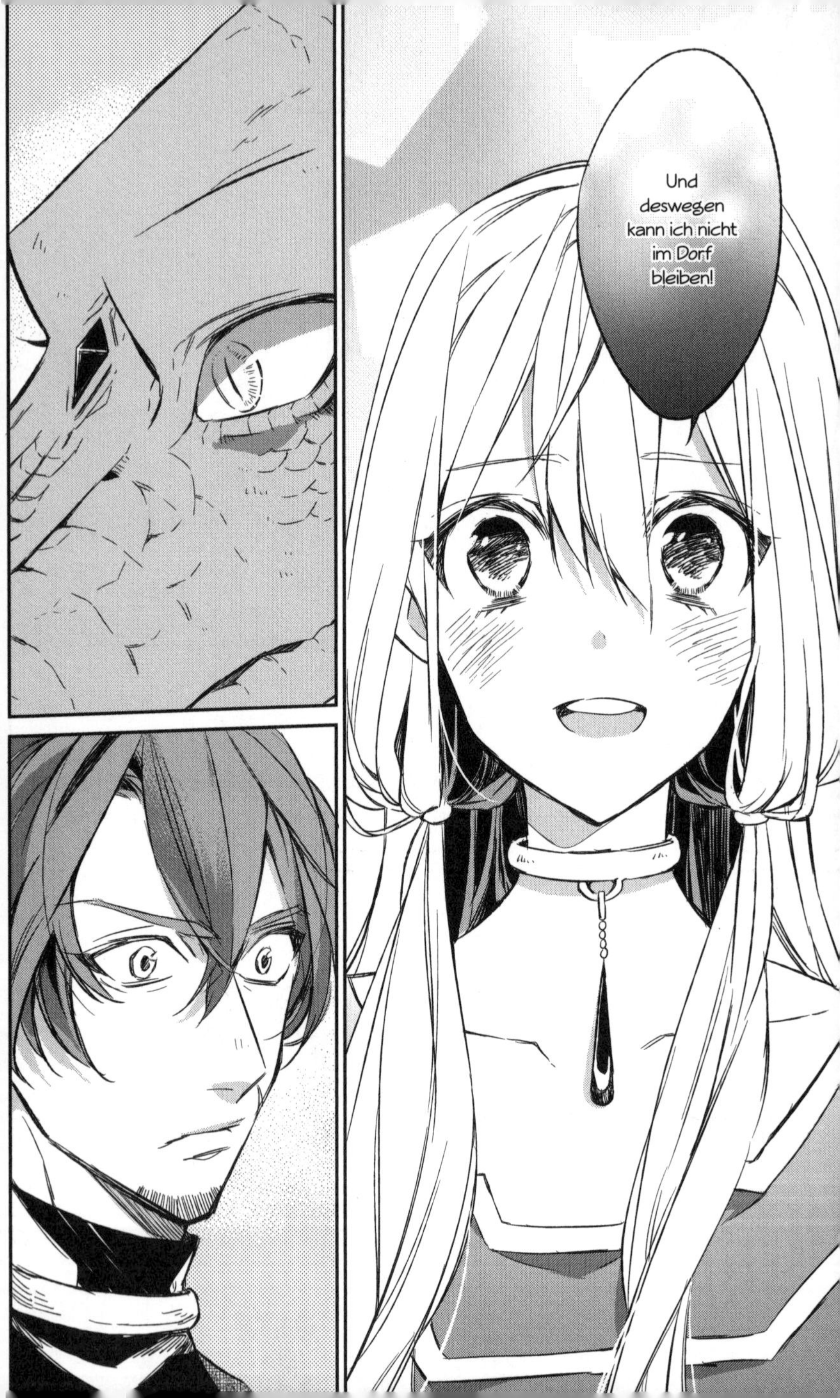
Und deswegen kann ich nicht im Dorf bleiben!

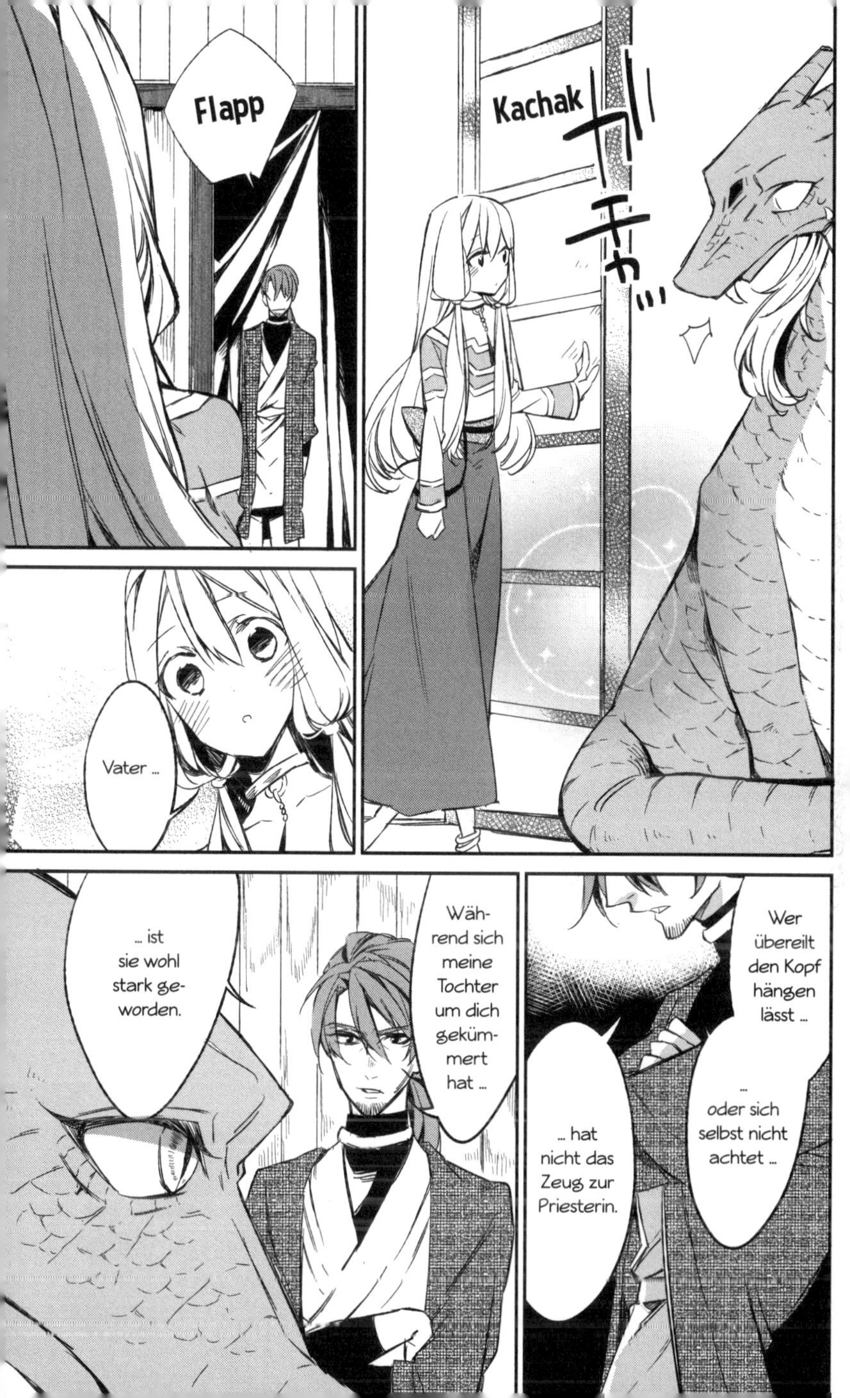
Kachak
Flapp
Vater ...
Wäh-
rend sich
meine
Tochter
um dich
gekümmert
hat ...
... ist
sie wohl
stark ge-
worden.
Wer
übereilt
den Kopf
hängen
lässt ...
...
oder sich
selbst nicht
achtet ...
... hat
nicht das
Zeug zur
Priesterin.

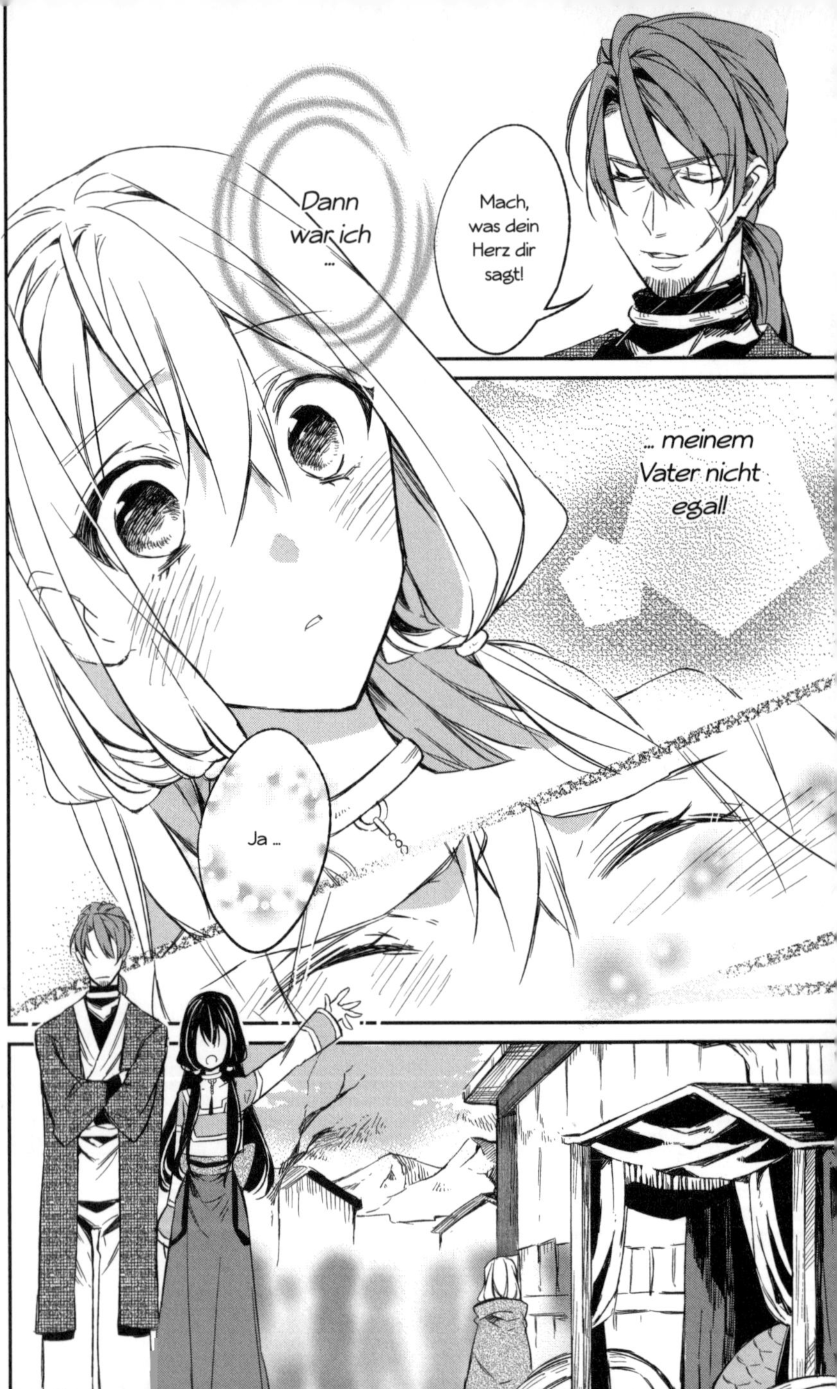
Mach, was dein Herz dir sagt!
Dann war ich …
… meinem Vater nicht egal!
Ja …

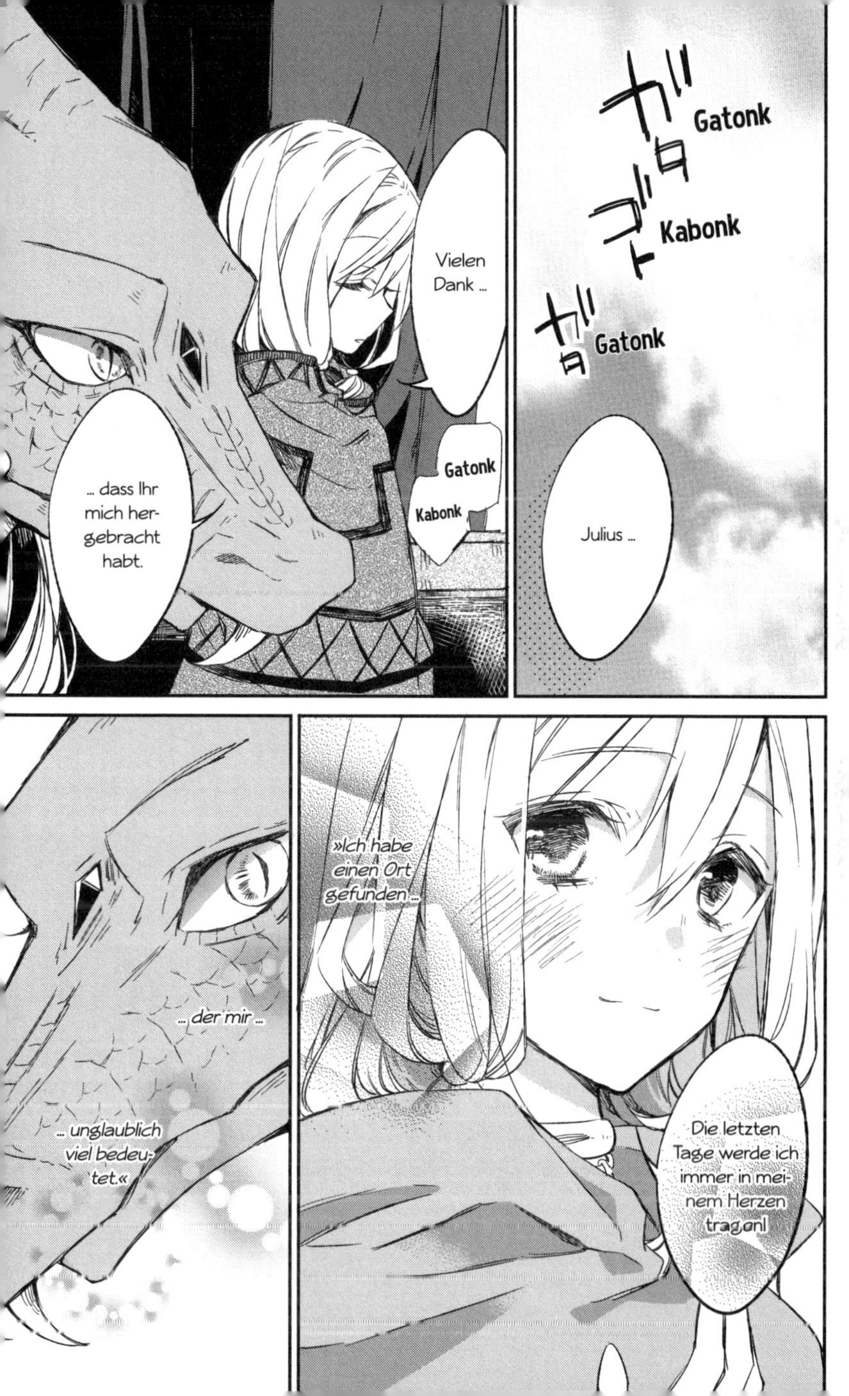
Gatonk
Kabonk
Gatonk
Julius ...
Vielen Dank ...
Gatonk
Kabonk
... dass Ihr mich her-gebracht habt.
»Ich habe einen Ort gefunden ...
Die letzten Tage werde ich immer in mei-nem Herzen tragen!
... der mir ...
... unglaublich viel bedeu-tet.«

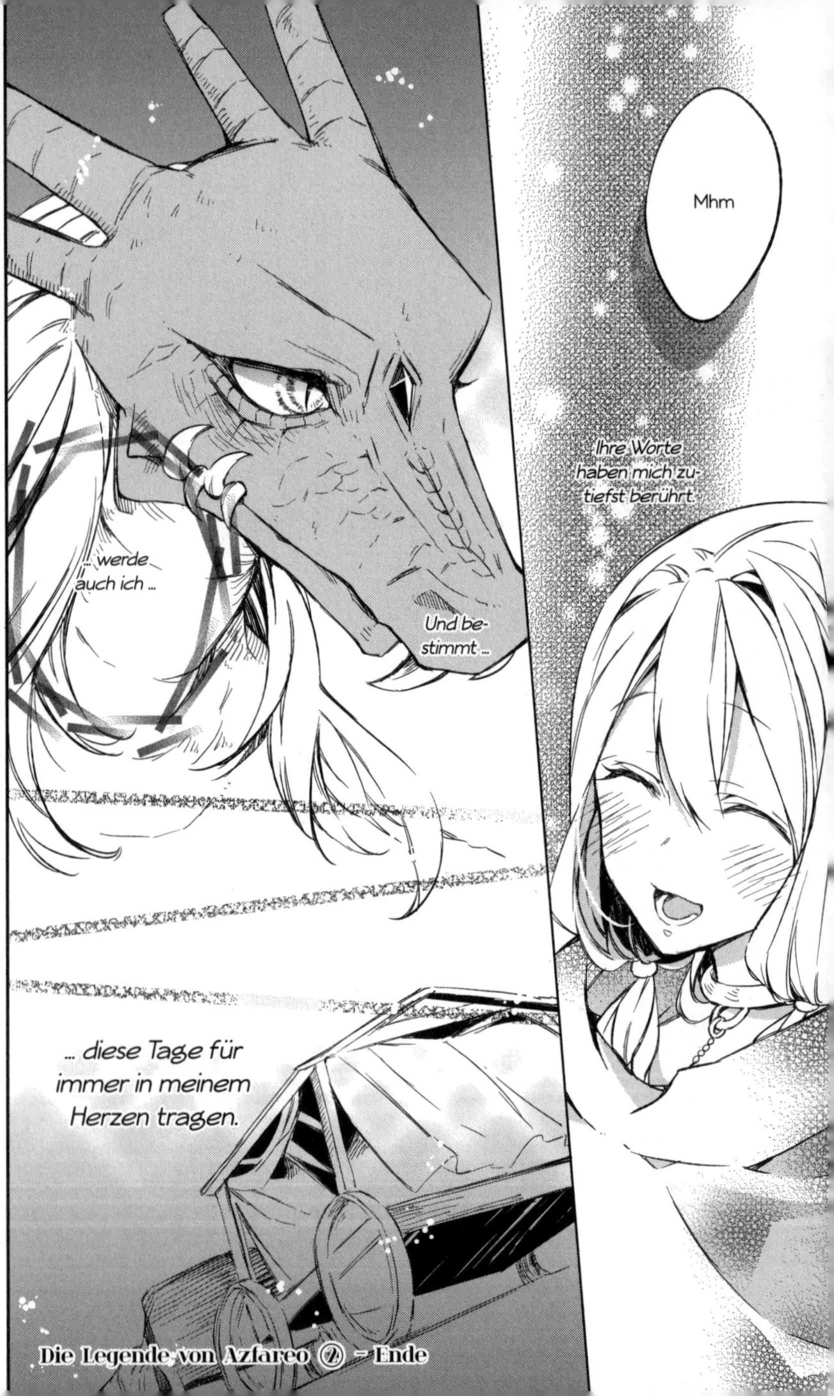
Mhm
Ihre Worte haben mich zutiefst berührt.
Und bestimmt ...
... werde auch ich ...
... diese Tage für immer in meinem Herzen tragen.
Die Legende von Azfareo ② - Ende

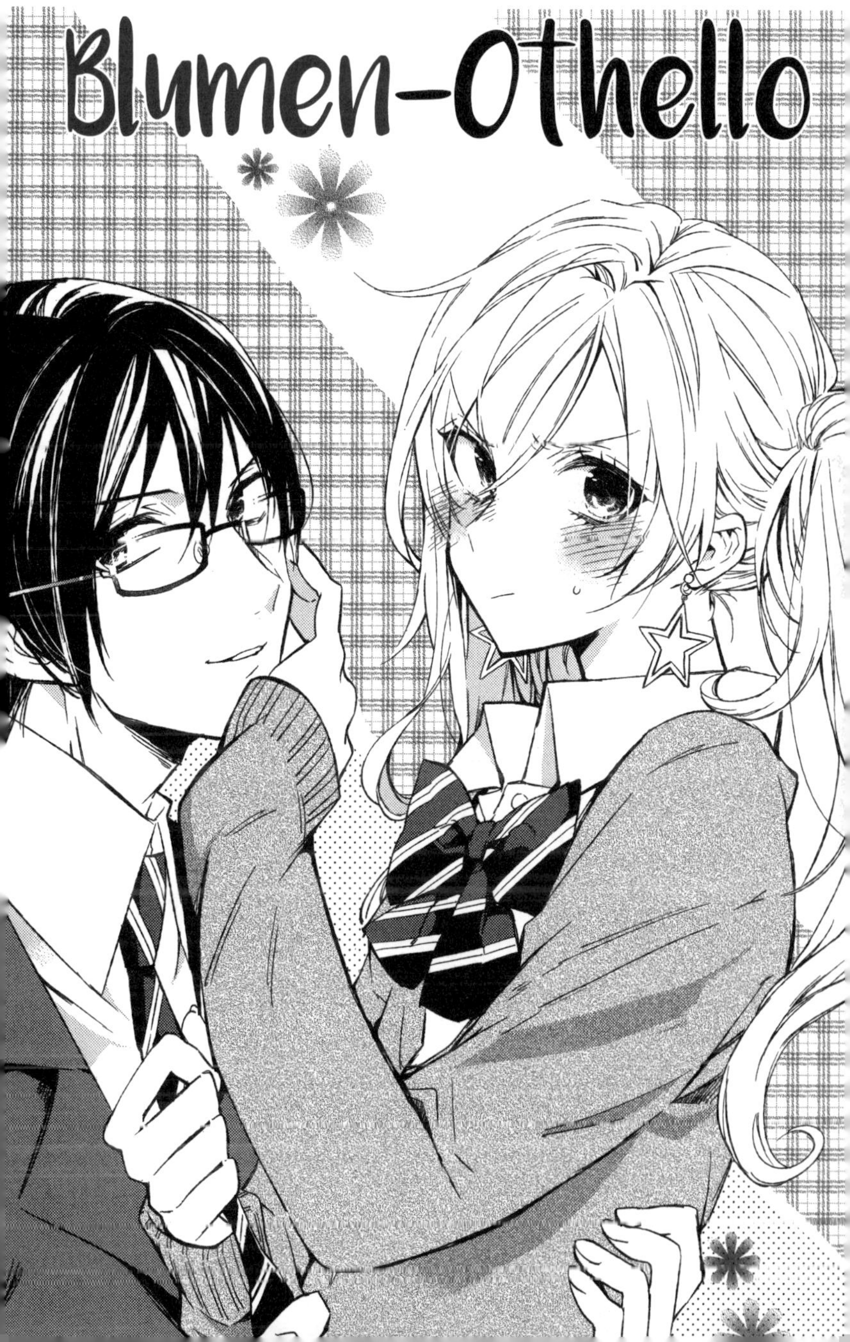
Blumen-Othello

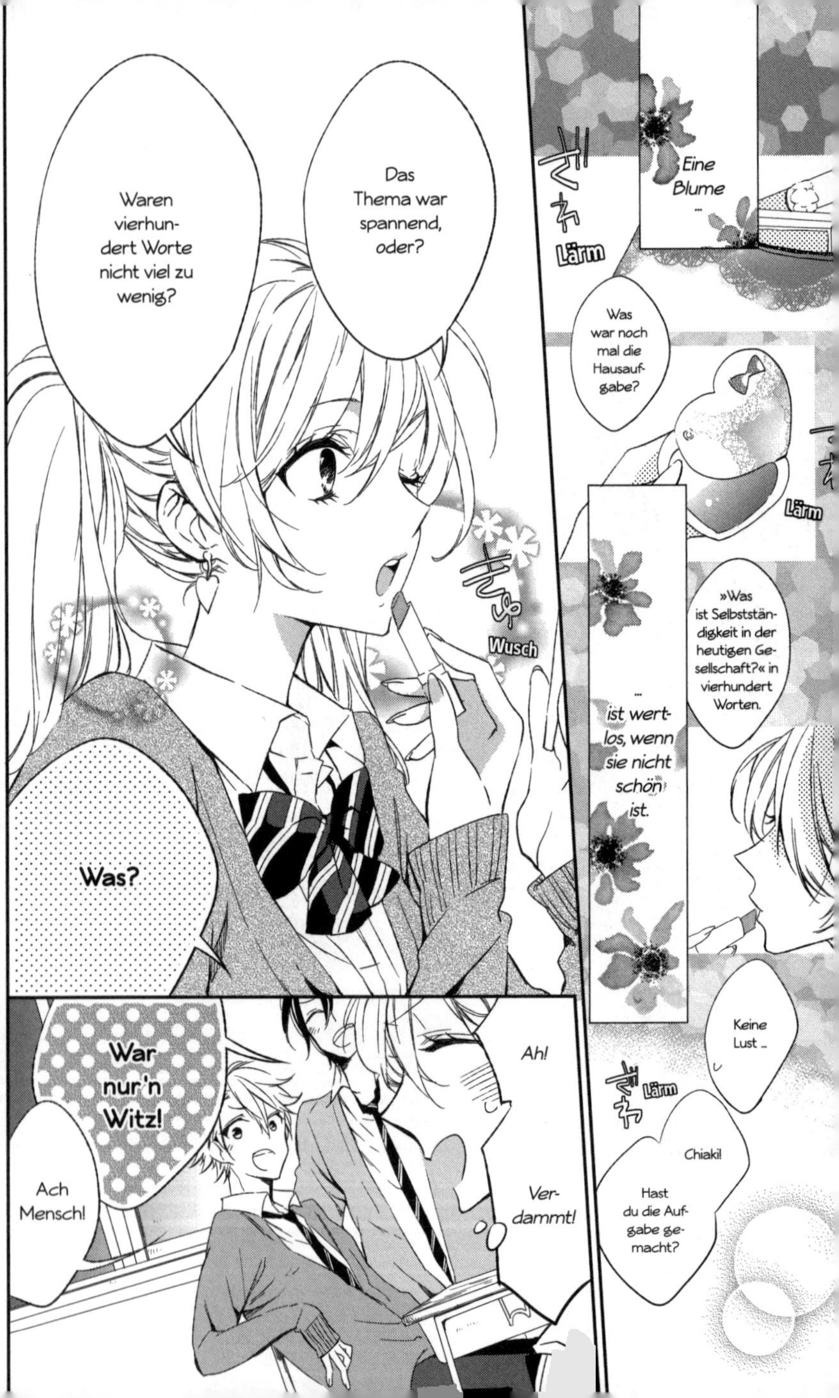
Eine Blume ...
Lärm
Was war noch mal die Hausaufgabe?
Lärm
»Was ist Selbstständigkeit in der heutigen Gesellschaft?« in vierhundert Worten.
... ist wertlos, wenn sie nicht schön ist.
Keine Lust ...
Lärm
Chiaki!
Hast du die Aufgabe gemacht?
Das Thema war spannend, oder?
Waren vierhundert Worte nicht viel zu wenig?
Wusch
Was?
Ah!
Verdammt!
War nur'n Witz!
Ach Mensch!

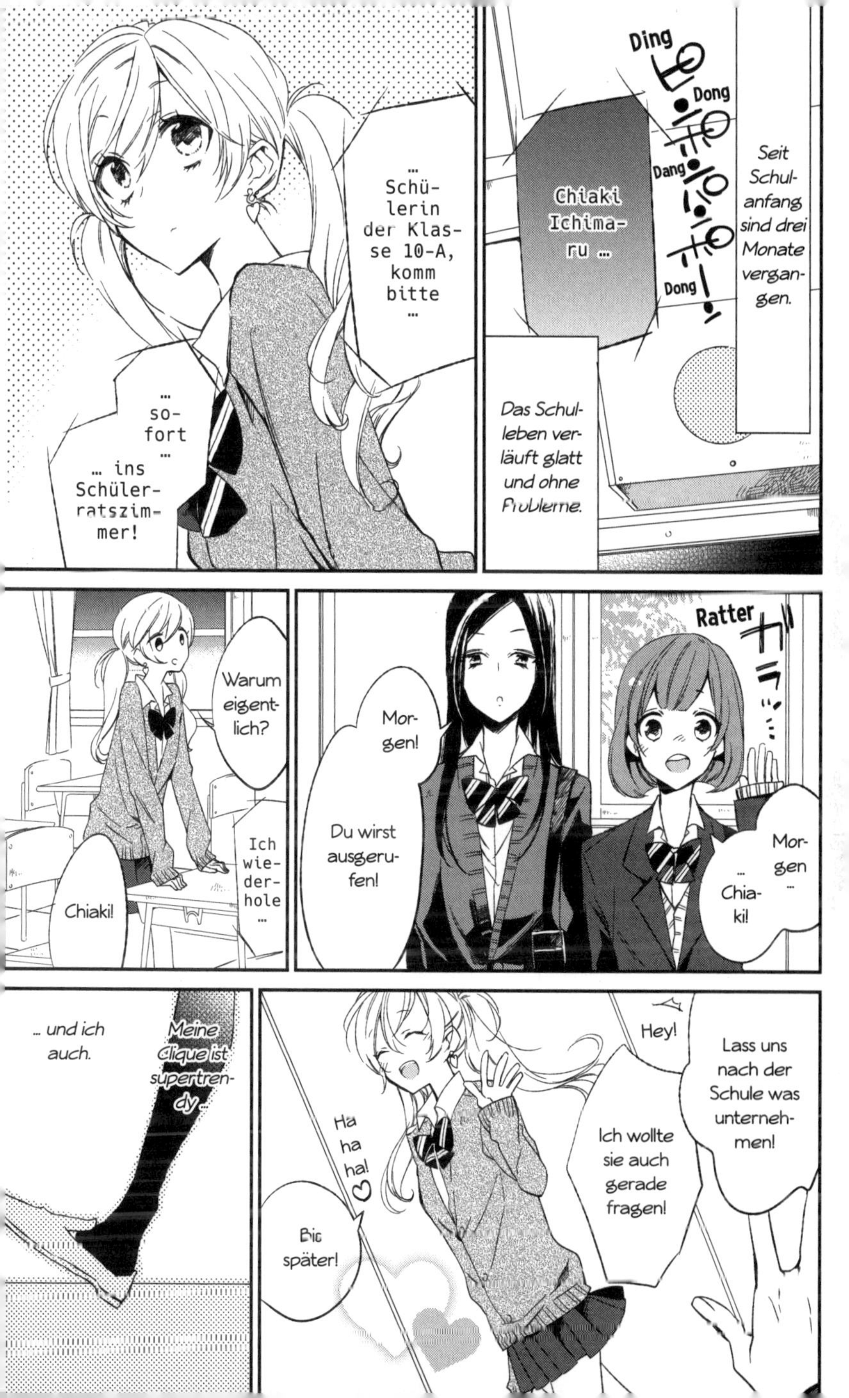
Seit Schulanfang sind drei Monate vergangen.
Ding Dong Dang Dong
Chiaki Ichimaru …
Das Schulleben verläuft glatt und ohne Probleme.
… Schülerin der Klasse 10-A, komm bitte …
… sofort …
… ins Schülerratszimmer!
Ratter
Morgen … Chiaki!
Morgen!
Du wirst ausgerufen!
Warum eigentlich?
Ich wiederhole …
Chiaki!
Lass uns nach der Schule was unternehmen!
Hey!
Ich wollte sie auch gerade fragen!
Ha ha ha! ♡
Bis später!
Meine Clique ist supertrendy …
… und ich auch.

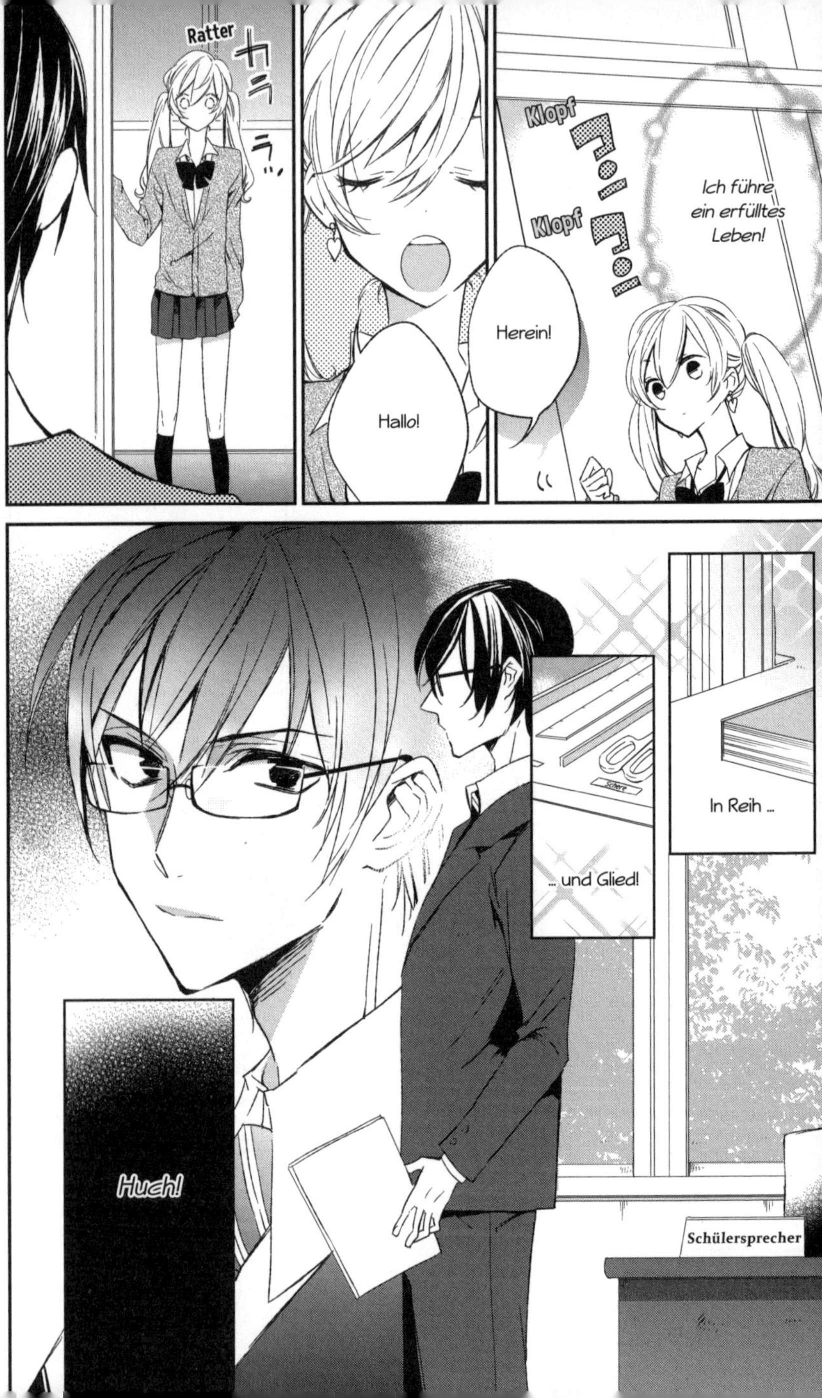
Klopf
Klopf
Ich führe
ein erfülltes
Leben!
Herein!
Hallo!
Ratter
In Reih ...
... und Glied!
Schere
Schülersprecher
Huch!

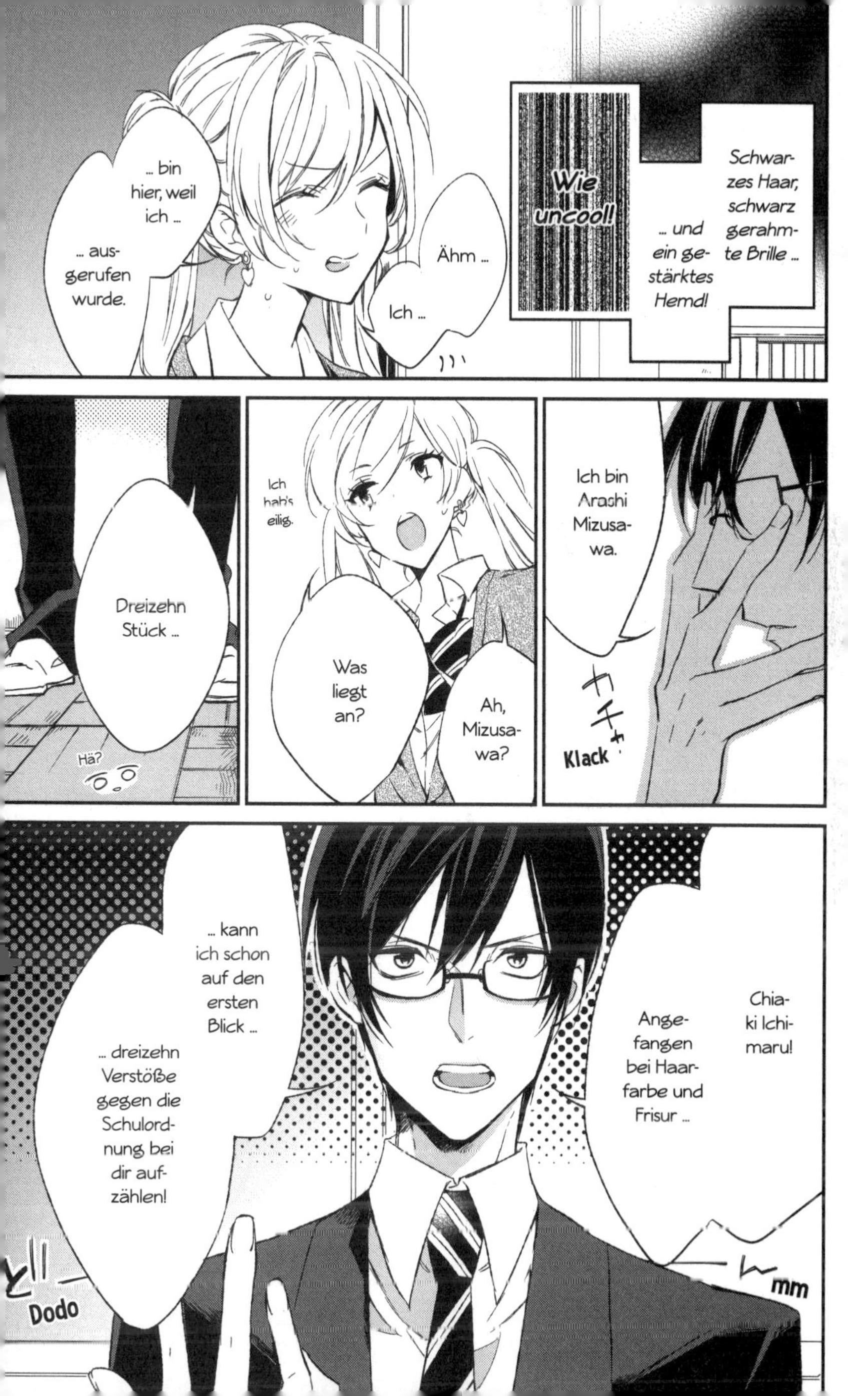

Schwarzes Haar, schwarz gerahmte Brille ...
... und ein gestärktes Hemd!
Wie uncool!
Ähm ...
Ich ...
... bin hier, weil ich ...
... ausgerufen wurde.
Ich bin Arashi Mizusawa.
Klack
Ah, Mizusawa?
Was liegt an?
Ich hab's eilig.
Dreizehn Stück ...
Hä?
Chiaki Ichimaru!
Angefangen bei Haarfarbe und Frisur ...
mm
... kann ich schon auf den ersten Blick ...
... dreizehn Verstöße gegen die Schulordnung bei dir aufzählen!
Dodo

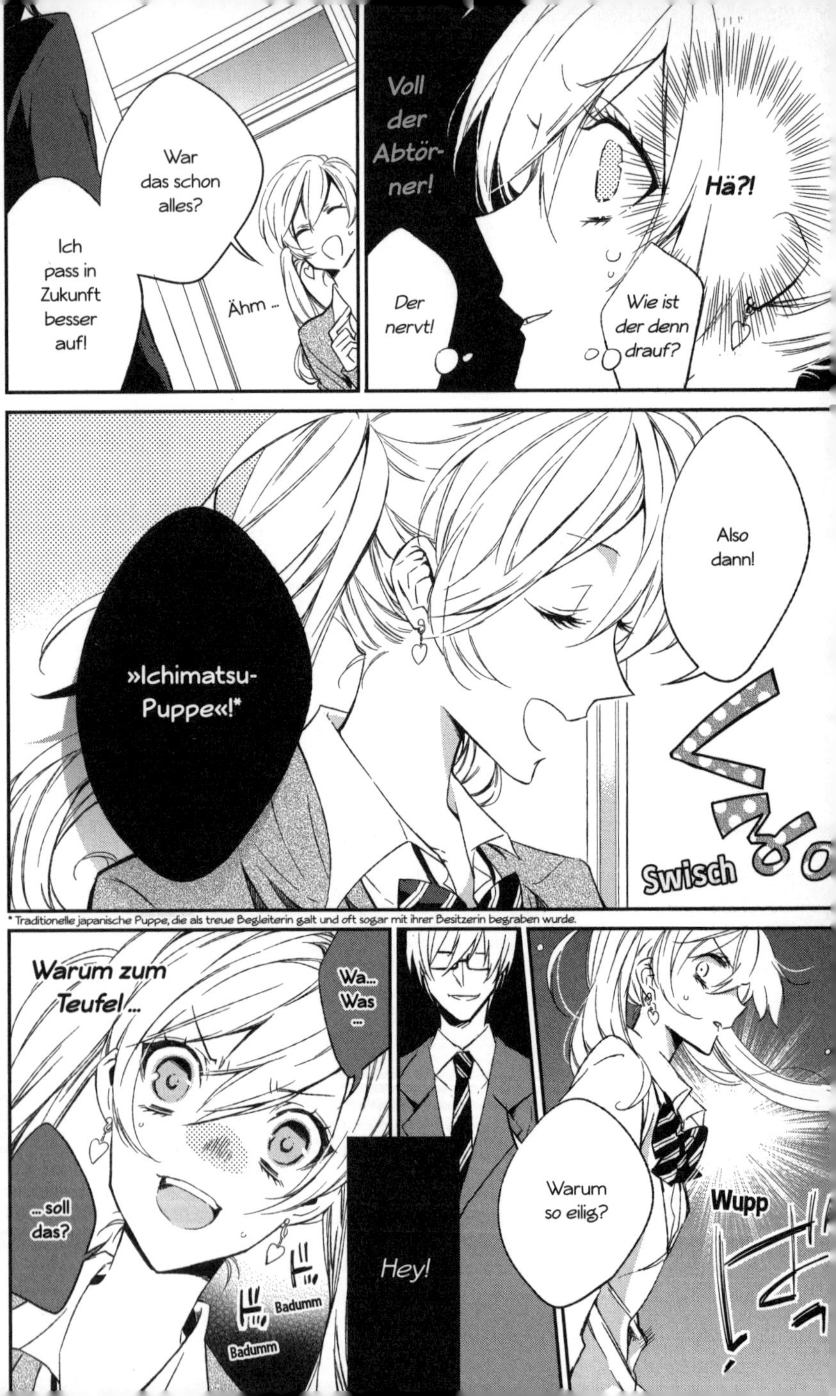

* Traditionelle japanische Puppe, die als treue Begleiterin galt und oft sogar mit ihrer Besitzerin begraben wurde.

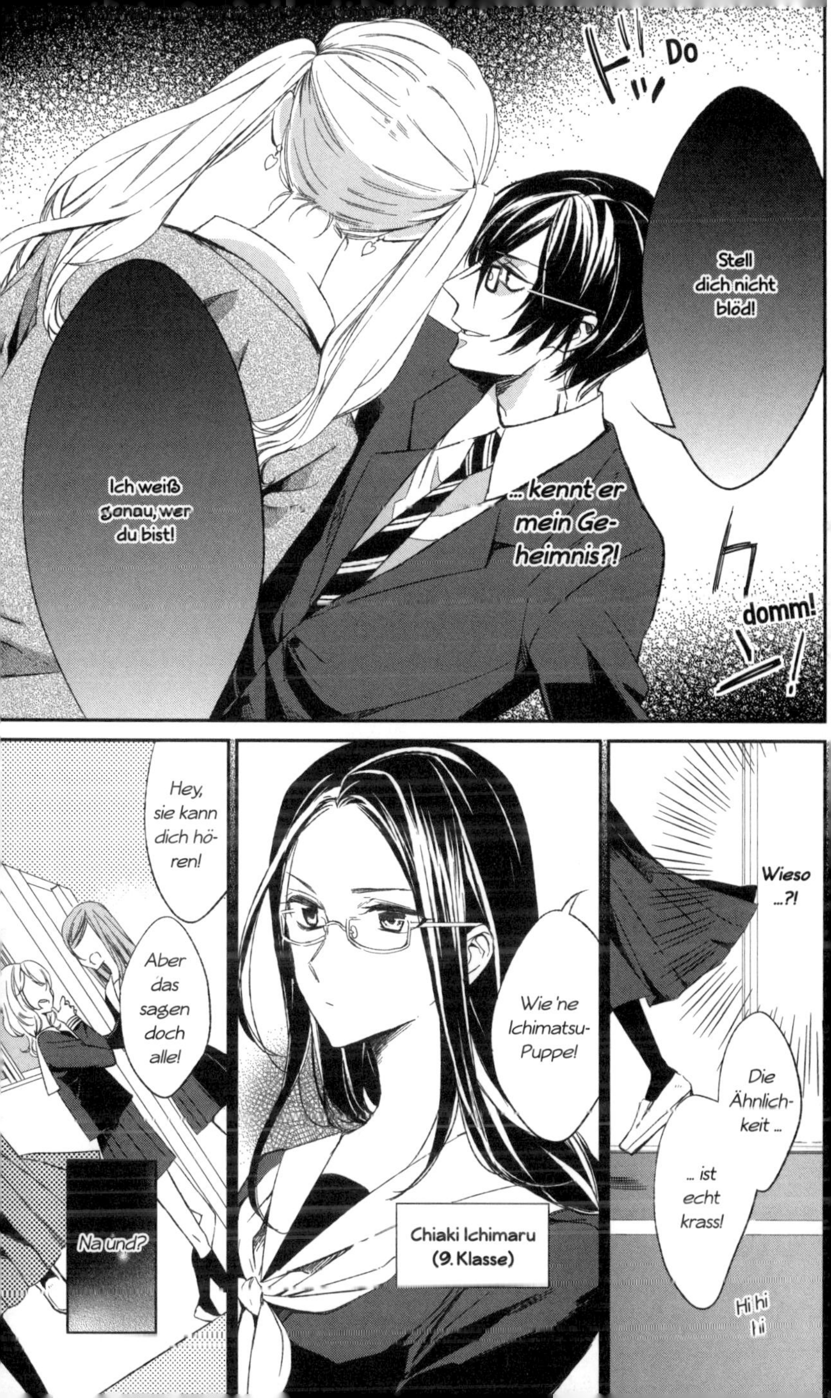
Do
Stell dich nicht blöd!
domm!
... kennt er mein Geheimnis?!
Ich weiß genau, wer du bist!
Wieso ...?!
Die Ähnlichkeit ...
... ist echt krass!
Hi hi hi
Wie 'ne Ichimatsu-Puppe!
Chiaki Ichimaru (9. Klasse)
Hey, sie kann dich hören!
Aber das sagen doch alle!
Na und?

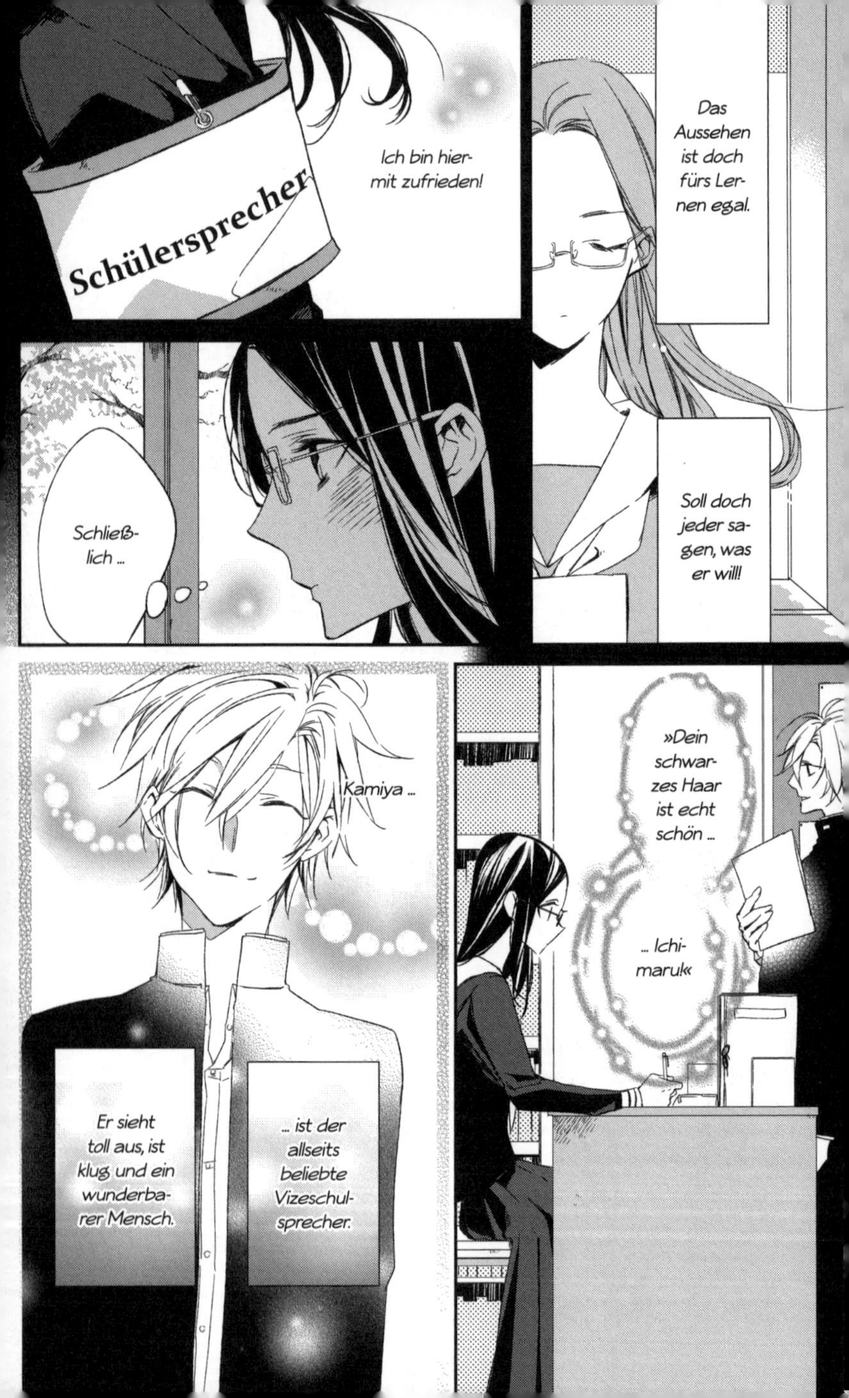

Das Aussehen ist doch fürs Lernen egal.
Schülersprecher
Ich bin hiermit zufrieden!
Soll doch jeder sagen, was er will!
Schließlich ...
»Dein schwarzes Haar ist echt schön ...
... Ichimaru!«
Kamiya ...
Er sieht toll aus, ist klug und ein wunderbarer Mensch.
... ist der allseits beliebte Vizeschulsprecher.

6.

Zu Kapitel 6

Hier durfte ich zu meiner großen Freude tatsächlich das Cover für das *Hana to Yume*-Magazin* zeichnen!

Die Stadt Runaela koexistiert mit Bäumen und Pflanzen, und ich würde gerne wieder solche Stadtansichten zeichnen. Die Ritteruniform hat mir aber großes Kopfzerbrechen bereitet.

Zu Kapitel 7

Wer hätte gedacht, dass ich Rukuls Heimatbesuch zeichnen kann? Ich bin froh, dass ich noch mal Milea und ihren Vater zeichnen konnte. In diesem Kapitel trägt Rukul unauffällige Winterkleidung und ich vermute, dass sie anschließend ihre Kleider, die sie noch im Dorf hatte, mit zurück in den Palast genommen hat.

Das war die letzte Kolumne. 🐱

* Magazin, in dem *Die Legende von Azfareo* in Japan ursprünglich erscheint.

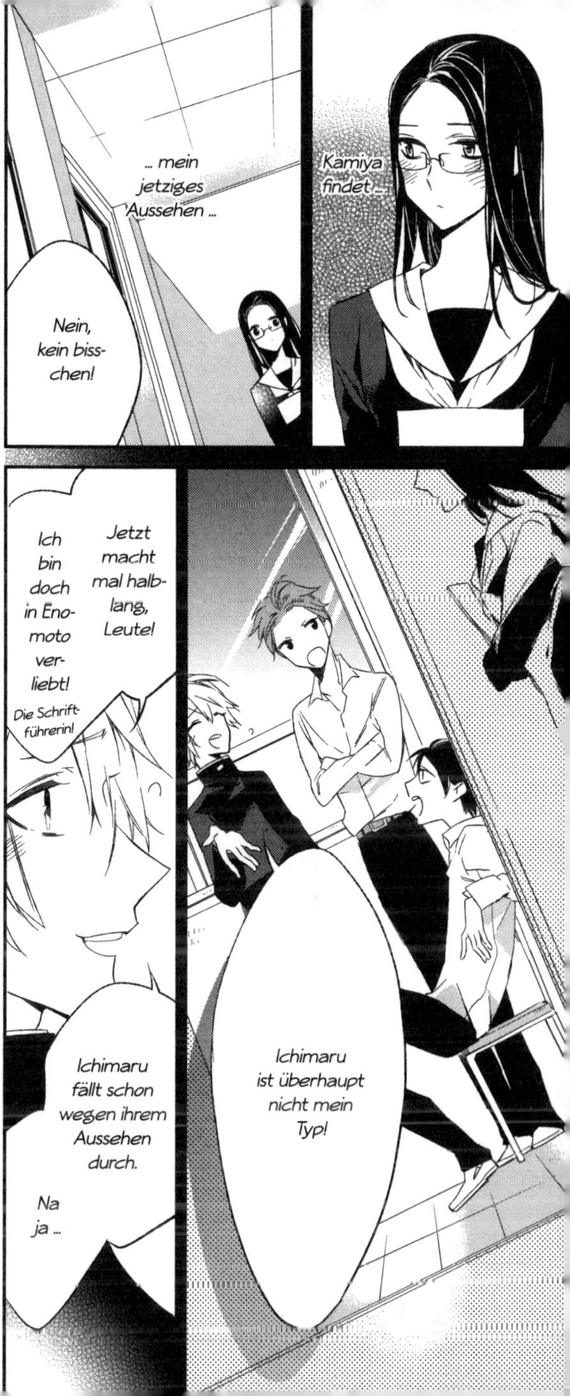

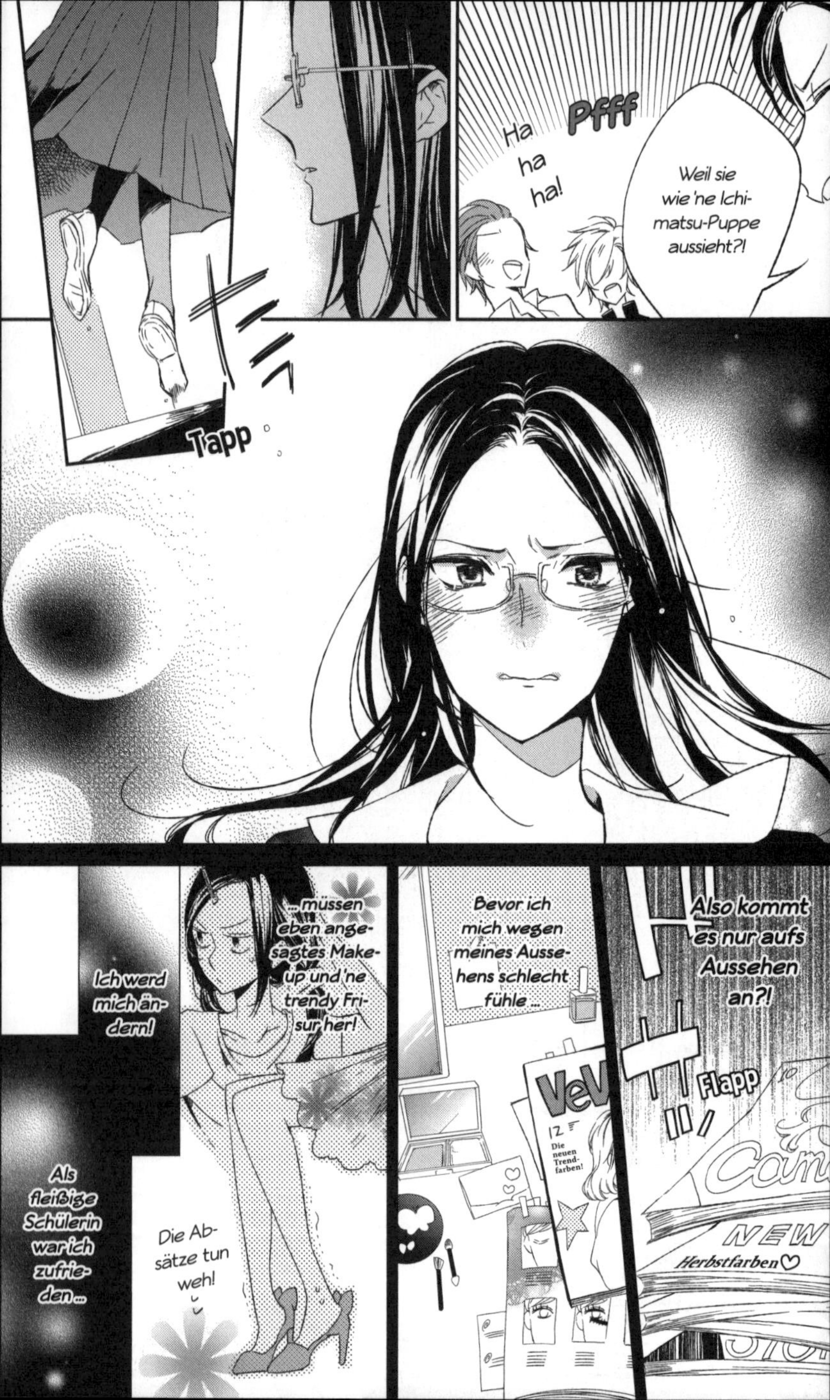

Weil sie wie 'ne Ichi-matsu-Puppe aussieht?!
Pfff
Ha ha ha!
Tapp
Also kommt es nur aufs Aussehen an?!
Flapp
Herbstfarben♡
NEW
Bevor ich mich wegen meines Ausse-hens schlecht fühle ...
Die neuen Trend-farben!
... müssen eben ange-sagtes Make-up und 'ne trendy Fri-sur her!
Ich werd mich än-dern!
Die Ab-sätze tun weh!
Als fleißige Schülerin war ich zufrie-den ...

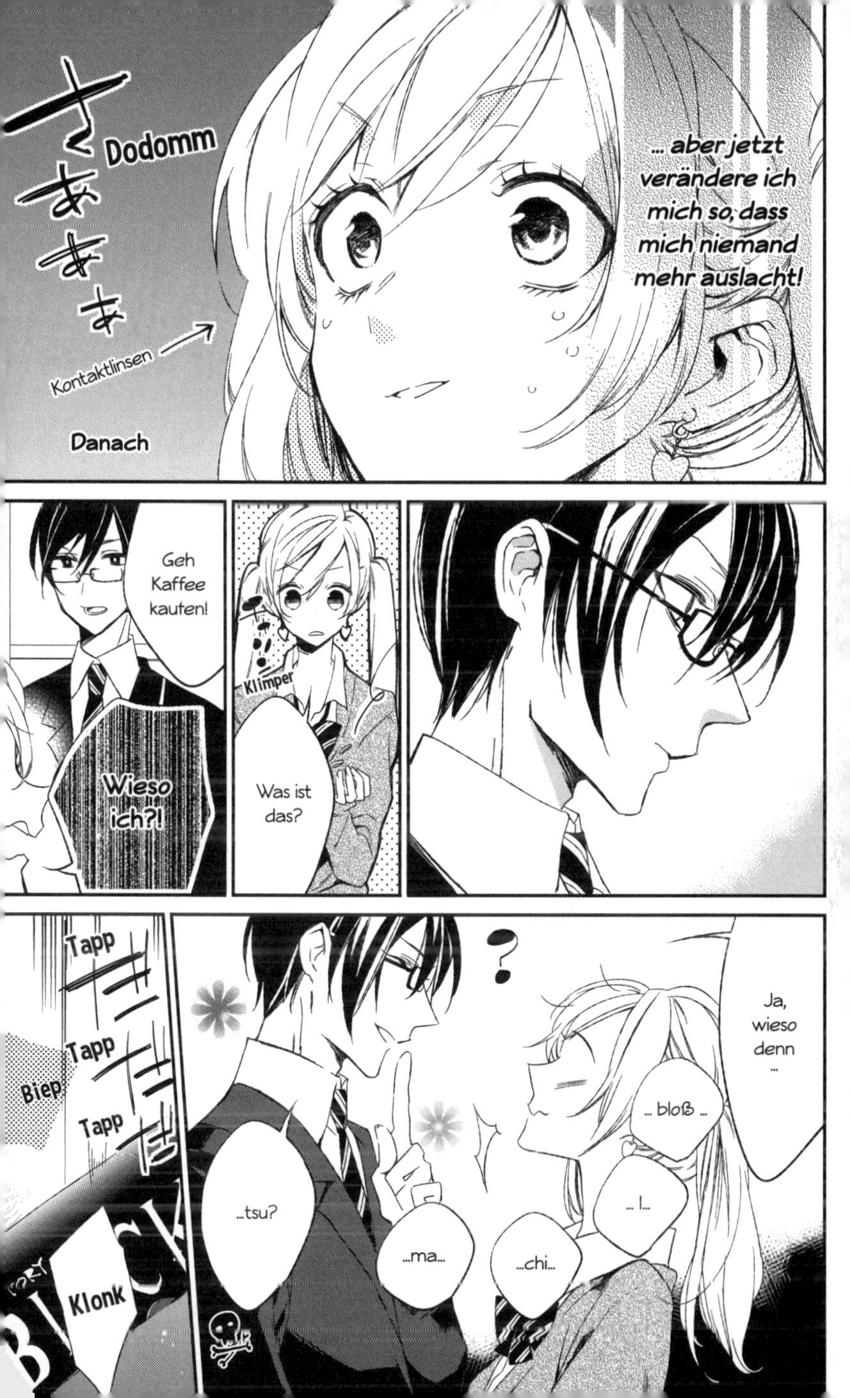
… aber jetzt verändere ich mich so, dass mich niemand mehr auslacht!
Dodomm
さあああ
Kontaktlinsen
Danach
Klimper
Was ist das?
Geh Kaffee kauten!
Wieso ich?!
Ja, wieso denn …
… bloß …
… I…
…chi…
…ma…
…tsu?
Tapp
Tapp
Tapp
Biep
Klonk

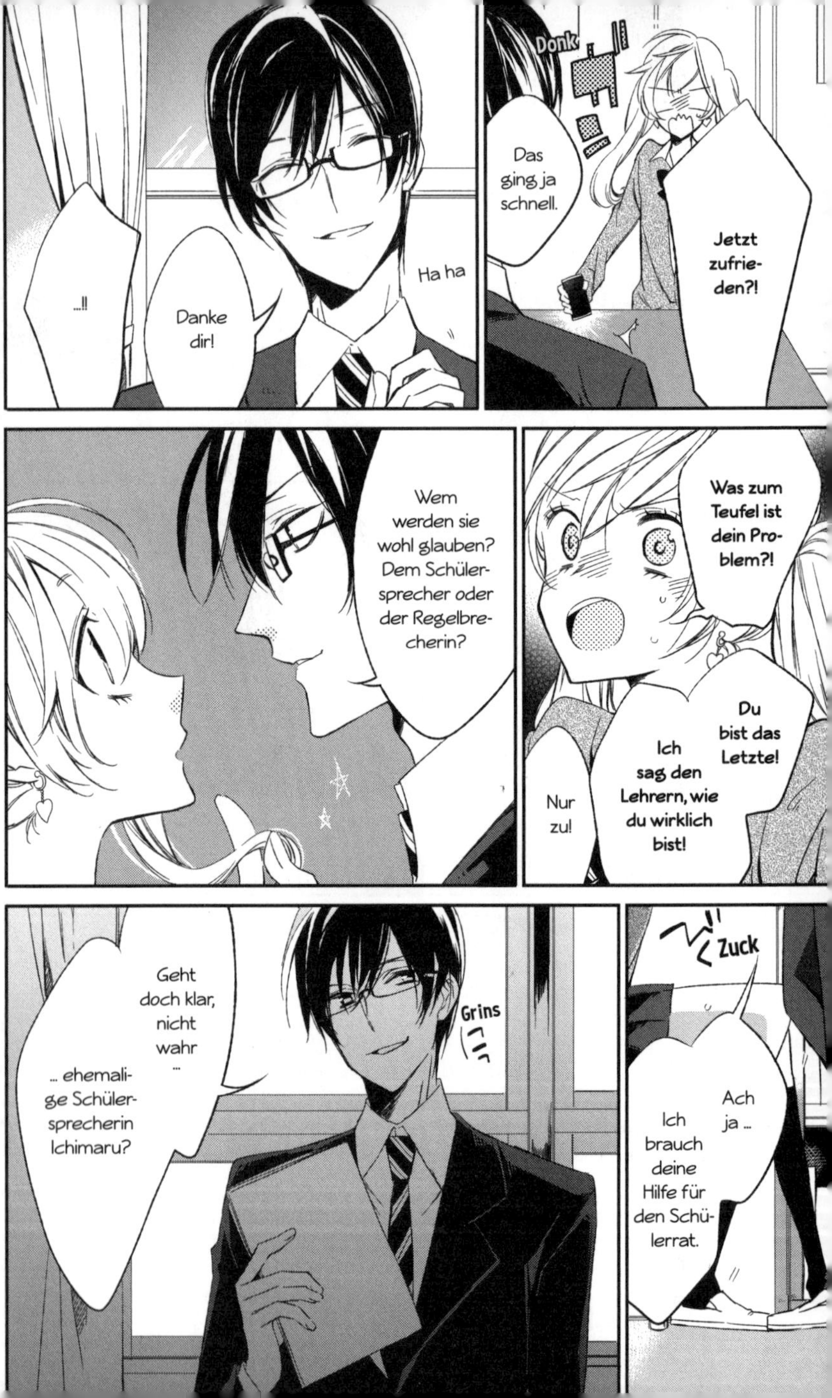
Donk
Jetzt zufrieden?!
Das ging ja schnell.
Ha ha
Danke dir!
...!!
Was zum Teufel ist dein Problem?!
Du bist das Letzte!
Ich sag den Lehrern, wie du wirklich bist!
Nur zu!
Wem werden sie wohl glauben? Dem Schülersprecher oder der Regelbrecherin?
Zuck
Ach ja ...
Ich brauch deine Hilfe für den Schülerrat.
Grins
Geht doch klar, nicht wahr ...
... ehemalige Schülersprecherin Ichimaru?

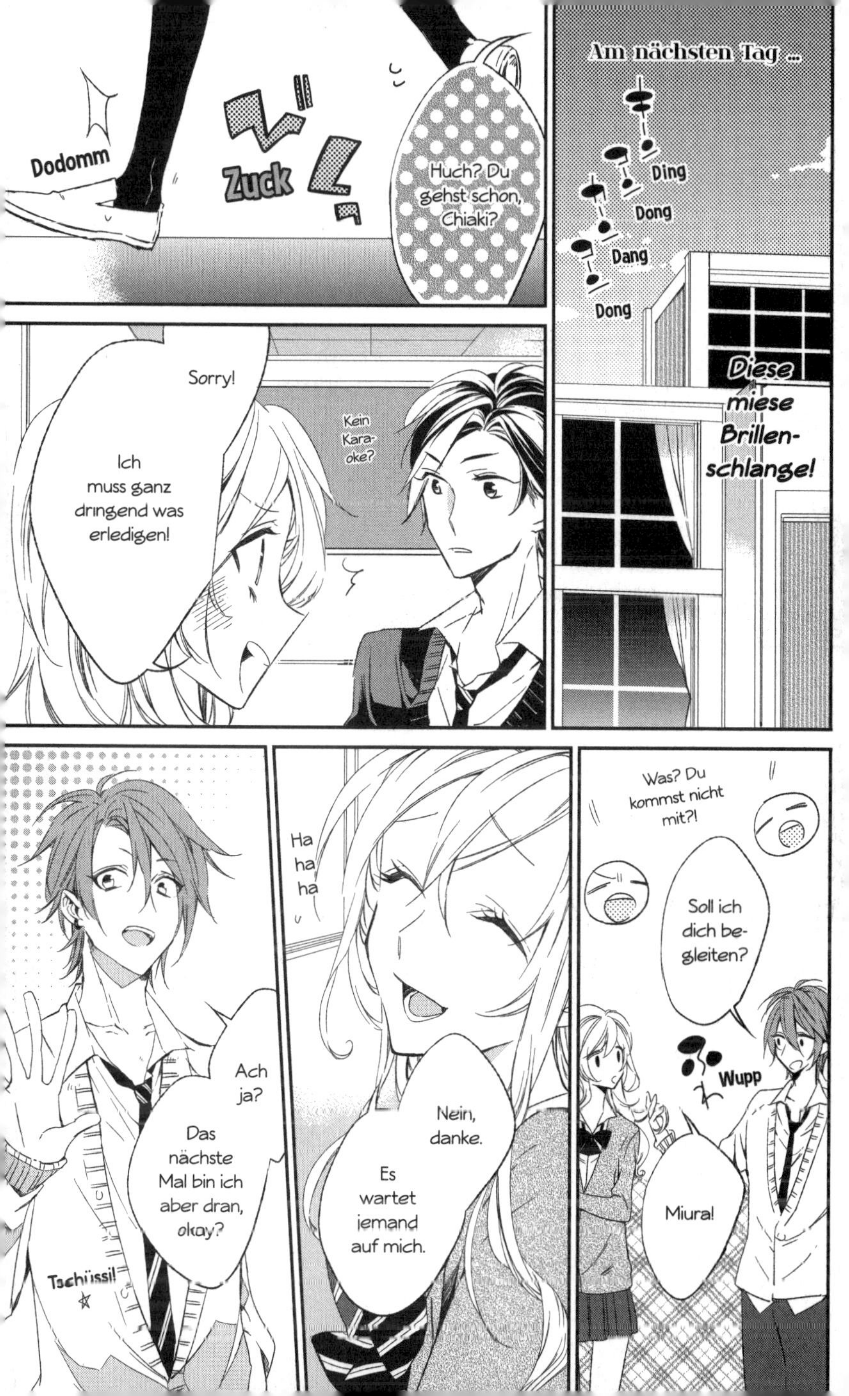
Am nächsten Tag ...
Ding
Dong
Dang
Dong
Diese miese Brillen-schlange!
Dodomm
Zuck
Huch? Du gehst schon, Chiaki?
Kein Kara-oke?
Sorry!
Ich muss ganz dringend was erledigen!
Was? Du kommst nicht mit?!
Soll ich dich be-gleiten?
Wupp
Miura!
Ha ha ha
Nein, danke.
Es wartet jemand auf mich.
Ach ja?
Das nächste Mal bin ich aber dran, okay?
Tschüssi!

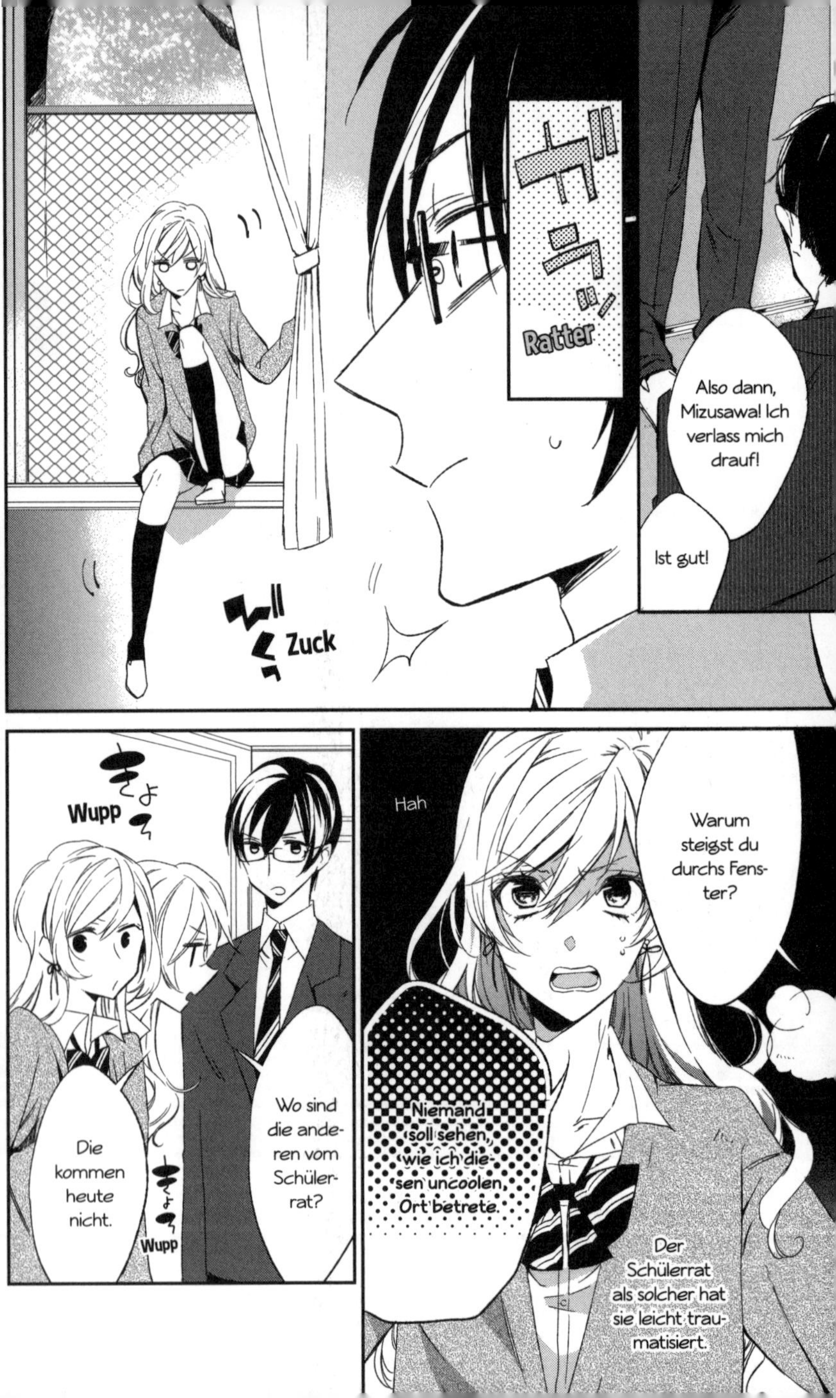
Ratter
Also dann, Mizusawa! Ich verlass mich drauf!
Ist gut!
Zuck
Warum steigst du durchs Fenster?
Hah
Niemand soll sehen, wie ich diesen uncoolen Ort betrete.
Der Schülerrat als solcher hat sie leicht traumatisiert.
Wupp
Wo sind die anderen vom Schülerrat?
Die kommen heute nicht.
Wupp

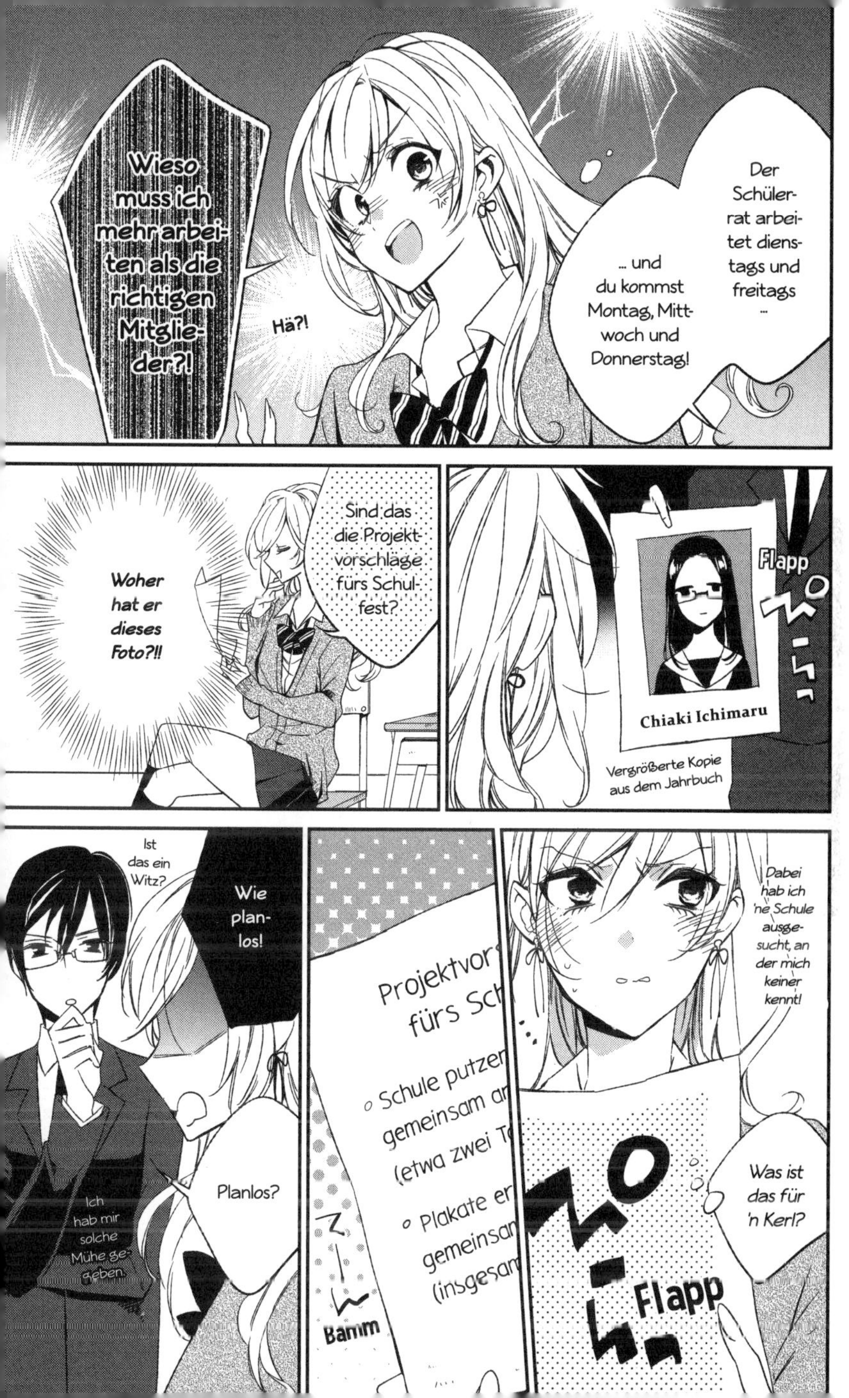
Der Schülerrat arbeitet dienstags und freitags …
… und du kommst Montag, Mittwoch und Donnerstag!
Hä?!
Wieso muss ich mehr arbeiten als die richtigen Mitglieder?!
Flapp
Chiaki Ichimaru
Vergrößerte Kopie aus dem Jahrbuch
Sind das die Projektvorschläge fürs Schulfest?
Woher hat er dieses Foto?!!
Dabei hab ich 'ne Schule ausgesucht, an der mich keiner kennt!
Was ist das für 'n Kerl?
Flapp
Projektvor
fürs Sch
Schule putzen
gemeinsam an
(etwa zwei T
Plakate er
gemeinsan
(insgesam
Bamm
Wie planlos!
Ist das ein Witz?
Planlos?
Ich hab mir solche Mühe gegeben.

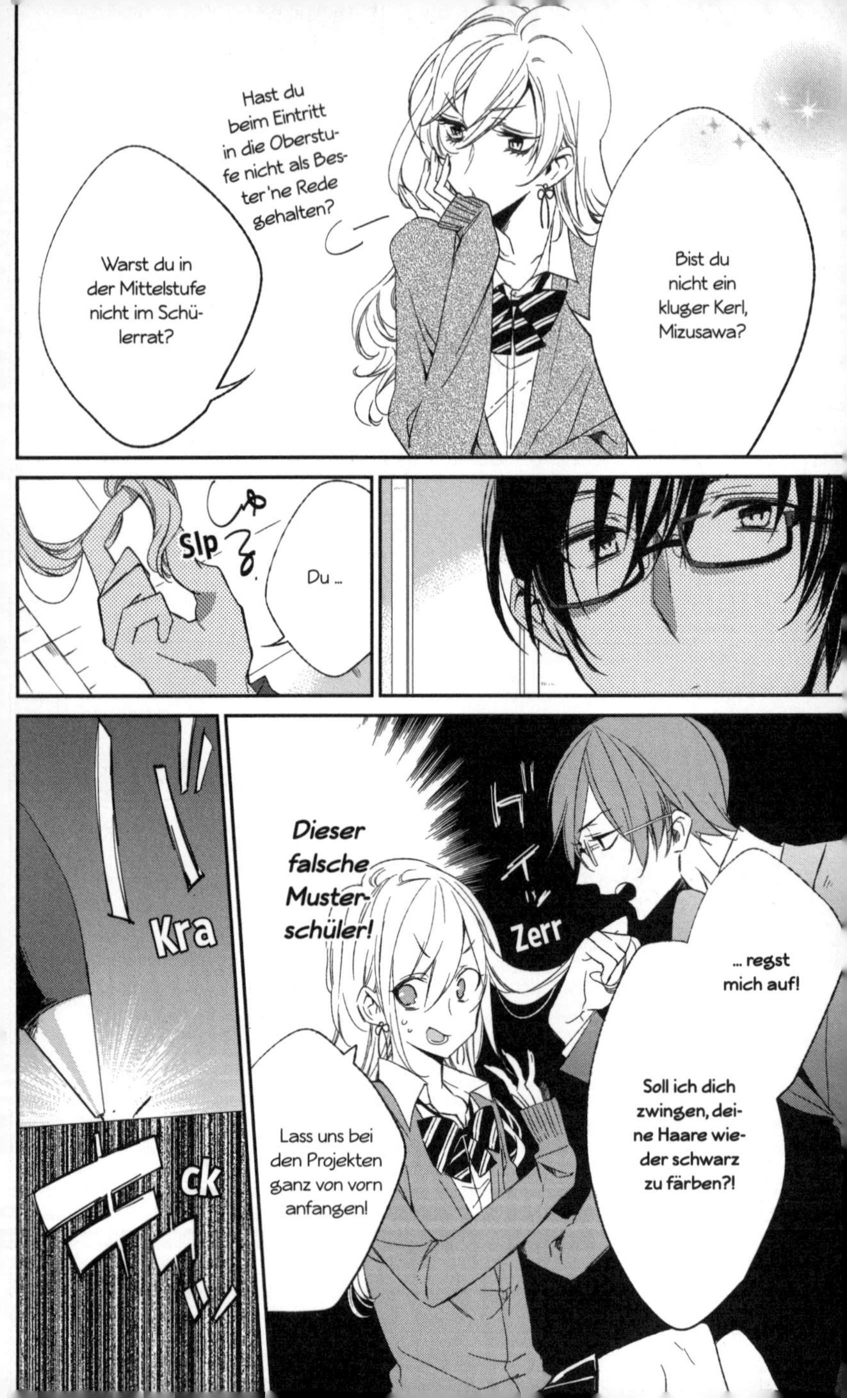
Bist du nicht ein kluger Kerl, Mizusawa?
Hast du beim Eintritt in die Oberstufe nicht als Bester'ne Rede gehalten?
Warst du in der Mittelstufe nicht im Schülerrat?
Du ...
Slp
... regst mich auf!
Soll ich dich zwingen, deine Haare wieder schwarz zu färben?!
Zerr
Dieser falsche Musterschüler!
Lass uns bei den Projekten ganz von vorn anfangen!
Kra
ck

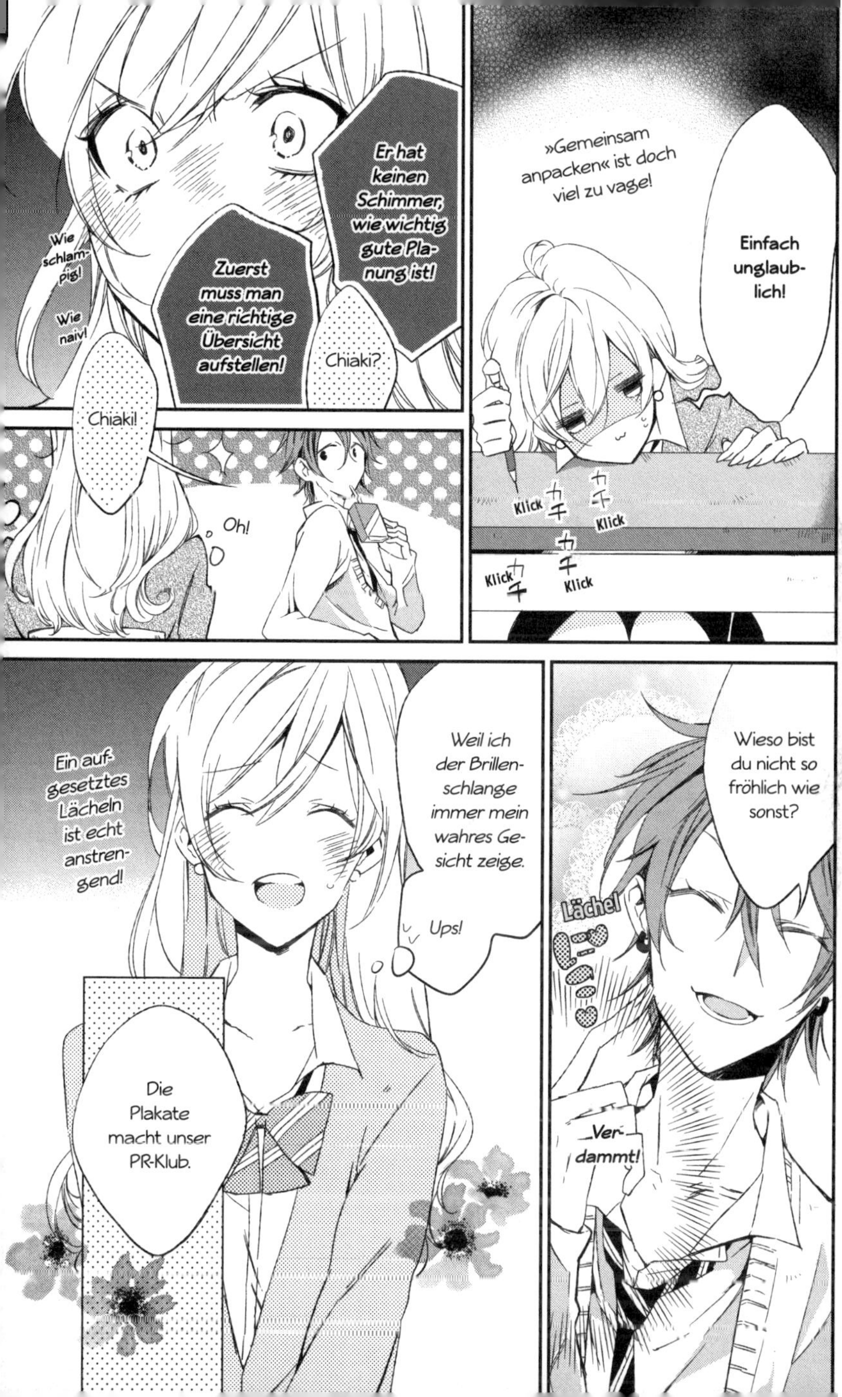
»Gemeinsam anpacken« ist doch viel zu vage!
Einfach unglaublich!
Klick
Klick
Klick
Klick
Er hat keinen Schimmer, wie wichtig gute Planung ist!
Zuerst muss man eine richtige Übersicht aufstellen!
Wie schlampig!
Wie naiv!
Chiaki?
Chiaki!
Oh!
Wieso bist du nicht so fröhlich wie sonst?
Lächel
Verdammt!
Weil ich der Brillenschlange immer mein wahres Gesicht zeige.
Ein aufgesetztes Lächeln ist echt anstrengend!
Ups!
Die Plakate macht unser PR-Klub.

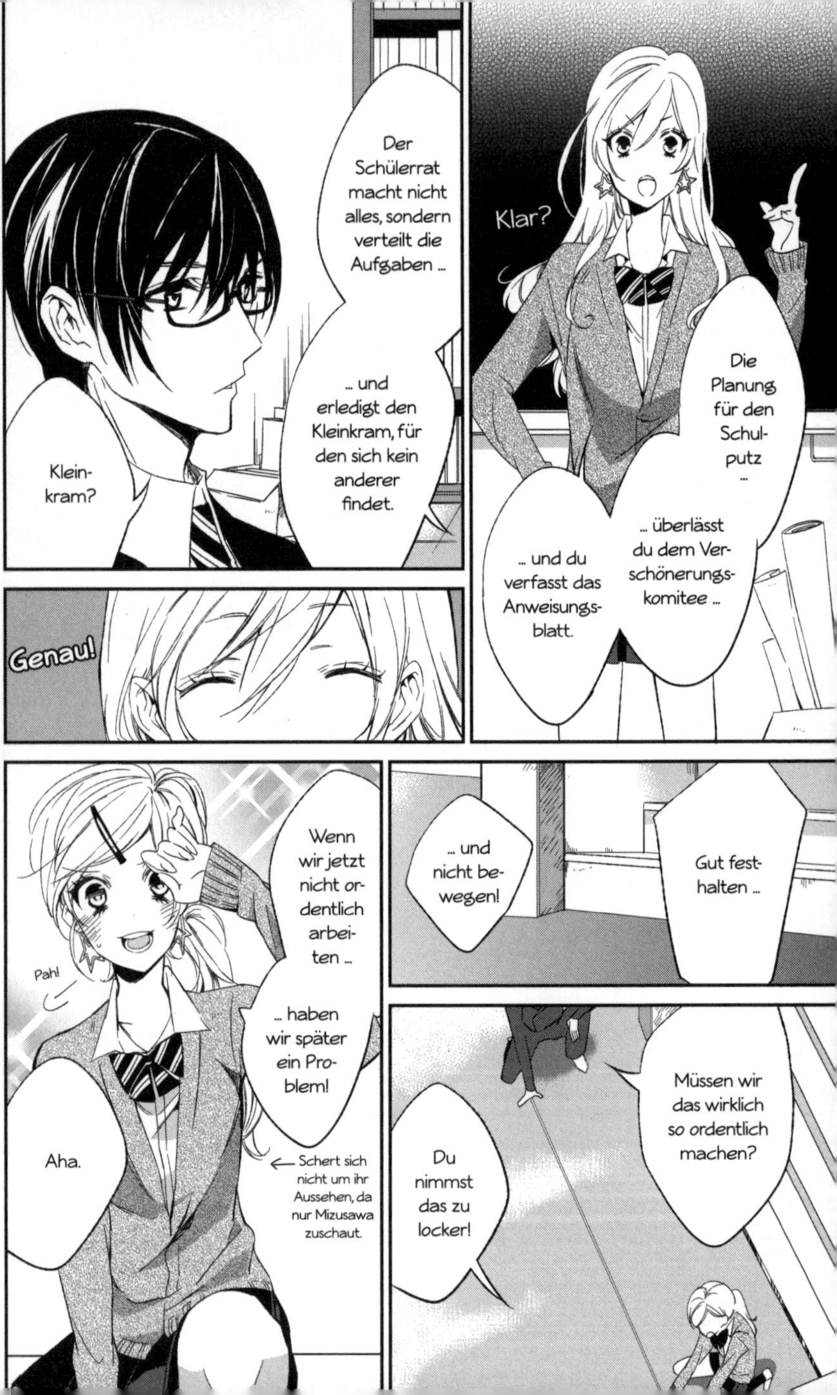
Klar?
Die Planung für den Schulputz ...
... überlässt du dem Verschönerungskomitee ...
... und du verfasst das Anweisungsblatt.
Der Schülerrat macht nicht alles, sondern verteilt die Aufgaben ...
... und erledigt den Kleinkram, für den sich kein anderer findet.
Klein-kram?
Genau!
Gut festhalten ...
... und nicht bewegen!
Müssen wir das wirklich so ordentlich machen?
Du nimmst das zu locker!
Wenn wir jetzt nicht ordentlich arbeiten ...
... haben wir später ein Problem!
Pah!
Aha.
Schert sich nicht um ihr Aussehen, da nur Mizusawa zuschaut.

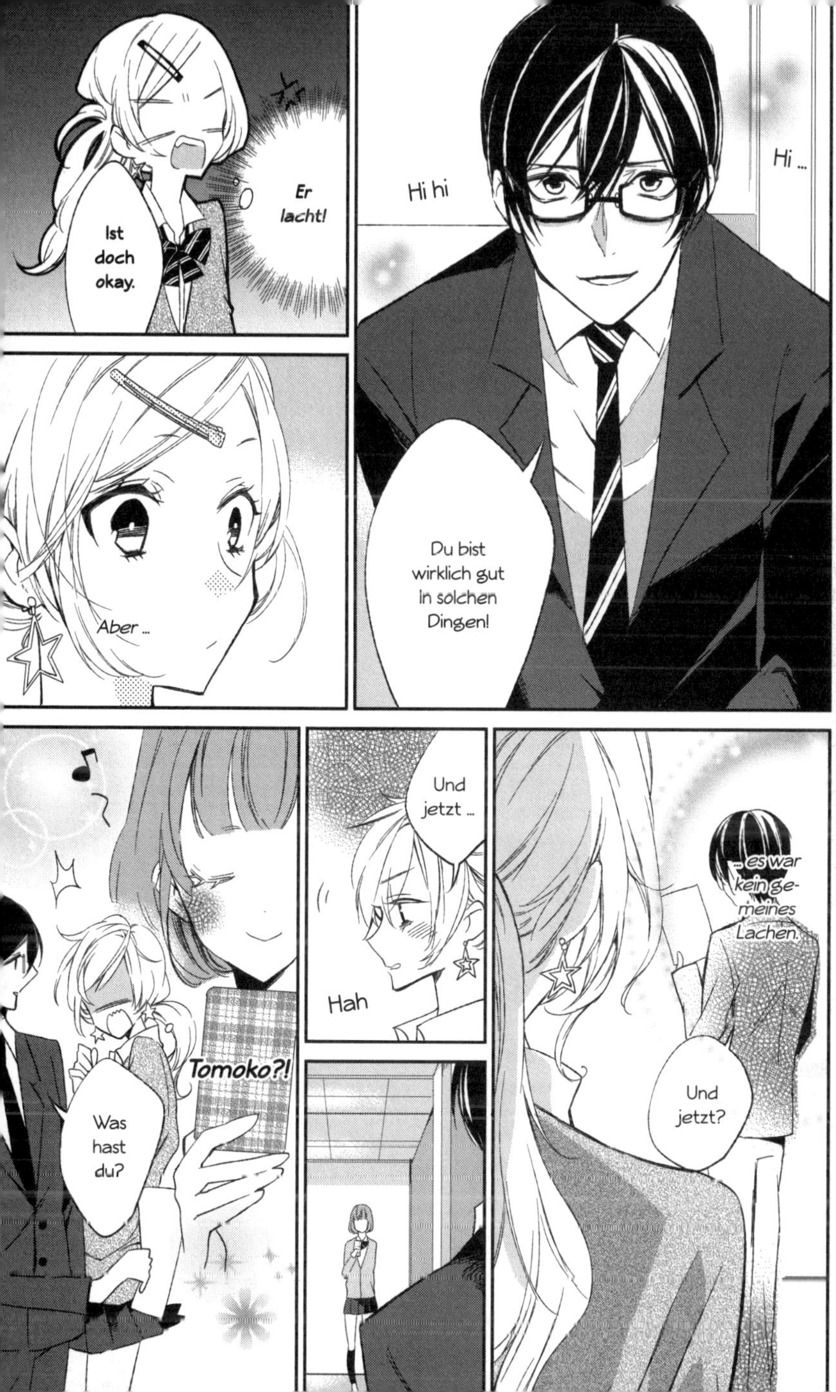
Hi ...
Hi hi
Du bist wirklich gut in solchen Dingen!
Er lacht!
Ist doch okay.
Aber ...
... es war kein gemeines Lachen.
Und jetzt?
Und jetzt ...
Hah
Tomoko?!
Was hast du?

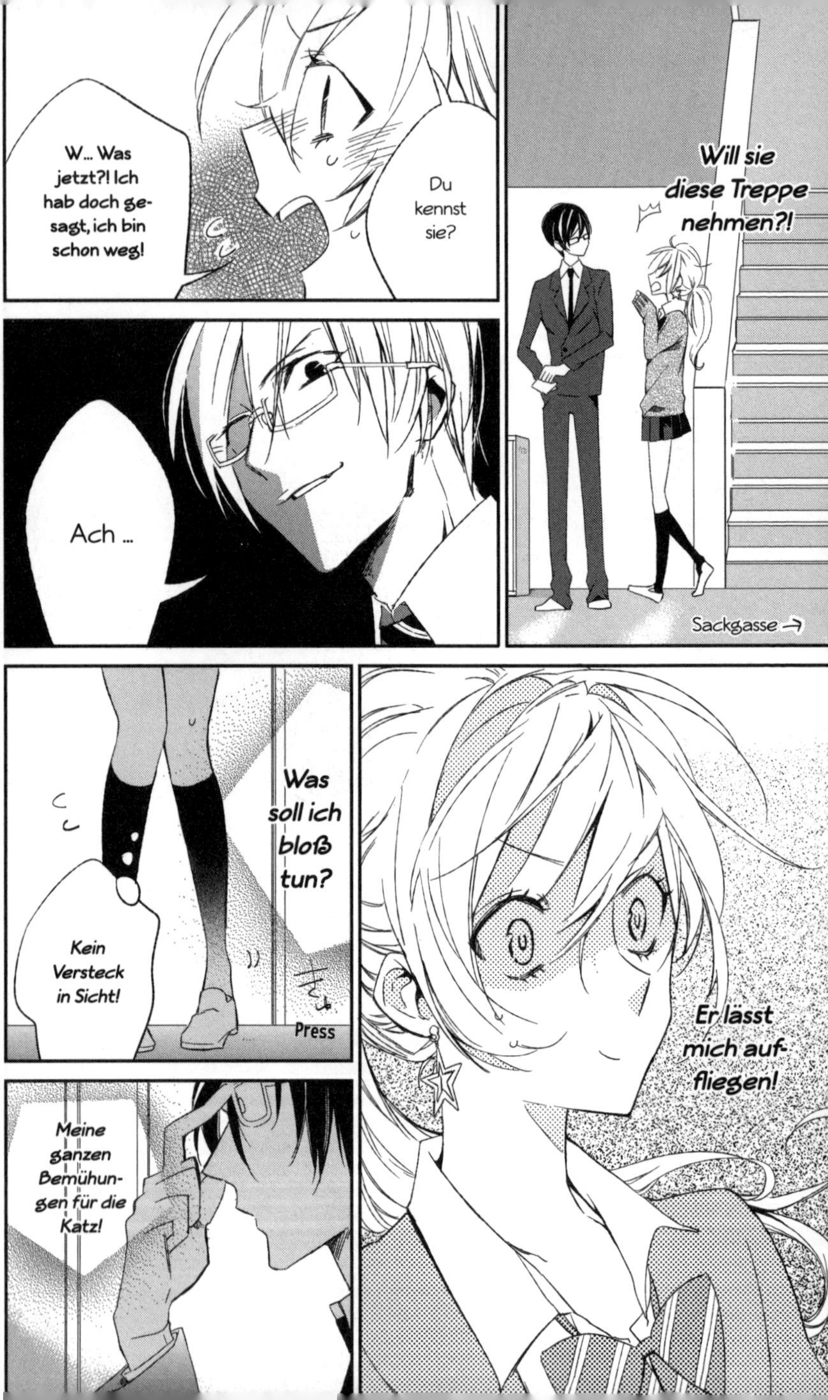
Will sie diese Treppe nehmen?!
Sackgasse →
Du kennst sie?
W... Was jetzt?! Ich hab doch gesagt, ich bin schon weg!
Ach ...
Er lässt mich auffliegen!
Was soll ich bloß tun?
Kein Versteck in Sicht!
Press
Meine ganzen Bemühungen für die Katz!

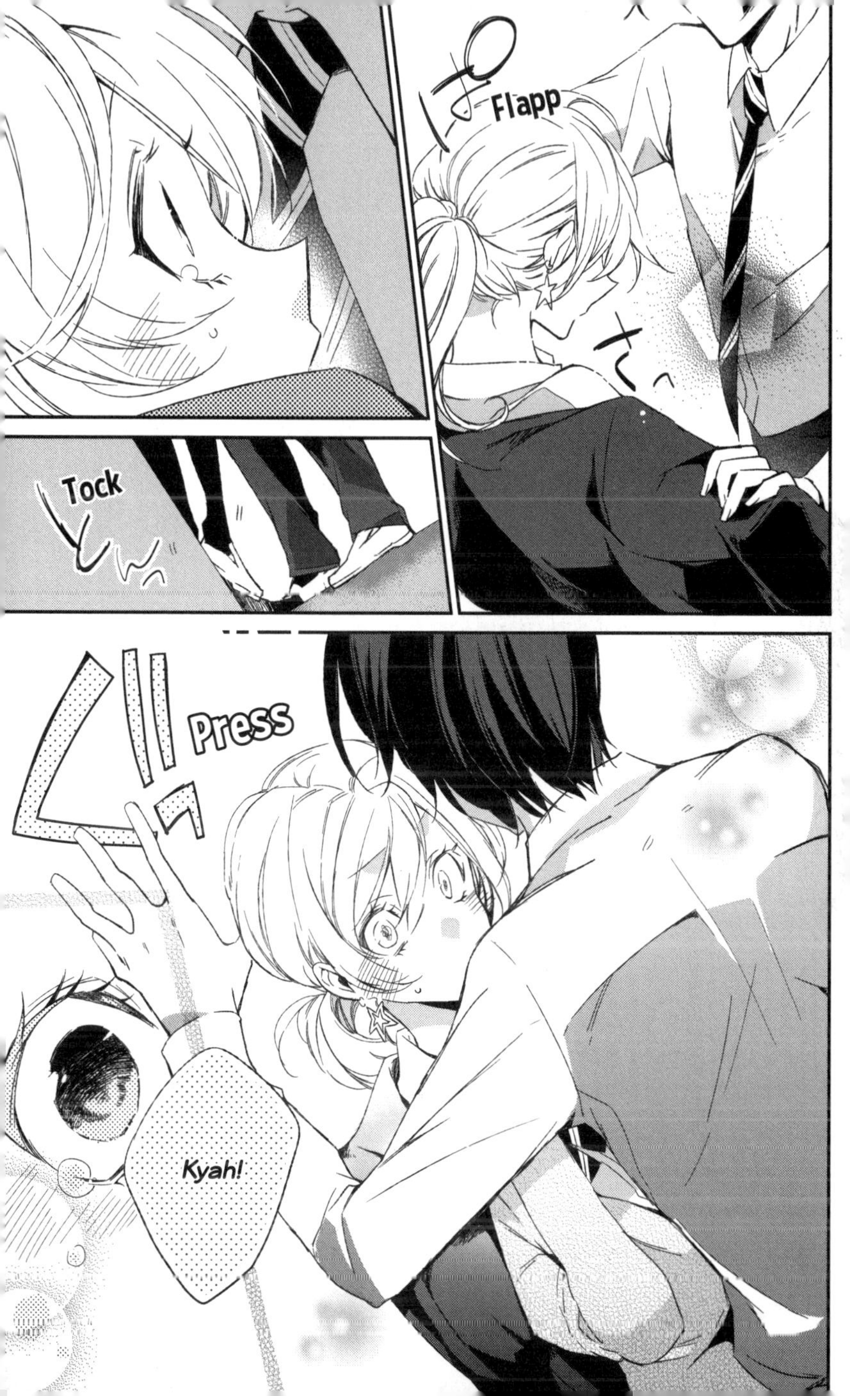
Flapp
Tock
Press
Kyah!

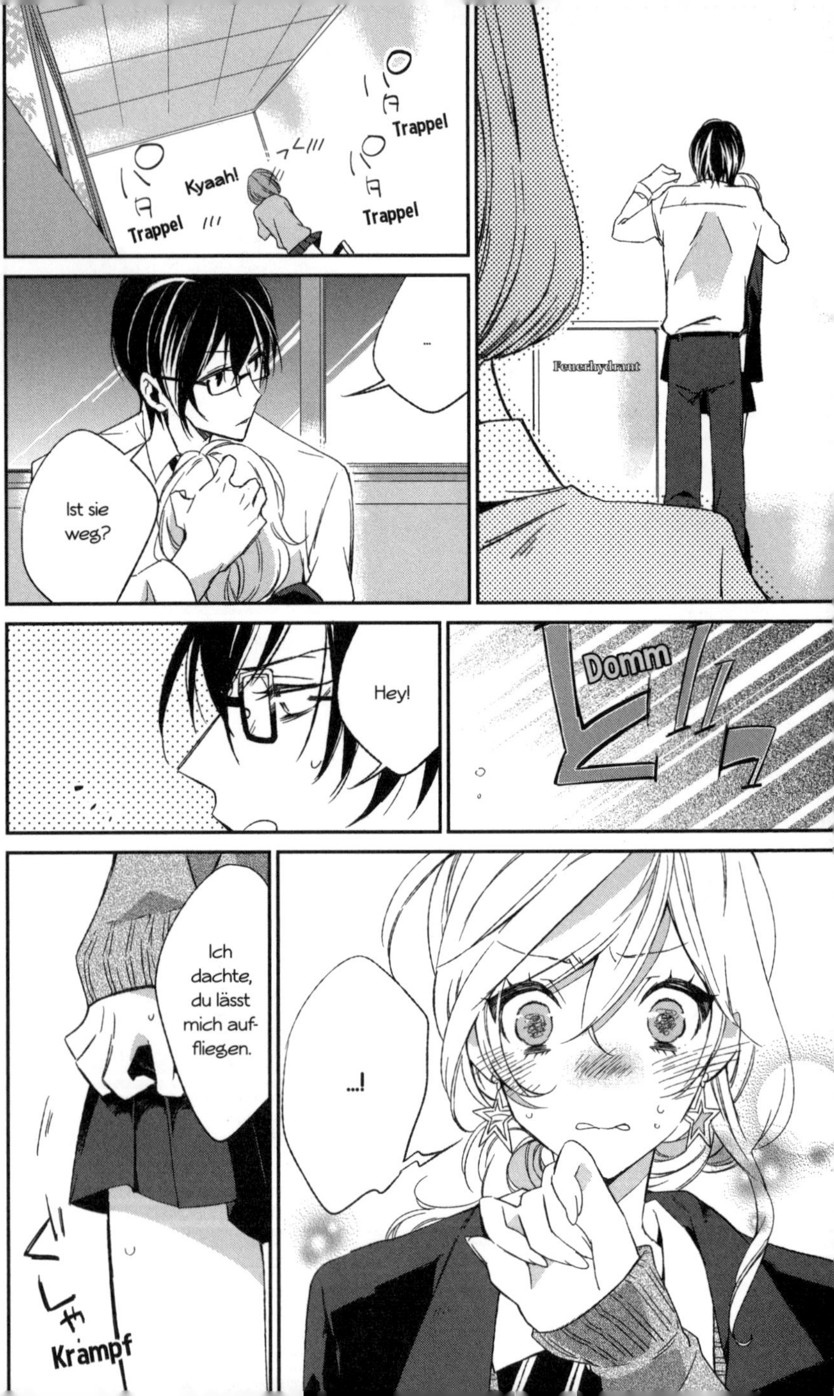
Trappel
Trappel
Kyaah!
Trappel
...
Ist sie weg?
Feuerhydrant
Domm
Hey!
...!
Ich dachte, du lässt mich auffliegen.
Krampf

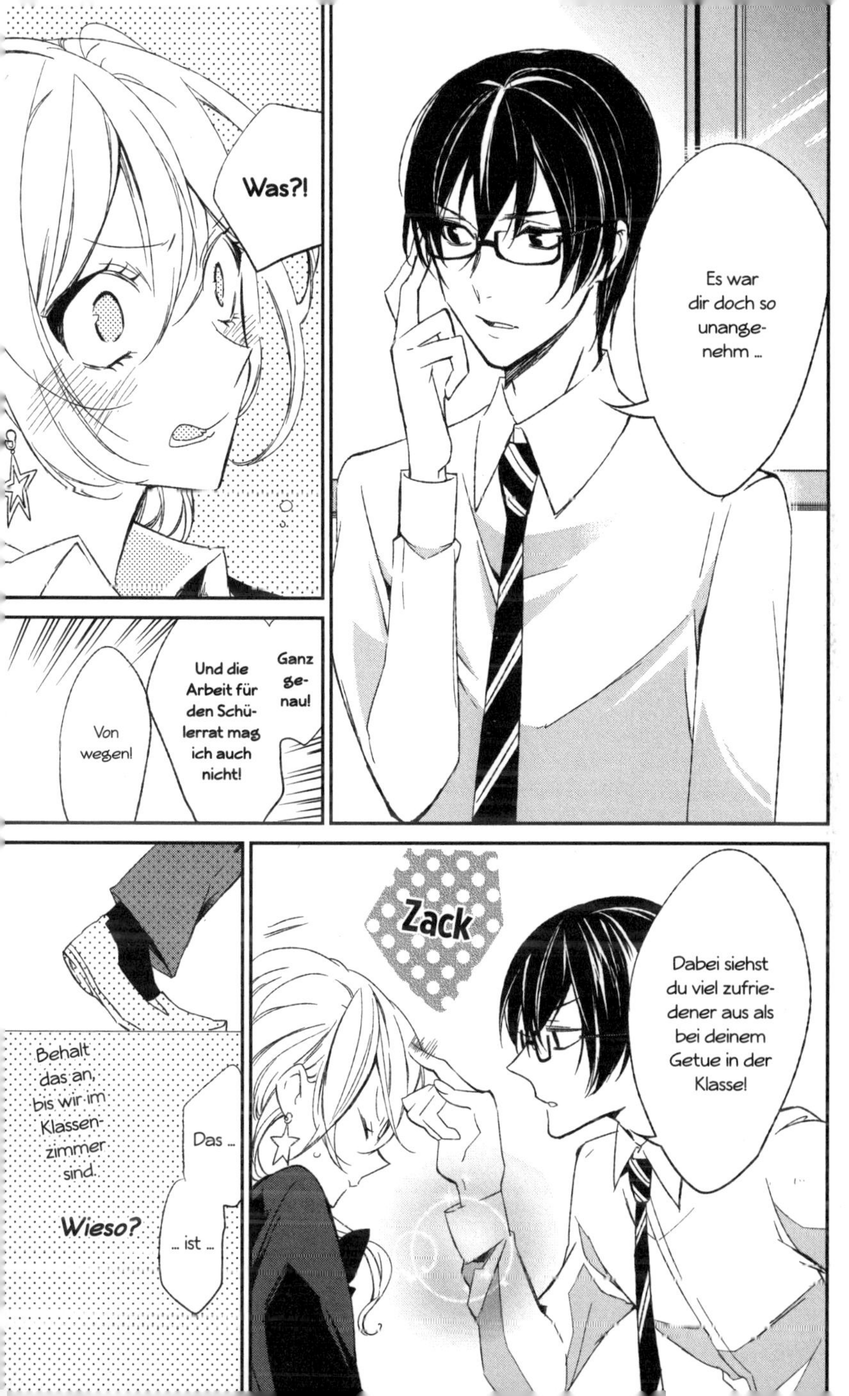

Es war dir doch so unangenehm ...
Was?!
Ganz genau!
Und die Arbeit für den Schülerrat mag ich auch nicht!
Von wegen!
Zack
Dabei siehst du viel zufriedener aus als bei deinem Getue in der Klasse!
Das ...
... ist ...
Behalt das an, bis wir im Klassenzimmer sind.
Wieso?

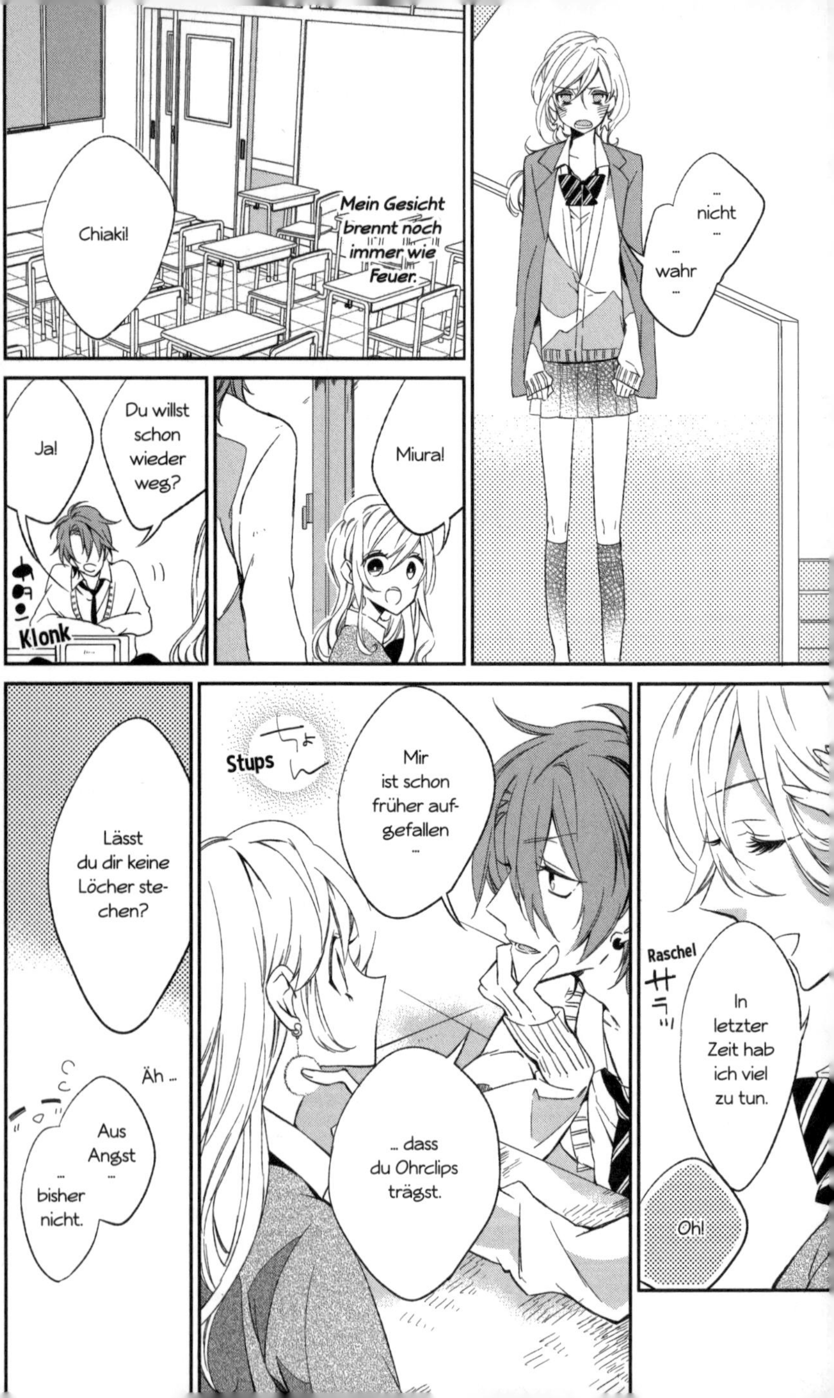
... nicht ...
... wahr ...
Mein Gesicht brennt noch immer wie Feuer.
Chiaki!
Miura!
Du willst schon wieder weg?
Ja!
Klonk
Raschel
In letzter Zeit hab ich viel zu tun.
Oh!
Stups
Mir ist schon früher aufgefallen ...
... dass du Ohrclips trägst.
Lässt du dir keine Löcher stechen?
Äh ...
Aus Angst ... bisher nicht.

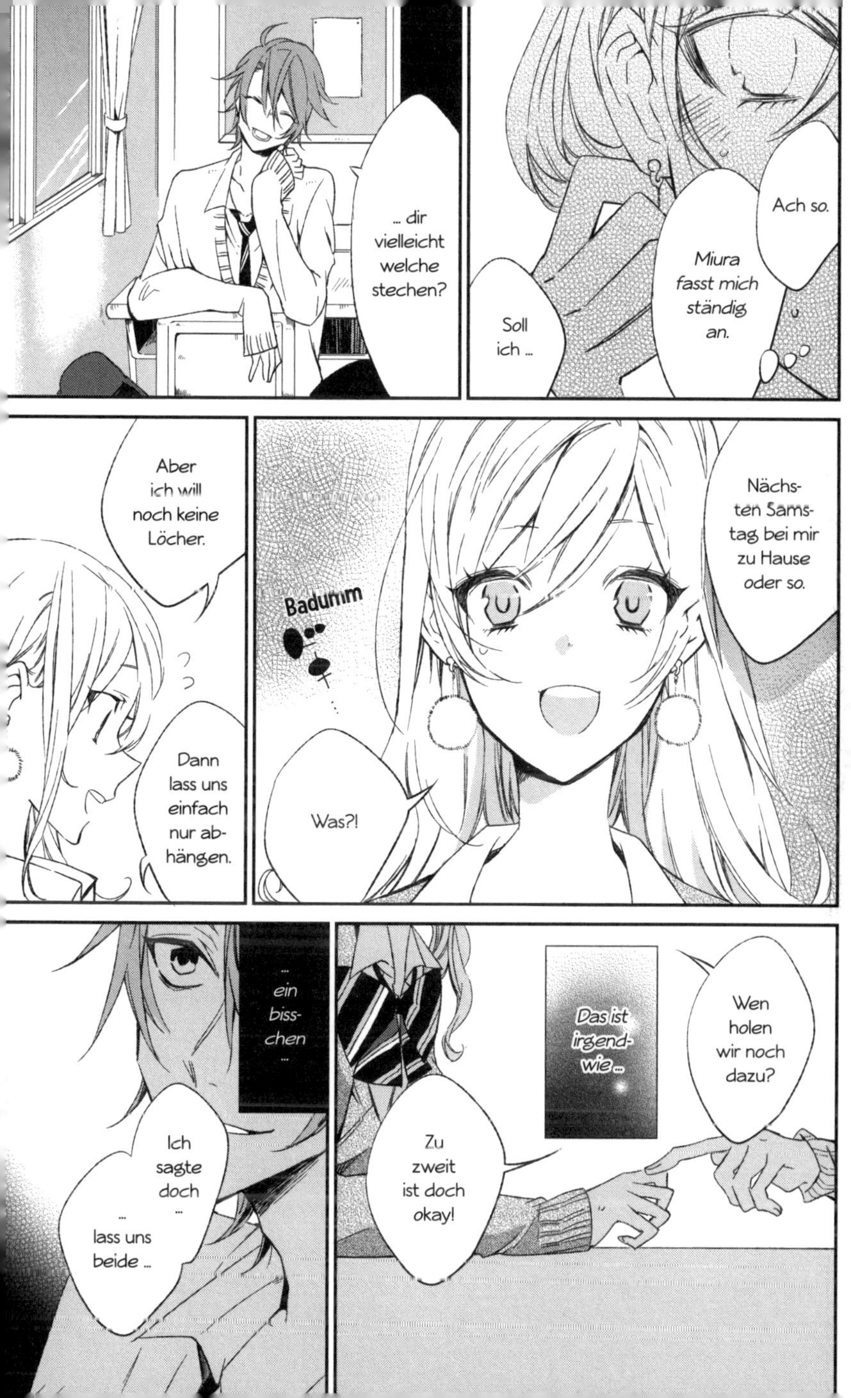
Ach so.
Miura fasst mich ständig an.
Soll ich ...
... dir vielleicht welche stechen?
Nächsten Samstag bei mir zu Hause oder so.
Badumm
Was?!
Aber ich will noch keine Löcher.
Dann lass uns einfach nur abhängen.
Wen holen wir noch dazu?
Das ist irgendwie ...
Zu zweit ist doch okay!
... ein bisschen ...
Ich sagte doch ... ... lass uns beide ...

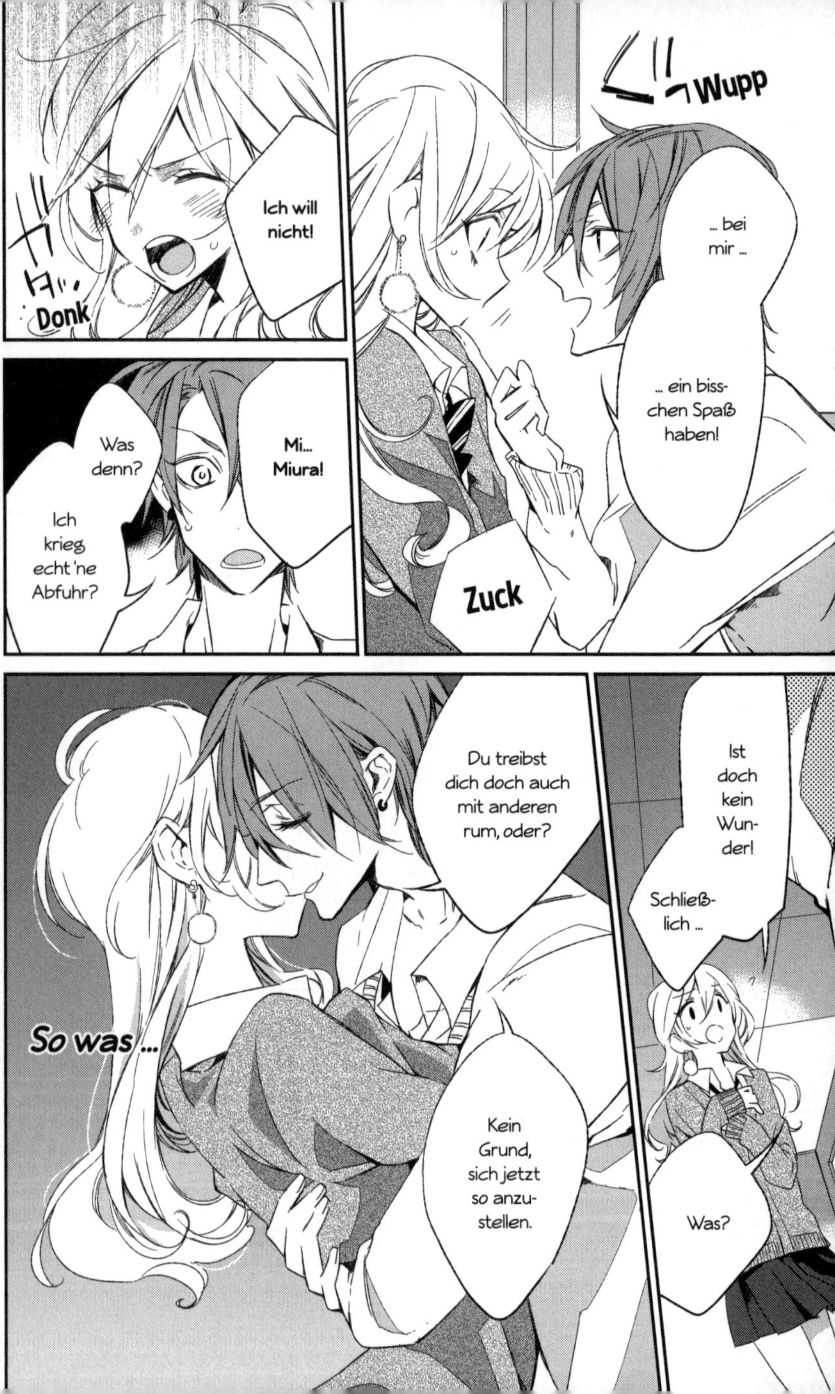

Wupp
... bei mir ...
... ein bisschen Spaß haben!
Zuck
Ich will nicht!
Donk
Mi... Miura!
Was denn?
Ich krieg echt 'ne Abfuhr?
Ist doch kein Wunder!
Schließlich ...
Was?
Du treibst dich doch auch mit anderen rum, oder?
Kein Grund, sich jetzt so anzustellen.
So was ...

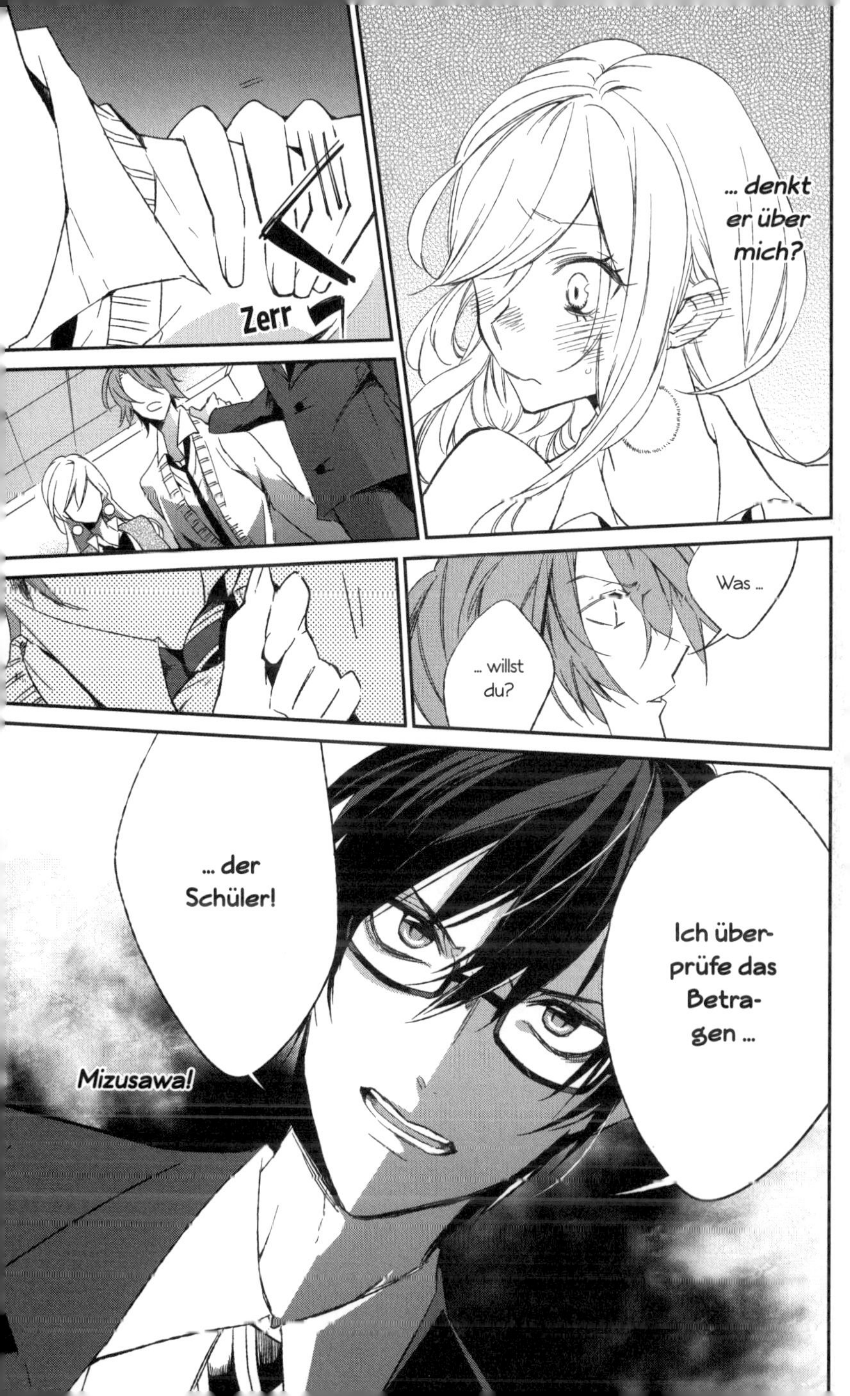

... denkt er über mich?
Zerr
Was ...
... willst du?
Ich über-prüfe das Betra-gen ...
... der Schüler!
Mizusawa!

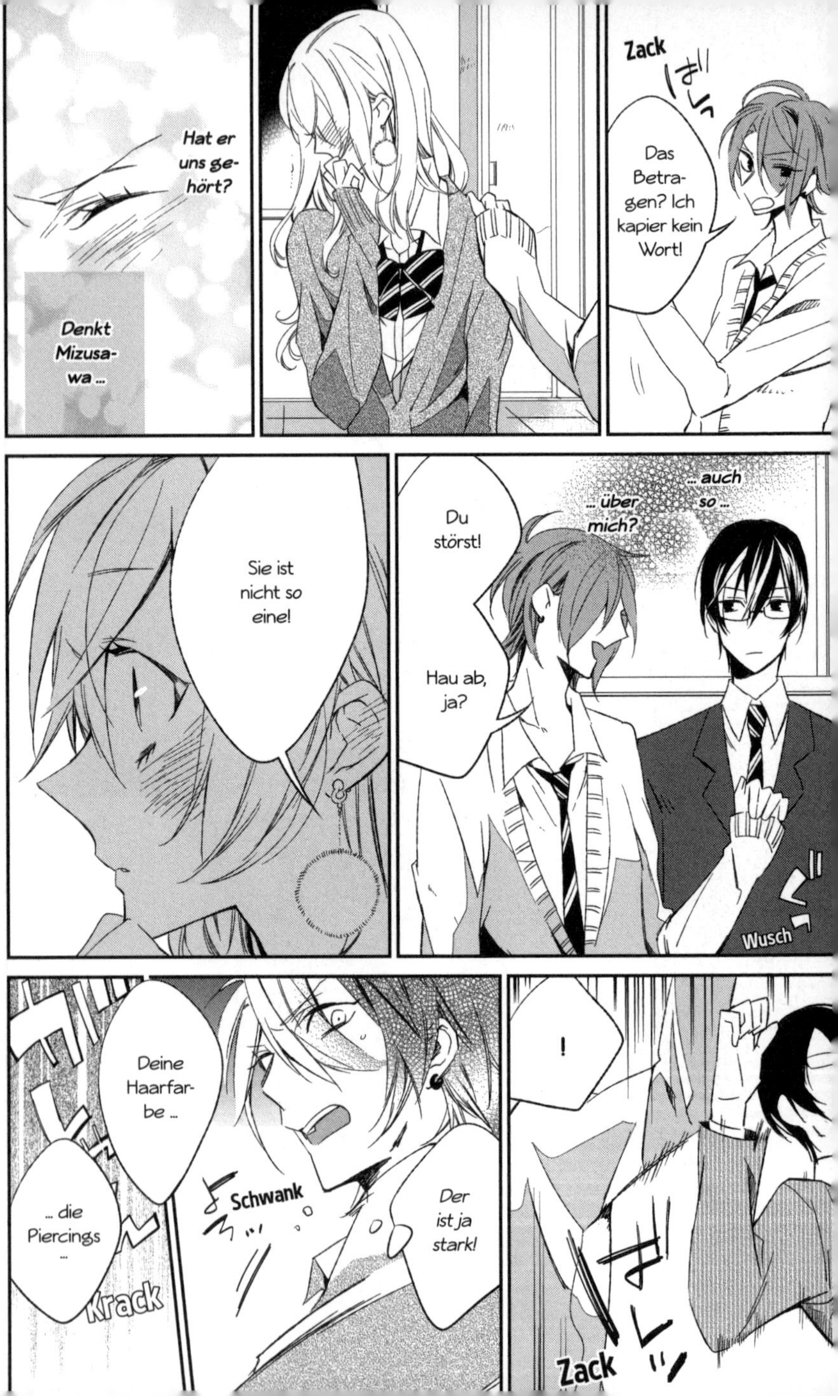
Zack
Das Betragen? Ich kapier kein Wort!
Hat er uns gehört?
Denkt Mizusawa ...
... auch so ...
... über mich?
Du störst!
Hau ab, ja?
Wusch
Sie ist nicht so eine!
!
Zack
Der ist ja stark!
Schwank
Deine Haarfarbe ...
... die Piercings ...
Krack

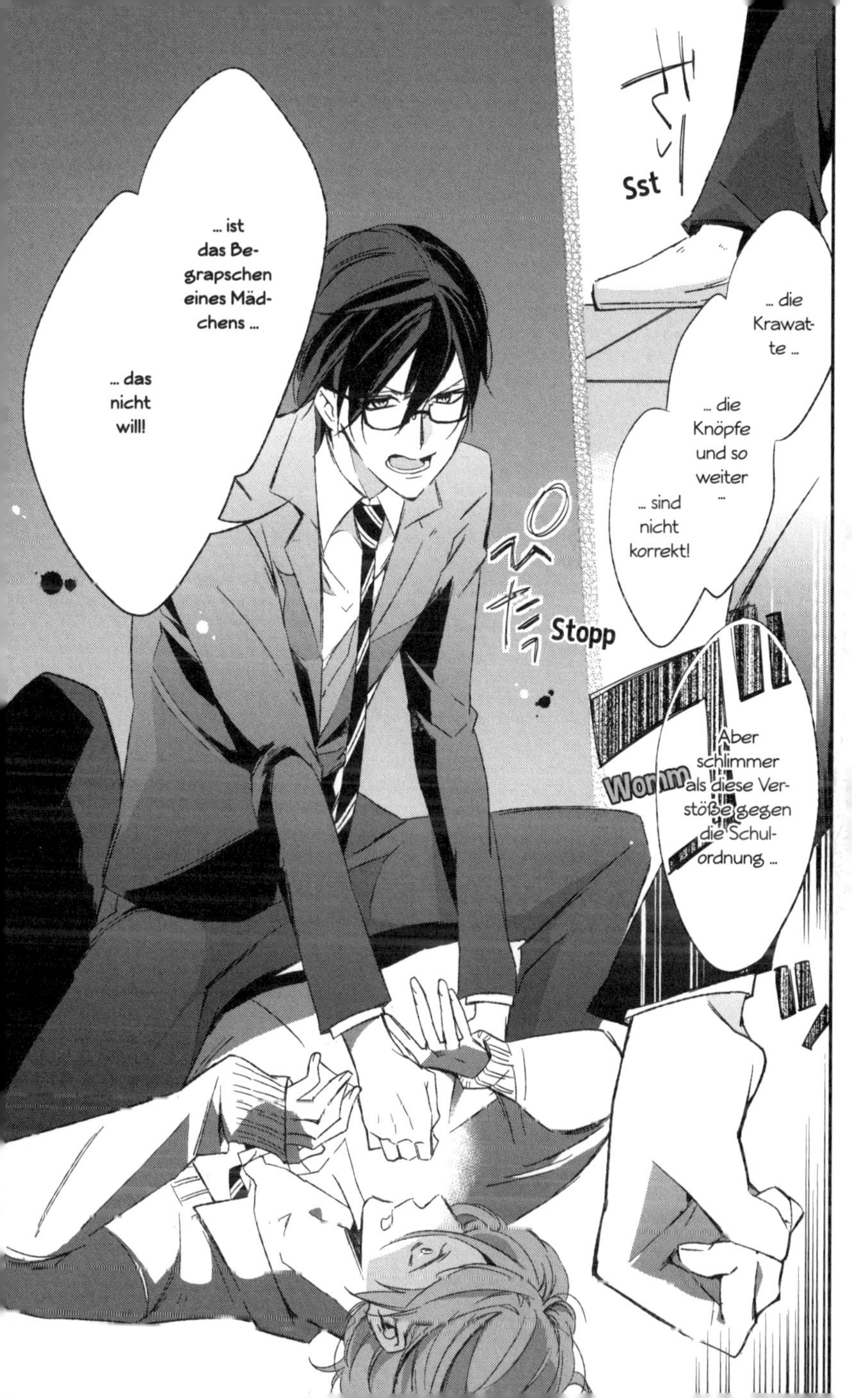

Sst
... die Krawatte ...
... die Knöpfe und so weiter ...
... sind nicht korrekt!
Stopp
Womm
Aber schlimmer als diese Verstöße gegen die Schulordnung ...
... ist das Begrapschen eines Mädchens ...
... das nicht will!

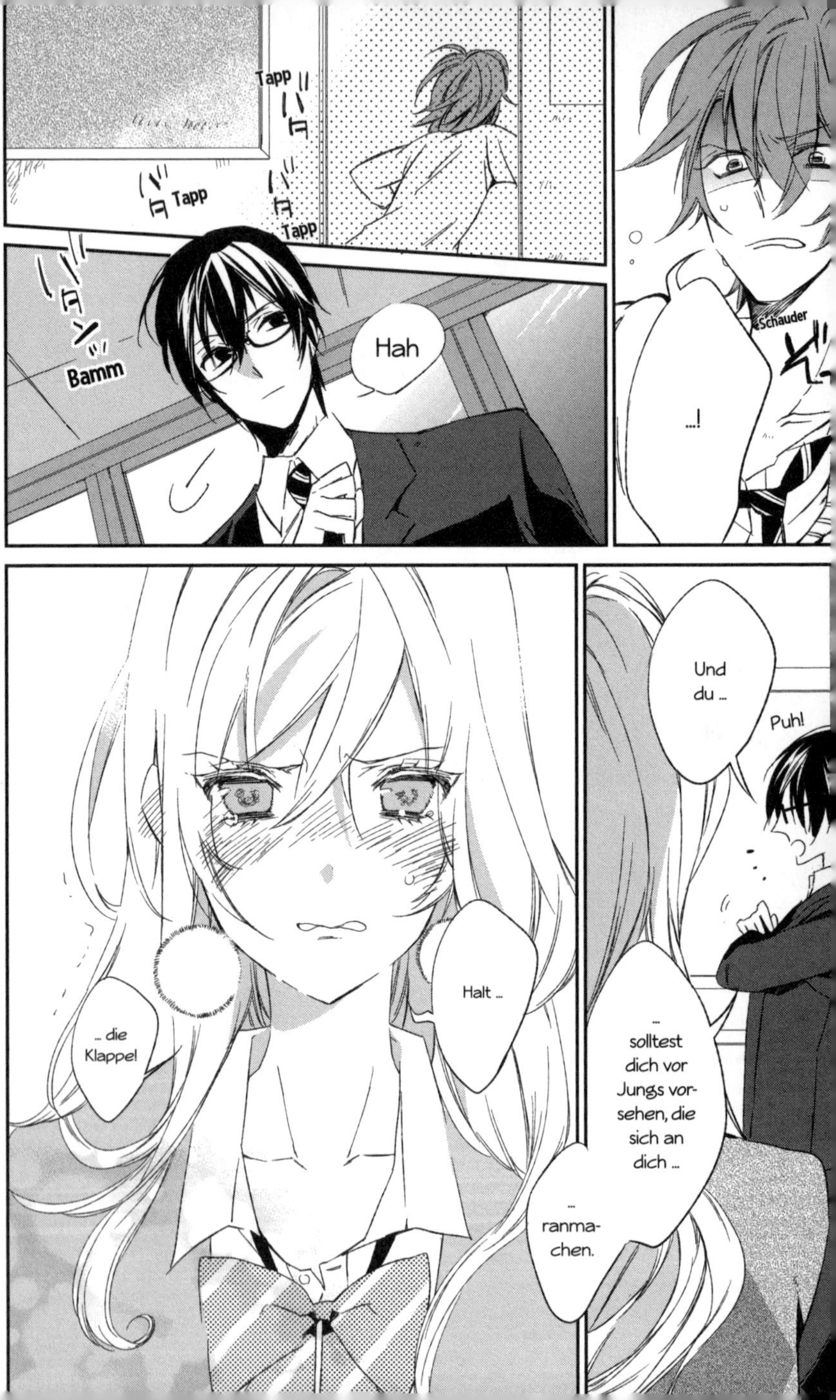
Schauder
...!
Tapp
Tapp
Tapp
Bamm
Hah
Und du ...
Puh!
... solltest dich vor Jungs vor-sehen, die sich an dich ...
... ranma-chen.
Halt ...
... die Klappe!

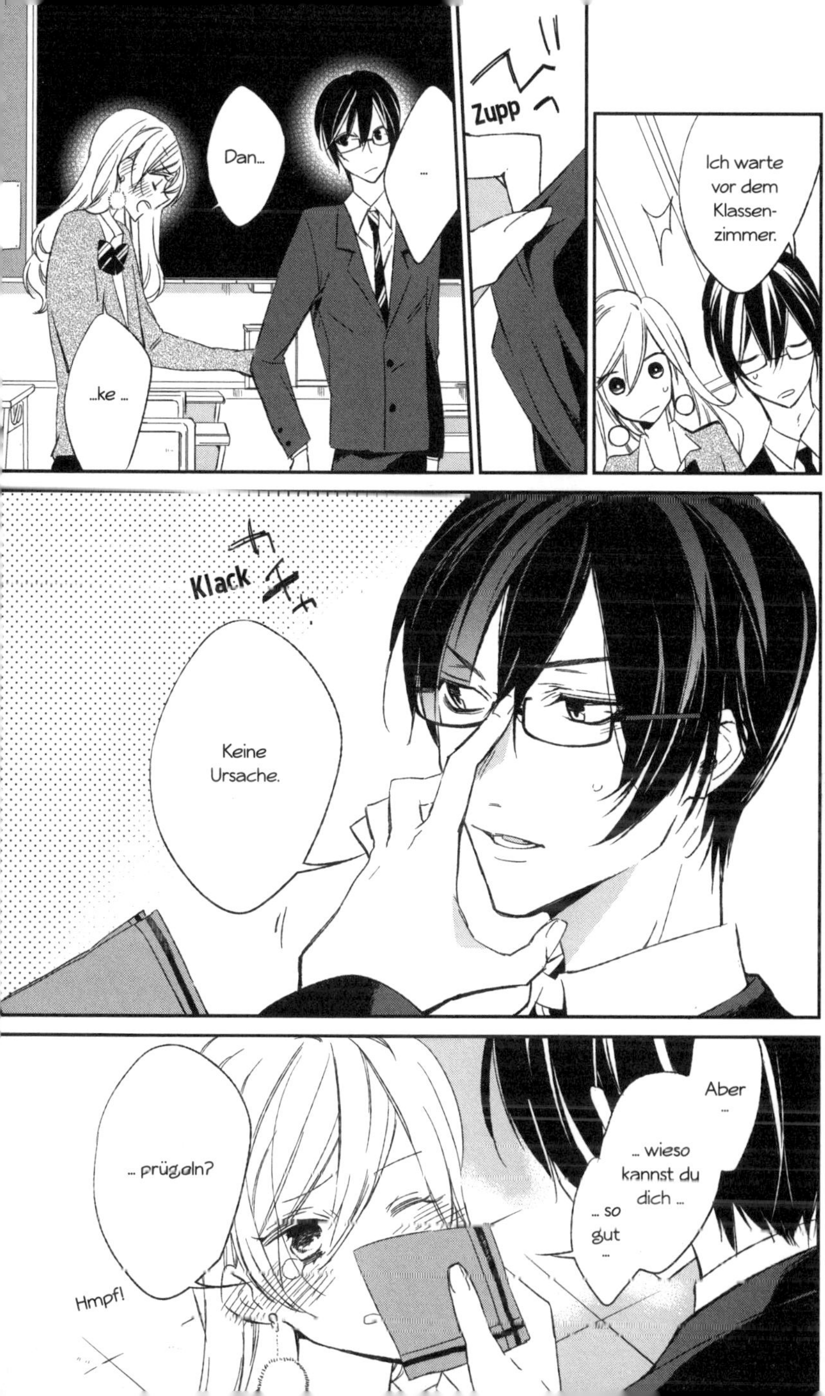

Ich warte vor dem Klassenzimmer.
Zupp
...
Dan...
...ke ...
Klack
Keine Ursache.
Aber ...
... wieso kannst du dich ...
... so gut ...
... prügeln?
Hmpf!

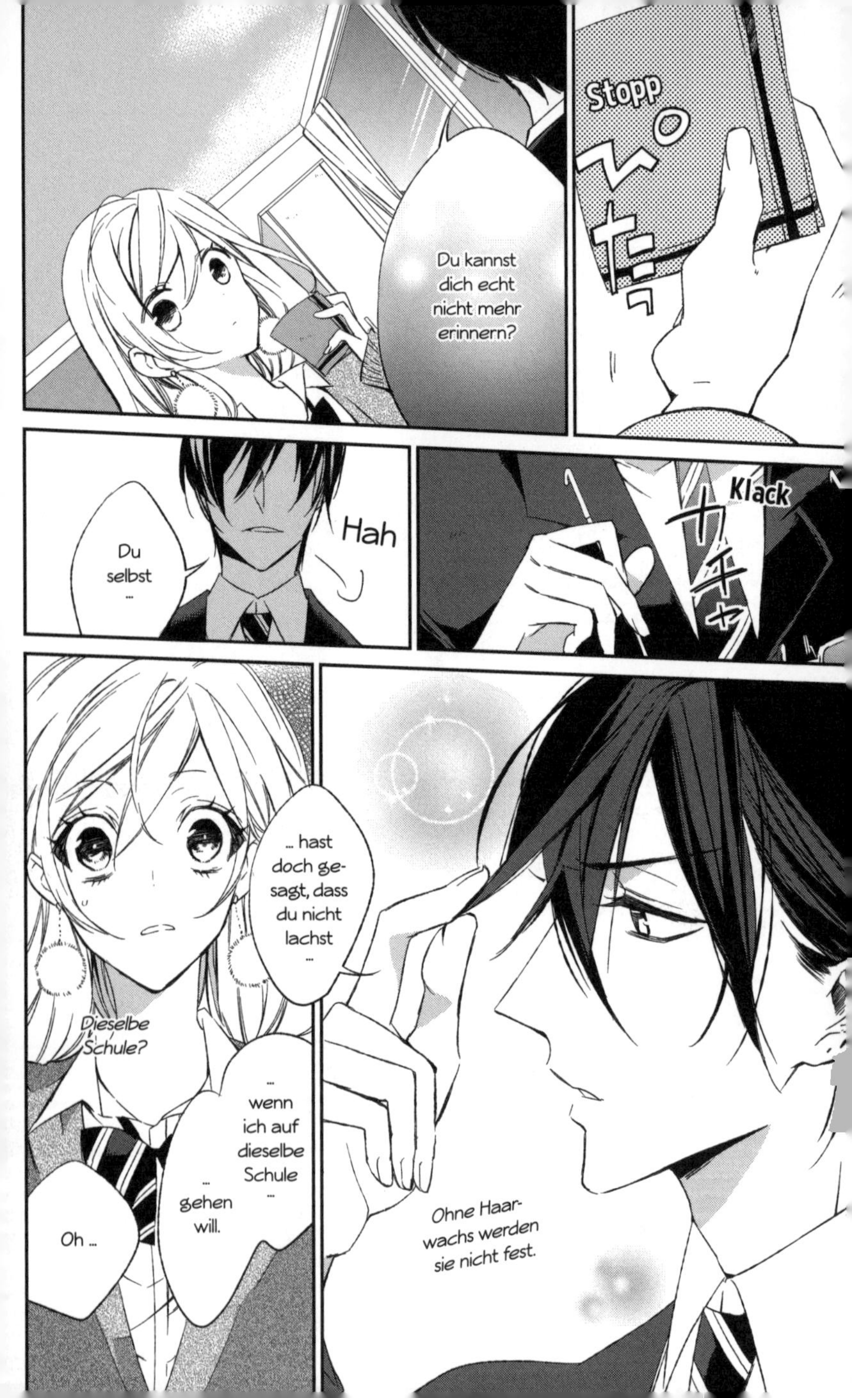
Stopp
Du kannst dich echt nicht mehr erinnern?
Klack
Hah
Du selbst ...
Ohne Haarwachs werden sie nicht fest.
... hast doch gesagt, dass du nicht lachst ...
Dieselbe Schule?
... wenn ich auf dieselbe Schule ...
... gehen will.
Oh ...

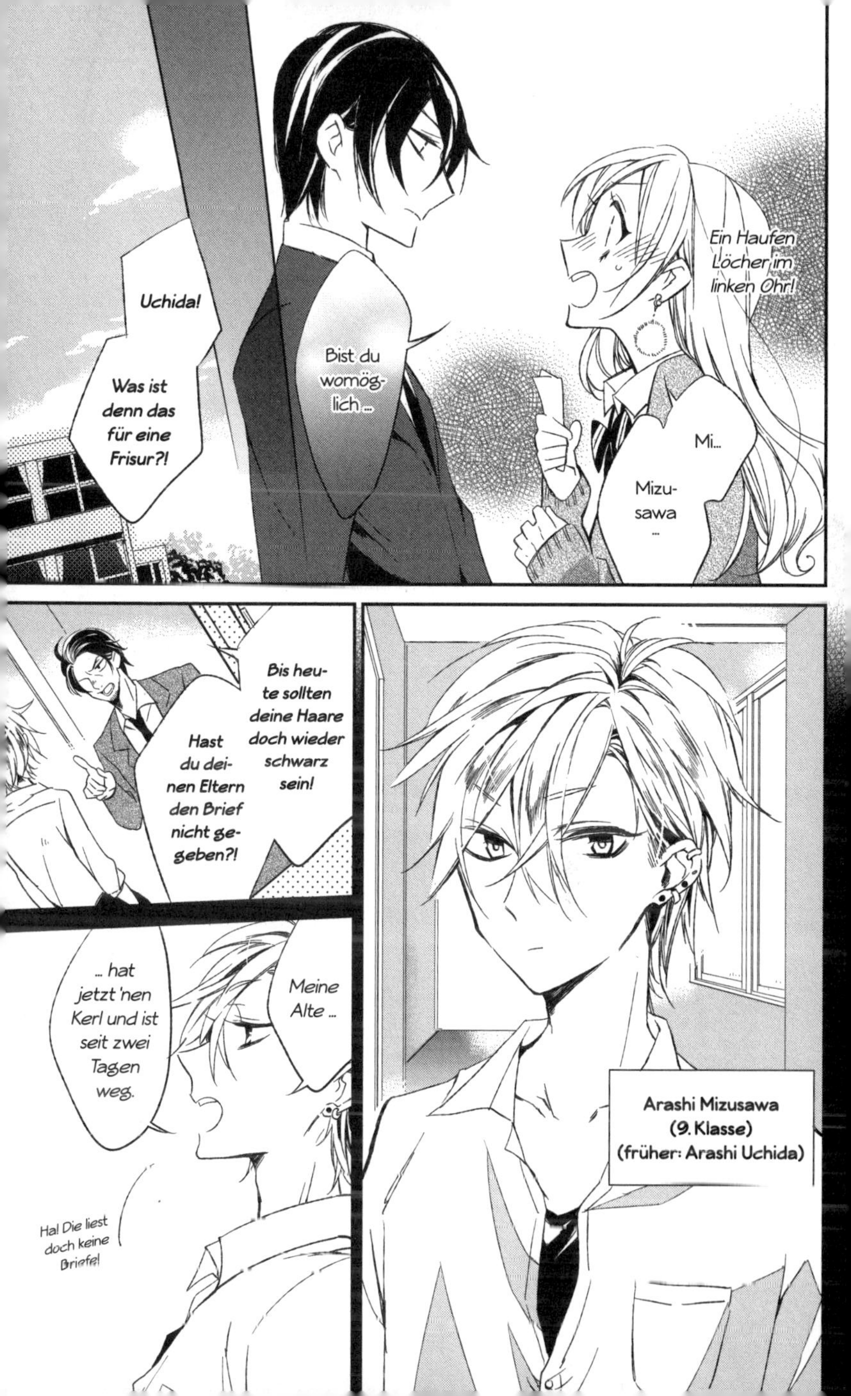

Ein Haufen Löcher im linken Ohr!
Mi... Mizusawa ...
Bist du womöglich ...
Uchida!
Was ist denn das für eine Frisur?!
Arashi Mizusawa (9. Klasse) (früher: Arashi Uchida)
Bis heute sollten deine Haare doch wieder schwarz sein!
Hast du deinen Eltern den Brief nicht gegeben?!
Meine Alte ...
... hat jetzt 'nen Kerl und ist seit zwei Tagen weg.
Ha! Die liest doch keine Briefe!

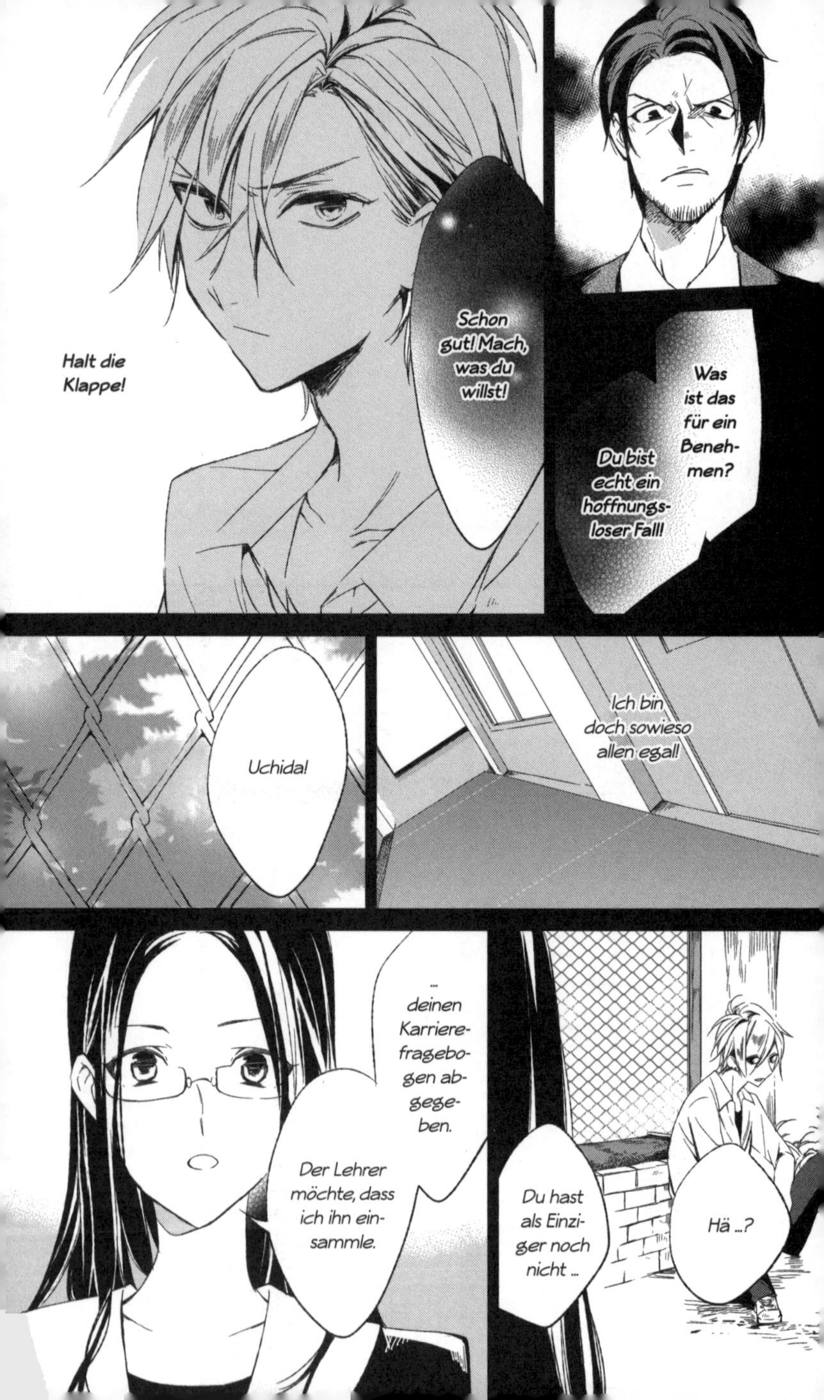
Was ist das für ein Benehmen?
Du bist echt ein hoffnungsloser Fall!
Schon gut! Mach, was du willst!
Halt die Klappe!
Ich bin doch sowieso allen egal!
Uchida!
Hä ...?
Du hast als Einziger noch nicht ...
... deinen Karrierefragebogen abgegeben.
Der Lehrer möchte, dass ich ihn einsammle.

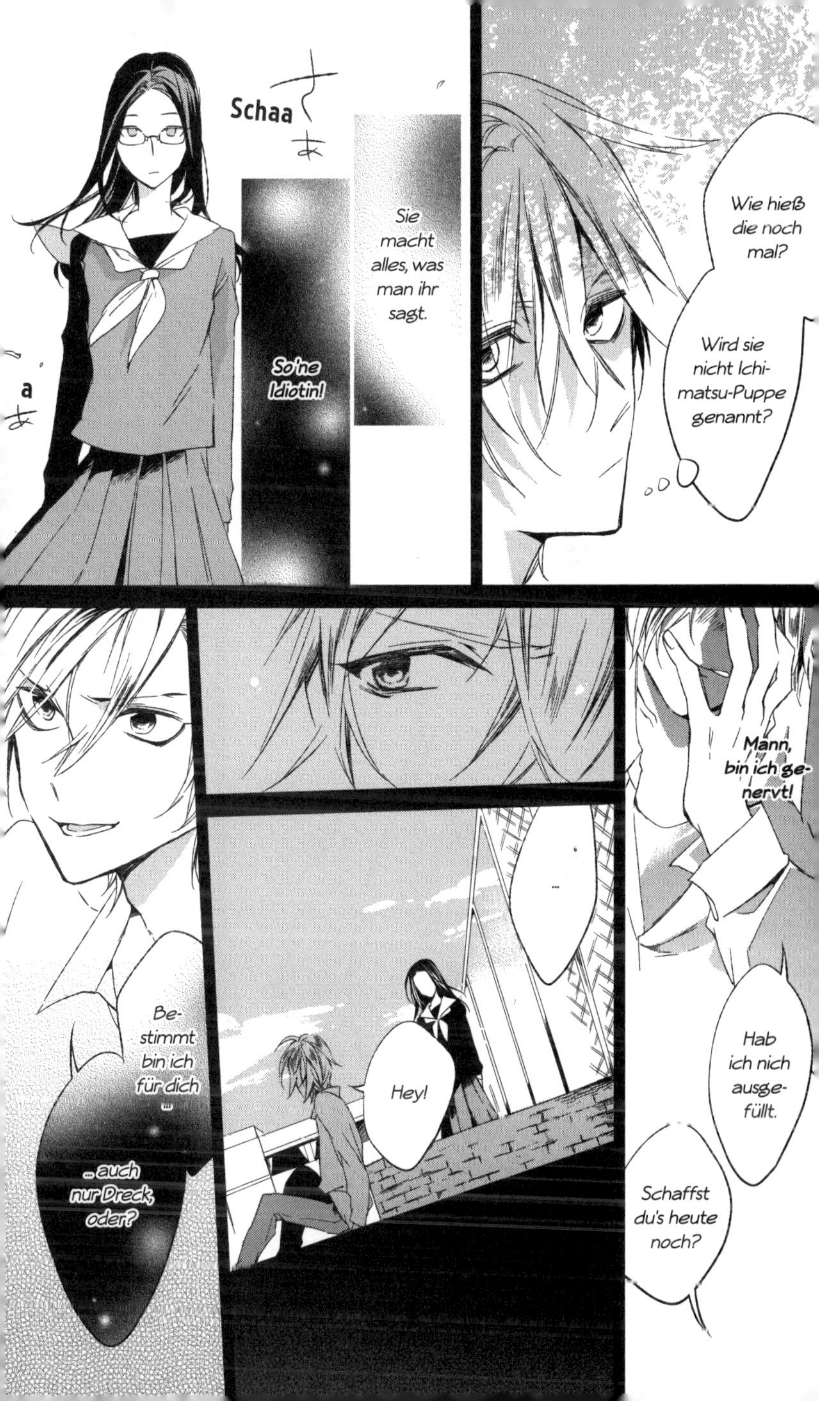

Wie hieß die noch mal?
Wird sie nicht Ichi-matsu-Puppe genannt?
Sie macht alles, was man ihr sagt.
So'ne Idiotin!
Schaa
a
Mann, bin ich ge-nervt!
Hab ich nich ausge-füllt.
Schaffst du's heute noch?
...
Hey!
Be-stimmt bin ich für dich ...
... auch nur Dreck, oder?

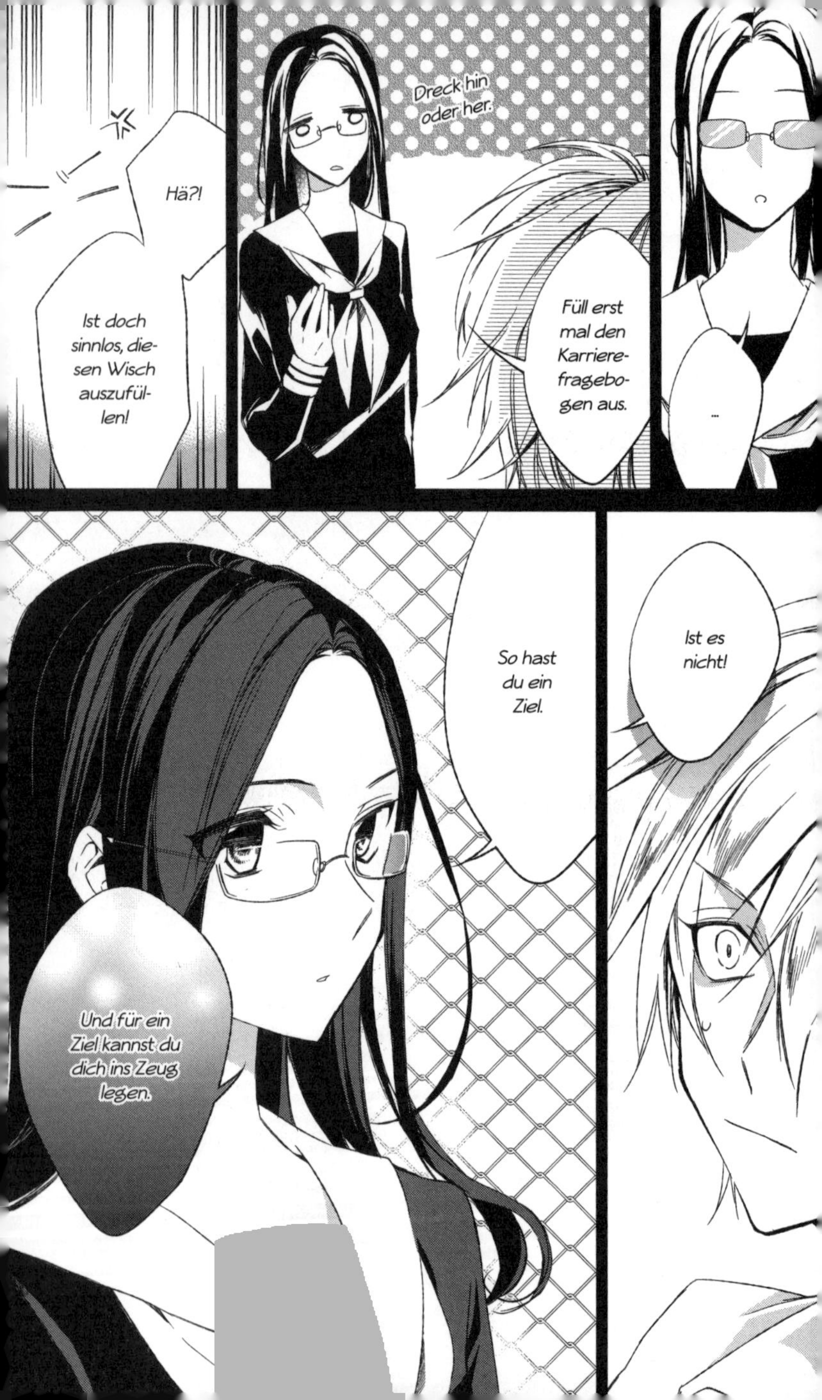
...
Füll erst mal den Karriere-fragebo-gen aus.
Dreck hin oder her.
Hä?!
Ist doch sinnlos, die-sen Wisch auszufül-len!
Ist es nicht!
So hast du ein Ziel.
Und für ein Ziel kannst du dich ins Zeug legen.

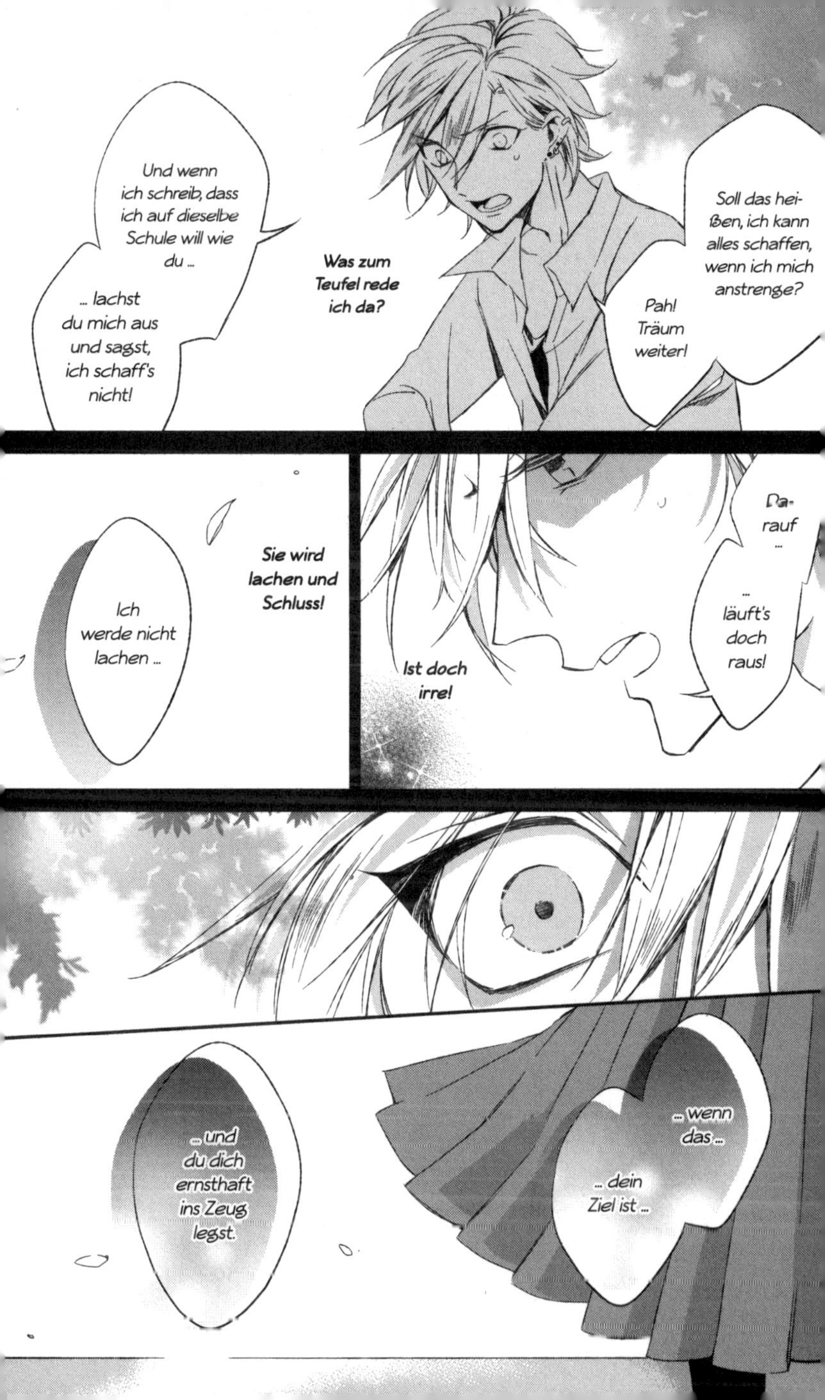

Soll das heißen, ich kann alles schaffen, wenn ich mich anstrenge?
Pah! Träum weiter!
Was zum Teufel rede ich da?
Und wenn ich schreib, dass ich auf dieselbe Schule will wie du ...
... lachst du mich aus und sagst, ich schaff's nicht!
Darauf ...
... läuft's doch raus!
Ist doch irre!
Sie wird lachen und Schluss!
Ich werde nicht lachen ...
... wenn das ...
... dein Ziel ist ...
... und du dich ernsthaft ins Zeug legst.

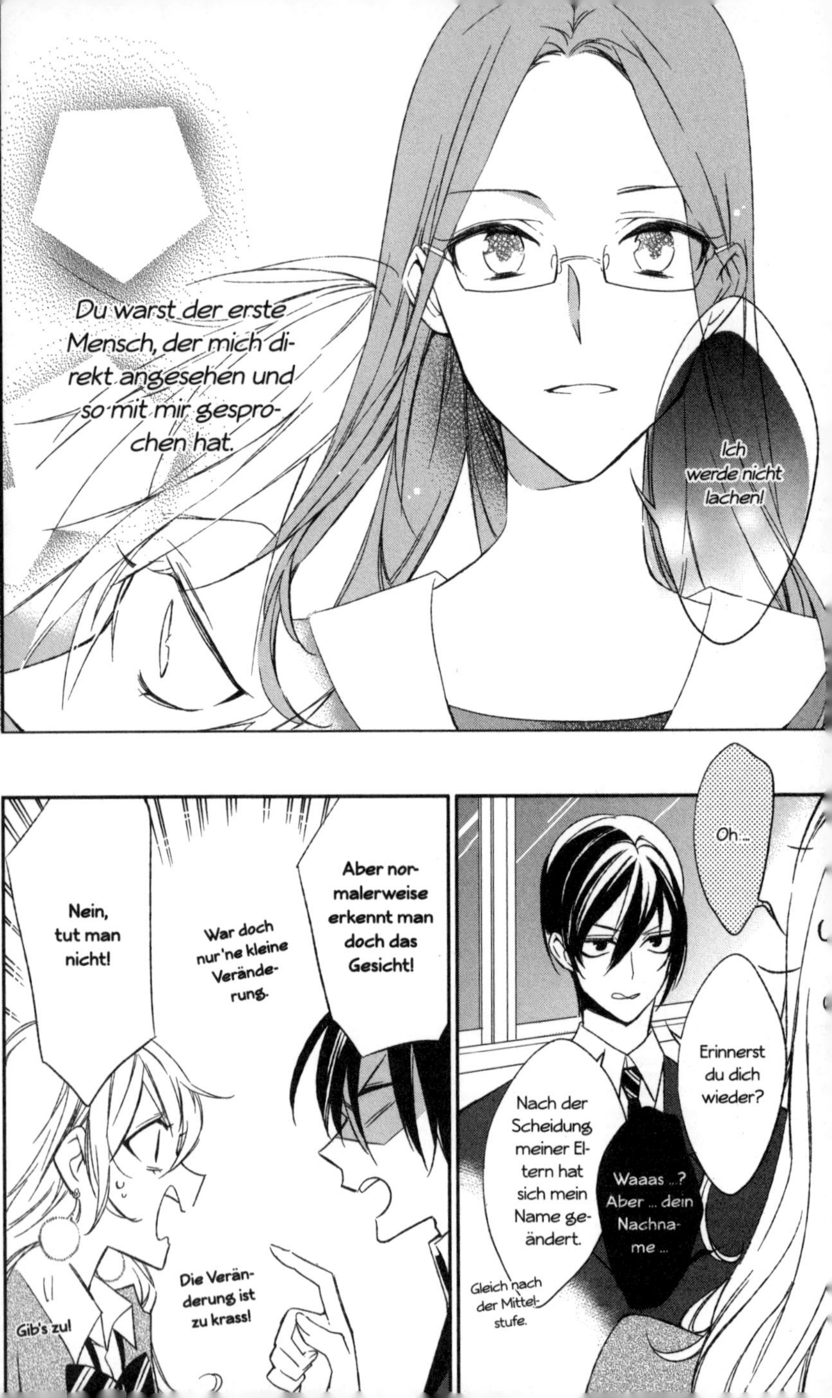
Ich werde nicht lachen!
Du warst der erste Mensch, der mich direkt angesehen und so mit mir gesprochen hat.
Oh ...
Erinnerst du dich wieder?
Waaas ...? Aber ... dein Nachname ...
Nach der Scheidung meiner Eltern hat sich mein Name geändert.
Gleich nach der Mittelstufe.
Aber normalerweise erkennt man doch das Gesicht!
War doch nur'ne kleine Veränderung.
Nein, tut man nicht!
Die Veränderung ist zu krass!
Gib's zu!

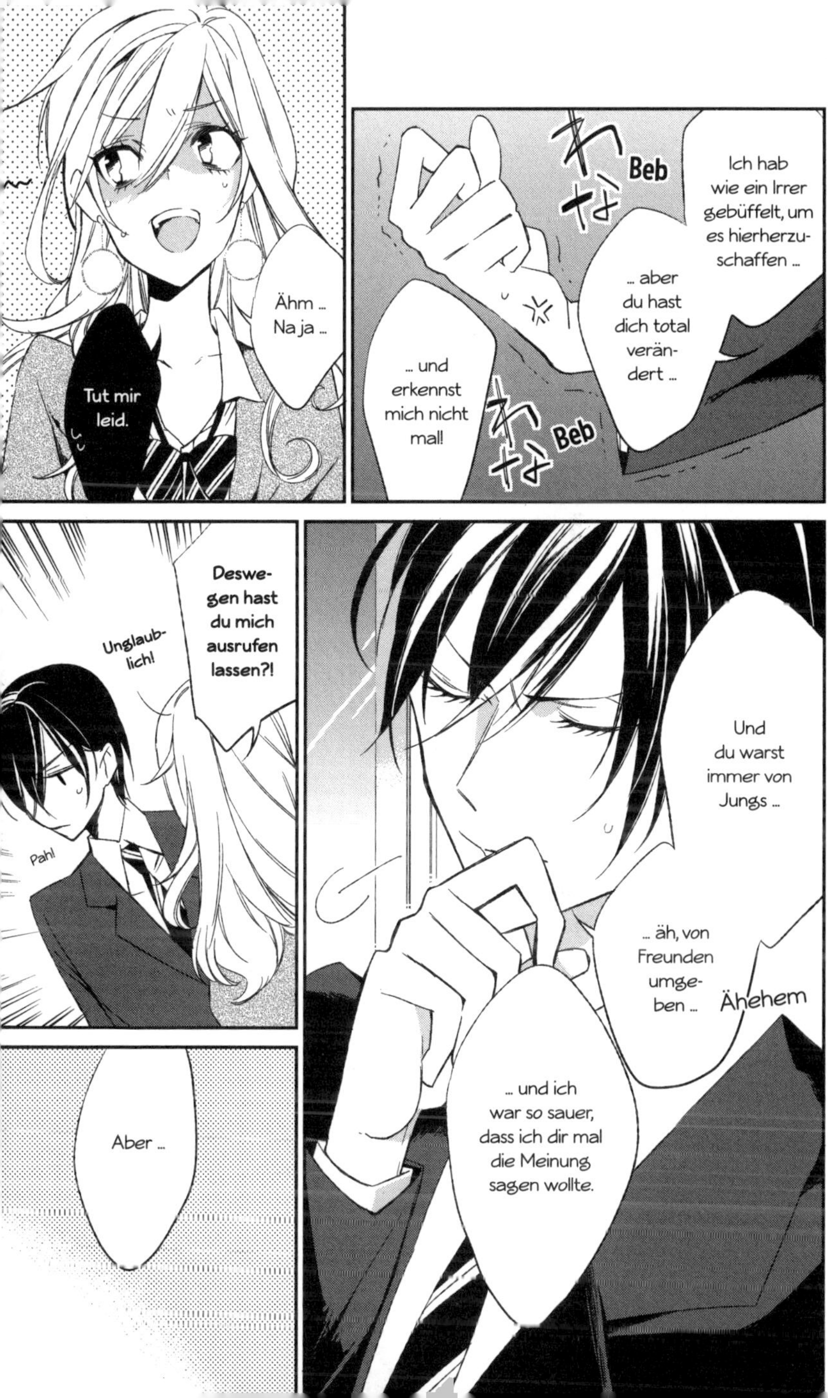
Ich hab wie ein Irrer gebüffelt, um es hierherzuschaffen ...
... aber du hast dich total verändert ...
... und erkennst mich nicht mal!
Beb
Beb
Ähm ... Na ja ...
Tut mir leid.
Und du warst immer von Jungs ...
... äh, von Freunden umgeben ...
Ähehem
... und ich war so sauer, dass ich dir mal die Meinung sagen wollte.
Deswegen hast du mich ausrufen lassen?!
Unglaublich!
Pah!
Aber ...

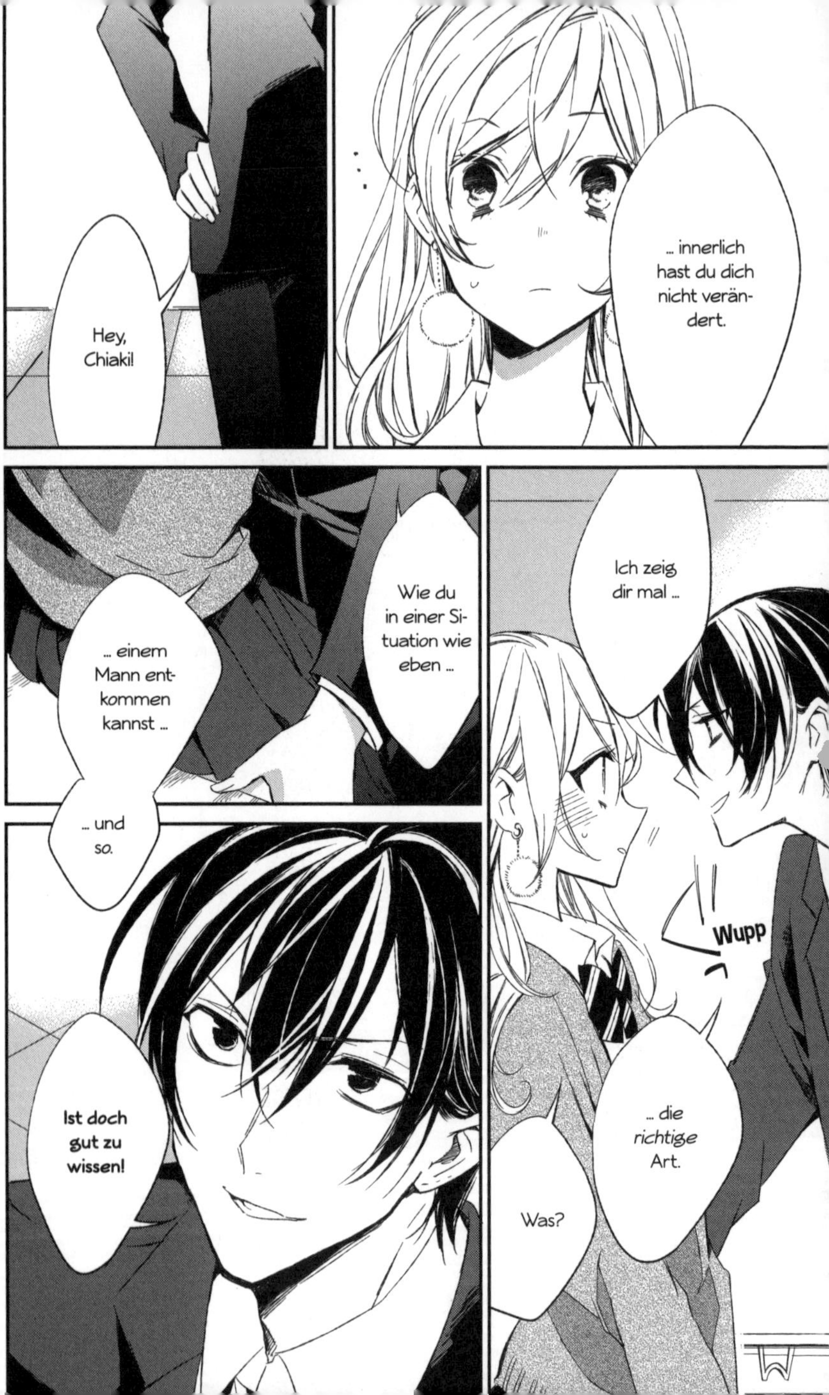
... innerlich hast du dich nicht verändert.
Hey, Chiaki!
Ich zeig dir mal ...
Wupp
... die richtige Art.
Was?
Wie du in einer Situation wie eben ...
... einem Mann entkommen kannst ...
... und so.
Ist doch gut zu wissen!

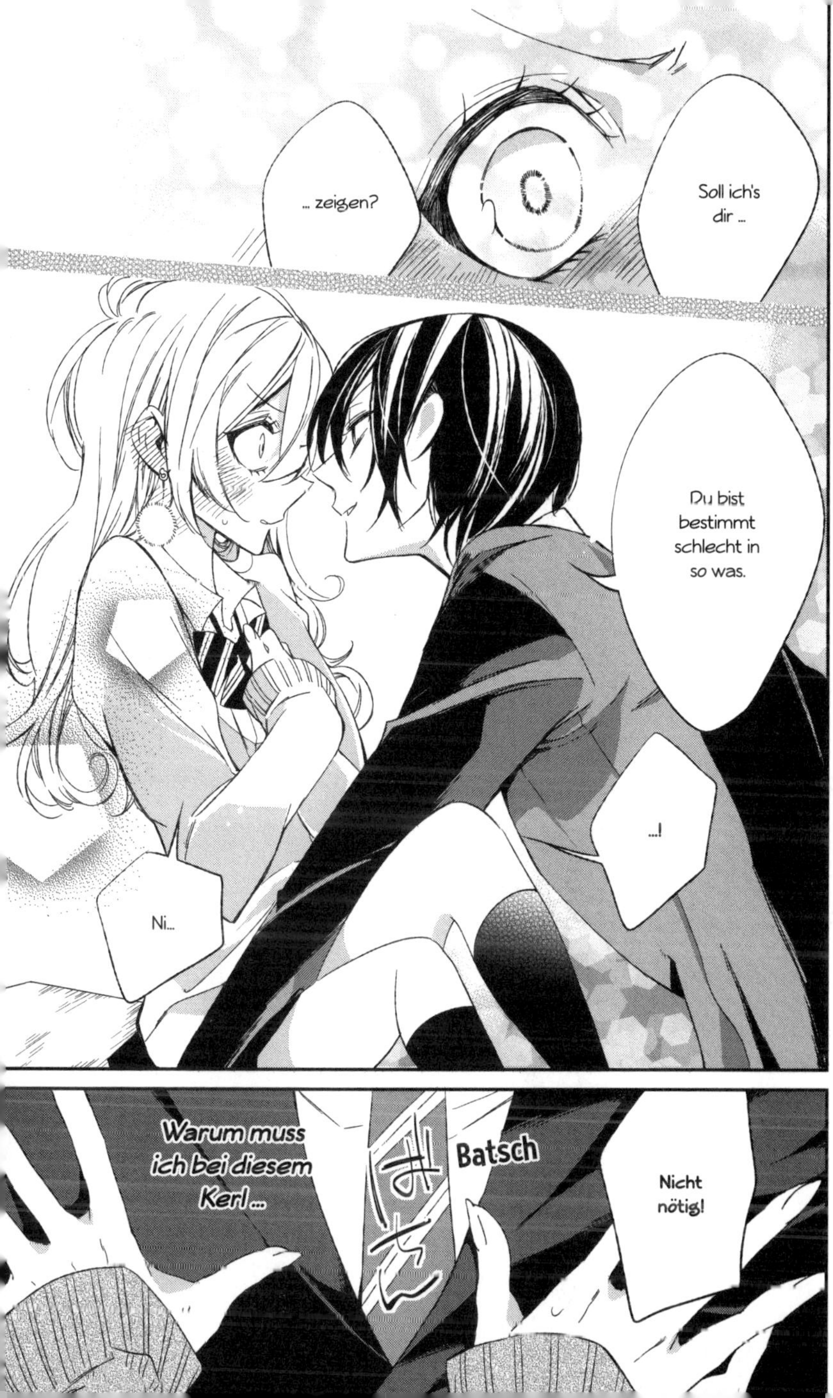
Soll ich's dir ...
... zeigen?
Du bist bestimmt schlecht in so was.
...!
Ni...
Nicht nötig!
Batsch
Warum muss ich bei diesem Kerl ...

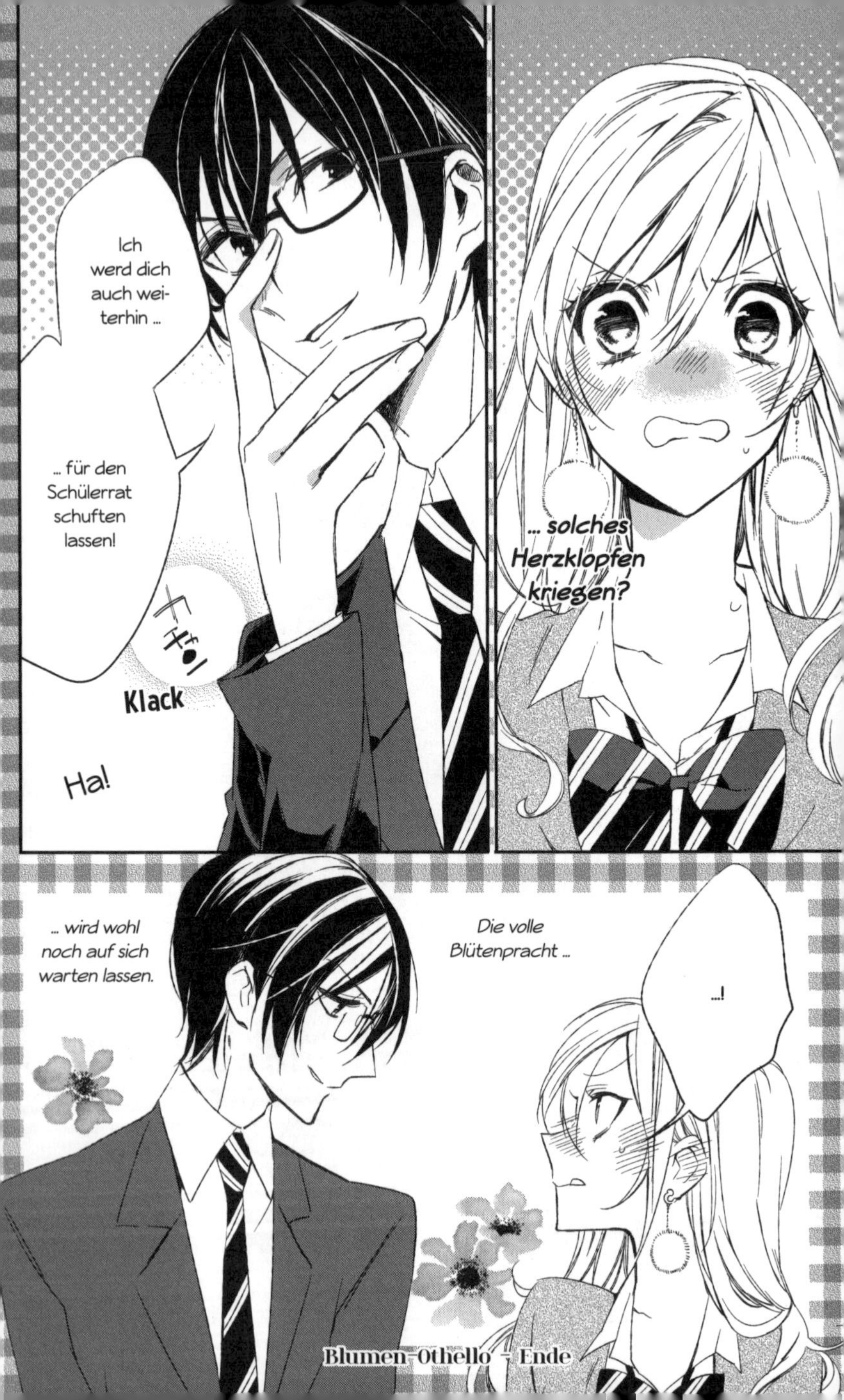
... solches Herzklopfen kriegen?
Ich werd dich auch weiterhin ...
... für den Schülerrat schuften lassen!
Klack
Ha!
...!
Die volle Blütenpracht ...
... wird wohl noch auf sich warten lassen.
Blumen-Othello - Ende

Blumen-Othello

Dieser Oneshot ist ursprünglich im *Hana to Yume*-Magazin erschienen. Ich war ein bisschen nervös, dass man bei dem Wort »Othello« im Titel an das Brettspiel denken würde, aber ich habe nicht ein einziges Feedback dieser Art erhalten … Meine Sorge war also unbegründet …

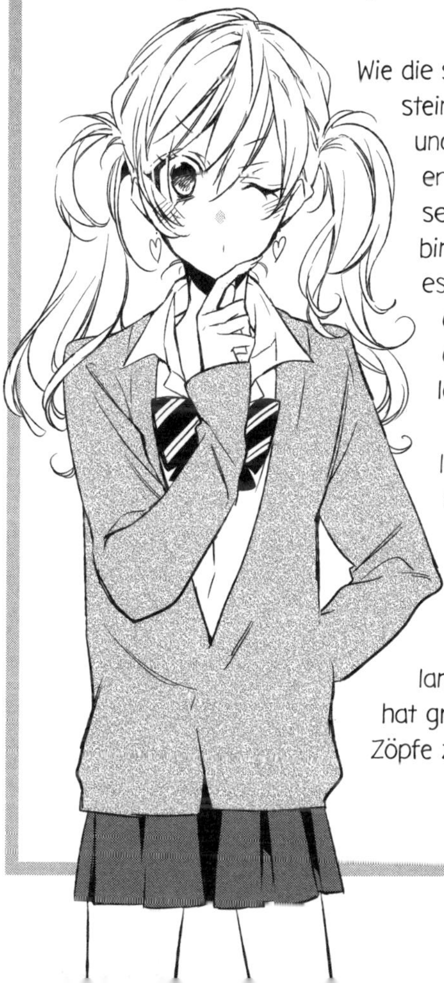

Wie die schwarz-weißen Spielsteine hat jeder eine helle und eine dunkle Seite (die er auch haben darf), und selbst wenn du denkst: »Ich bin sowieso allen egal«, gibt es immer einen Menschen, der über dich wacht und deine Gefühle ohne zu lachen akzeptiert.

Ich glaube, das waren meine Gefühle, mit denen ich diese Geschichte gezeichnet habe.

Bei Mädchen mag ich langes, welliges Haar und es hat großen Spaß gemacht, die Zöpfe zu zeichnen.

Das ist schon das Nachwort von Band 2!

Ich bin sehr dankbar, dass ich *Die Legende von Azfareo* in Band 3 weiterzeichnen darf.

Ich würde mich freuen, wenn ihr auch in Zukunft Rukul, Julius und die Welt von Azfareo weiterverfolgt.
Das wär's dann mit Band 2!

Chitose

Danke
... an meine Freunde, Familie, meinen Redakteur, alle Personen, die an der Gestaltung dieses Bandes beteiligt waren
&
an alle meine Leser!

Euer Feedback wäre mir ein Ansporn.

Altraverse GmbH
»Shiki Chitose«
Ruhrstraße 11A
22761 Hamburg

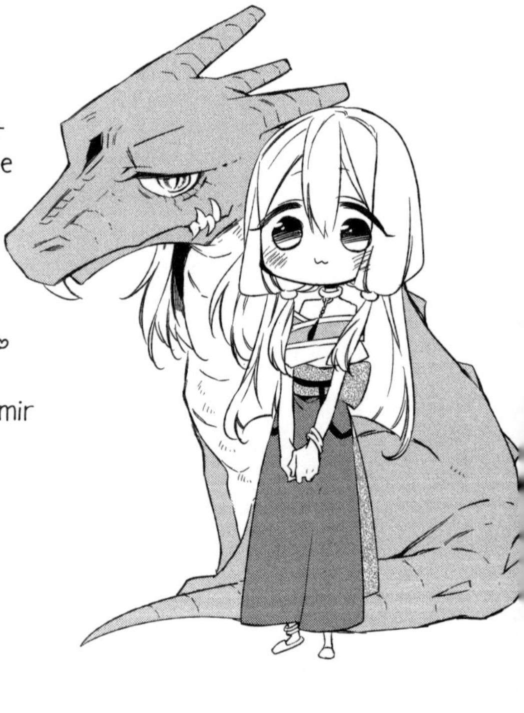

altraverse

Deutsche Ausgabe / German Edition

Aus dem Japanischen von Sakura Ilgert

AZFAREO NO SOBAYONIN by Shiki Chitose

First published in Japan in 2017 by HAKUSENSHA, Inc., Tokyo.
German language translation rights arranged with HAKUSENSHA, Inc., Tokyo
through Tuttle-Mori Agency, Inc.

Redaktion: Katrin Aust
Herstellung: Jacqueline Bradtke
Lettering: Vibrant Publishing Studio

Druck: CPI books GmbH, Leck
Printed in Germany

MIX Papier FSC® C083411

ISBN 978-3-96358-261-5
3. Auflage 2020

www.altraverse.de